OS GRANDES
CEMITÉRIOS
SOB A LUA

Copyright © Le Castor Astral, 2008
Copyright da edição brasileira © 2015 É Realizações
Título original: *Les Grands Cimetières sous la Lune*

Produção editorial, capa e projeto gráfico
É Realizações Editora

Preparação de texto
Lizete Mercadante

Revisão
Nina Schipper

Reservados todos os direitos desta obra. Proibida toda e qualquer reprodução desta edição por qualquer meio ou forma, seja ela eletrônica ou mecânica, fotocópia, gravação ou qualquer outro meio de reprodução, sem permissão expressa do editor.

CIP-Brasil. Catalogação na Publicação
Sindicato Nacional dos Editores de Livros, RJ

B433g

    Bernanos, Georges, 1888-1948
        Os grandes cemitérios sob a lua : um testemunho de fé diante da guerra civil espanhola / Georges Bernanos ; tradução Luiz Paulo Rouanet. - 1. ed. - São Paulo : É Realizações, 2015.
        288 p. : il. ; 21 cm.

    Tradução de: les grands cimetières sous la lune
    ISBN 978-85-8033-193-6

    1. Espanha - História - Guerra civil, 1936-1939. I. Título.

15-20391   CDD: 946.081
                                                             CDU: 94(460)'1936/1939'

25/02/2015   26/02/2015

É Realizações Editora, Livraria e Distribuidora Ltda.
Rua França Pinto, 498 · São Paulo SP · 04016-002
Caixa Postal: 45321 · 04010-970 · Telefax: (5511) 5572 5363
atendimento@erealizacoes.com.br · www.erealizacoes.com.br

Este livro foi impresso pela Paym Gráfica em março de 2015. Os tipos são da família Sabon LT Std e Trajan-Normal Regular. O papel do miolo é pólen soft 80g, e o da capa, cartão supremo 250g.

OS GRANDES CEMITÉRIOS SOB A LUA

UM TESTEMUNHO DE FÉ DIANTE DA GUERRA CIVIL ESPANHOLA

GEORGES BERNANOS

Prefácio: Michel del Castillo
Tradução e notas: Luiz Paulo Rouanet

É Realizações
Editora

SUMÁRIO

Apresentação de *Afonso Arinos Filho* 7
Prefácio de *Michel del Castillo* 17
Introdução 31

PRIMEIRA PARTE

1. 37
2. 75
3. 89
4. 117

SEGUNDA PARTE

1. 143
2. 157
3. 207

TERCEIRA PARTE

1. 229
2. 247
3. 251
4. 271

BERNANOS, VIRGÍLIO E AFONSO

O século XX foi pródigo em nomes de grandes escritores e artistas franceses que, por razões profissionais ou políticas, vieram residir no Brasil. Bastaria lembrar, e para ficarmos apenas nos diplomatas, que o grande compositor Darius Milhaud serviu como secretário, entre 1916 e 1918, da Legação da França no Rio de Janeiro, então chefiada pelo ministro plenipotenciário e poeta eminente Paul Claudel. Mas, dentre eles, destacou-se, além de Blaise Cendrars, de tanta influência sobre os modernistas de São Paulo, aquele que foi um dos maiores e mais pungentes romancistas do seu país, polemista incomparável, homem de geniais intuições e poderosos achados verbais: Georges Bernanos.

Monarquista, o antissemita de *O Grande Medo dos Bem-Pensantes* rompera com Charles Maurras, com a Ação Francesa, e, seduzido pelo sol do sul, passou a residir nas ilhas Baleares, em 1934. Mas, na Espanha, a guerra civil demoliria suas últimas ilusões de homem de direita e originaria um admirável livro de combate, *Os Grandes Cemitérios sob a Lua*.

De lá, sonhou com o Paraguai e embarcou, passando pelo Rio de Janeiro e por Buenos Aires, acompanhado da mulher e de seis filhos. A lua de mel com Assunção durou cinco dias. Bernanos se encantara com o Rio durante o breve tempo em que o navio ali aportou, a caminho da Argentina, e regressaria com ânimo de permanecer em terras brasileiras.

Em novembro de 1938, foi para Itaipava com a família. E ali, por intermédio de Alceu Amoroso Lima, conheceu Virgílio de Melo

Franco, que viria a ser o seu maior amigo e protetor por todo o tempo de permanência no Brasil.

Não me move, aqui, qualquer intento de prestar um testemunho pessoal sobre o grande escritor. Nem minhas recordações infantis autorizam a tanto. Como estas se mesclam, inextricavelmente, às dos irmãos Virgílio e Afonso Arinos de Melo Franco (nunca cheguei a ver Georges Bernanos desacompanhado de um dos dois), tenciono apenas reunir, sem maiores pretensões, alguns depoimentos daqueles personagens sobre os laços estreitos que os aproximaram, física e espiritualmente.

Possuo um belo retrato de Bernanos, assim dedicado a Virgílio e à esposa: "A Virgílio e Dulce de Melo Franco, a honra, o encanto e a doce amizade do Brasil. Bernanos". E foi também a esse casal que ele dedicou o livro *Crianças Humilhadas*:

> Para o Senhor e a Senhora Virgílio de Melo Franco.
>
> Caros amigos, ofereço-lhes esses pobres cadernos escolares, comprados na papelaria de Pirapora. O texto quase não é legível, pois, prevendo o seu futuro envio à Europa, procurei diminuir a minha letra. Pouco importa! Mesmo que não os lessem, sem dúvida a sua amizade ainda veria neles, graças ao doce milagre da simpatia, as mesmas qualidades que acredita encontrar no seu autor e que eu gostaria de ter certeza de possuir de fato, ainda que fosse por afeto e gratidão de vocês. [...] Seu velho e fiel amigo, G. Bernanos. 2 de abril de 1941.

De Itaipava, Virgílio encaminhou Bernanos ao seu amigo Geraldo Resende, chefe político em Juiz de Fora, que o instalou na fazenda Santa Inês. Ali, o escritor recusou, pela terceira vez (haveria uma quarta, após a guerra) a Legião de Honra, e fez fabricar as botas especiais com que calçava o pé acidentado numa queda de motocicleta. Foi em Juiz de Fora que Bernanos escreveu *Scandale de la Vérité*.

Em fevereiro de 1939, ele já estava em Vassouras, na fazenda Cataguá, onde ficou até junho. De lá, o velho monarquista visitaria com frequência, em Petrópolis, dom Pedro Gastão de Orleans e Bragança, cuja irmã, Isabel, desposara o conde de Paris, Henri d'Orléans, pretendente ao presumido trono francês, como dom Pedro o era ao brasileiro. Em Vassouras, Bernanos redigiu *Nous Autres Français*. Pirapora, onde Virgílio era dono da Companhia Indústria e Viação de Pirapora, empresa de navegação sobre o rio São Francisco, seria o próximo destino do viajante incansável. Convencido da própria vocação para fazendeiro, o escritor se estabeleceu na fazenda Paulo Geraldo, começando a trabalhar em *As Crianças Humilhadas*, originalmente intitulado *Journal de Pirapora*. E ali terminou *Senhor Ouine*, romance estranho, que o obcecava desde 1931, mas cujo último capítulo, descritivo da agonia daquela personificação do vazio, do nada, constituíra para o autor um obstáculo angustiante, quase intransponível.

Virgílio possuía uma fazendola em Barbacena, a granja das Margaridas. Através do prefeito Bias Fortes, seu amigo, obteve para Bernanos uma pequena propriedade agrícola em Cruz das Almas, arrabalde da cidade. O nome do lugar encantara o francês, que o transpôs ao livro ali escrito, *O Caminho da Cruz das Almas*.

Lembro-me bem de Bernanos. Tínhamos o hábito de passar, todos os anos, parte das férias escolares na fazenda de Virgílio. Quando este e Afonso Arinos lá se encontravam, Bernanos vinha visitá-los com frequência. Chegava montado num belo animal, chamado Osvaldo pelo escritor, por ser presente de Osvaldo Aranha, muito ligado a Virgílio, que lhe recomendara o amigo. Mas o porte ereto que mantinha ao cavalgar se desfazia quando apeava. Era como um centauro se desintegrando, apoiado em duas bengalas para sustentar a perna defeituosa, a subir, com dificuldade, os poucos degraus da varanda que circundava a casa. Sentava-se então, e desandava a falar alto, apaixonadamente, como escrevia, os olhos azuis chamejantes, num monólogo poucas vezes interrompido pelos amigos. Eu circulava por ali, menino, sem fazer ideia da importância do escritor. Só bem mais tarde veio ele a ser um dos autores que mais me marcaram, sobretudo através da obra-prima *Diário de um Pároco de Aldeia* e de boa parte dos seus escritos de combate. O filho Michel, um dia, pôs-me sobre a sela do seu cavalo e o chicoteou, fazendo-o galopar comigo. Estouvado e alcoólatra, iria suicidar-se na floresta de Fontainebleau, na França, onde, como o irmão Yves, se engajara nas tropas do general De Gaulle.

Quando servi pela primeira vez em Roma, nos anos 1950, Murilo Mendes apresentou-me a Albert Béguin, o ilustre biógrafo de Bernanos e diretor da revista *Esprit*. Levei-os, em bela excursão, a Subiaco, berço da Ordem de São Bento. Achei Béguin pálido e silencioso, após subirmos por uma longa escada-rampa, no frio outono dos Apeninos. Na noite seguinte, sofreu um enfarte, e morreria dias após, de oclusão intestinal. Mas não antes de narrar-me sua viagem ao Brasil, onde conhecera Afonso Arinos. Na época, apurou haver Bernanos falecido sem saber que sua propriedade em Cruz das Almas lhe custara, de fato, um terço do valor pelo qual foi adquirida. Os dois terços restantes haviam sido pagos por Virgílio, Raul Fernandes e Dario de Almeida Magalhães. Sobre Osvaldo Aranha, Raul Fernandes e Afonso Arinos, aliás, Bernanos viria a escrever exaltando "essa inteligência brasileira que [...] talvez seja a mais vibrante, a mais sensível, a mais nervosa do mundo".

A ligação entre Bernanos e Afonso foi muito calorosa, como se depreende do tom de duas cartas que o escritor francês mandou ao amigo. Delas transcrevo pequenos trechos. Na primeira, escrita em 30 de maio de 1942, Georges Bernanos escrevia:

> Caro amigo,
>
> Espero com impaciência e confiança a conclusão do seu artigo, mas quero lhe dizer o quanto me emocionou essa vibração de curiosidade, compreensão e amizade que me faz ter tanta consideração por suas páginas. [...] Obrigado de todo coração. Bernanos.

E na segunda, de 25 de julho de 1943, datada de Cruz das Almas:

APRESENTAÇÃO

Meu caro amigo,

Acabo de receber e ler as suas páginas. Tinha certeza de que nelas encontraria o que sei que existe em você, e que aprecio, mas nelas descubro também um calor de paixão, uma espécie de fervor da alma que me emociona tanto que lhe escrevo neste instante, com um vago sentimento de remorso, pois, se nunca duvidei do seu amor por meu país, se admiro cada vez mais a extraordinária familiaridade do seu espírito com todas as formas e nuances do nosso pensamento – o que faz de você um dos nossos – eu me pergunto se às vezes negligenciei uma fidelidade mais profunda e, como dizia Péguy, mais carnal que se expressa na sua mensagem emocionante. [...] Seu velho amigo, Bernanos.

Ainda em plena guerra, Arinos escreveu, a propósito, artigo cujas entrelinhas não escondem sua luta incessante contra a ditadura do Estado Novo, contra os totalitarismos fascista e comunista, e pela justiça social:

Bernanos é um mestre, é o mais alto exemplo de intelectual existente no Brasil de hoje. Pouco importa não seja ele brasileiro, se é para nós que também fala, quando pensa ou procura falar aos franceses. Nunca a função social do intelectual foi clara e simples como no nosso tempo: dizer a verdade. Mas simples não é o mesmo que fácil, e nem sempre a verdade pode ser dita. Há, porém, uma etapa preliminar para a expressão da verdade, e esta todos nós podemos praticá-la: não pactuar com a mentira. Não mentir, não afirmar o falso, não se curvar covardemente diante dele, eis o primeiro passo em direção à verdade. E Bernanos, se nem sempre está em condições de proclamar a verdade, pelo menos não perde um só ensejo de denunciar a mentira, ainda que ela se encontre do mesmo lado que ele, na barricada. E esta é a causa principal por que muitos o negam e hostilizam. Mas os que o apoiam sabem também por quê. Sabem que a mentira está ao nosso lado como a quinta coluna, senão para impedir-nos a vitória, ao menos para frustrar-nos a colheita dos seus frutos. Sabem que não pode haver união com a insinceridade, e que só os insinceros, os que não compreendem nem amam a causa da liberdade, que é a causa intelectual desta guerra, podem pregar a união, atrás das nossas linhas, entre a verdade e a mentira. Em uma palavra, Bernanos combate o neofascismo, que já se esboça em todos os setores desta luta mundial contra o fascismo, que já se anuncia no campo religioso, político e intelectual. [...] A presença de Bernanos entre nós, portanto, durante anos seguidos, não é um acontecimento a que se possa chamar literário. Como já escrevi, certa vez, sobre ele, Bernanos entrará mais para a nossa legenda que para a nossa história literária. Nada, ou muito pouco, terá ele contribuído para o progresso da nossa literatura. Sua ação não é estritamente a de um escritor, mas a de um intelectual, e se desenvolveu num outro plano, num plano ao mesmo tempo cultural e vital. Ele veio-nos testemunhar que ainda é pujante e criadora a função da inteligência como defensora da liberdade humana, sem a qual perece a vida do espírito. [...] Além disto – e talvez seja esta a mais rica lição de Bernanos –, ele nos mostrou, também, que podemos marchar para o futuro sem o esquecimento da nossa herança cultural humanística e cristã. Esta atitude, que representa a mais arriscada posição da sua inteligência em defesa da verdade, lhe tem valido, como é natural, agressões dos dois lados. Dos que têm medo do futuro, os bem-pensantes, como ele os chama, que se acocoram, como galinhas no ninho, sobre os privilégios de uma civilização injusta, e dos radicais simplistas, bárbaros ingênuos, que supõem ser indispensável a ruptura com o que há de mais delicado, de mais nobre, na nossa cultura, para que se possa conquistar a justiça social. Estes homens lançariam fora do mundo em ascensão as catedrais, as bibliotecas, os museus, as tradições nacionais, a família e a moral, como se fossem o lastro incômodo que impede o balão de subir.

Nas suas memórias, Afonso recorda, várias vezes, o grande escritor. Longamente numa delas, da qual transcrevo, aqui, os excertos mais significativos:

> As lembranças da guerra estarão sempre ligadas, para mim à figura de um homem extraordinário que, sem influir propriamente na

APRESENTAÇÃO

minha maneira de ser e de pensar (eu já era demasiado adulto para isso), enriqueceu o meu mundo interior: Georges Bernanos.

Não tanto pela sua obra escrita, mas pelo que ele dizia, e, principalmente, pelo que ele era, pelo espetáculo humano incomparável da sua presença, Bernanos foi das personalidades mais ricas e interessantes que conheci na vida. Dele se poderá adequadamente dizer que os que o viram não verão facilmente outro igual. [...] Virgílio o conhecera, pois, e logo os dois se ligaram por mútua e estreita confiança; por uma amizade viril e generosa de parte a parte. Virgílio encontrava, em Bernanos, não só um espírito romântico e quixotesco como o seu, mas o escritor admirável, cuja eloquência apaixonada e sem artifícios traduzia, melhor do que ele mesmo poderia fazê-lo, as tempestades da sua própria alma. [...] As preocupações, ou melhor, as paixões que a guerra e a derrota impunham a Bernanos vieram, assim, a fazer dele o companheiro ideal para Virgílio. [...] Bernanos identificava em Virgílio, provavelmente, [...] as virtudes que tinham sido, em momentos como aquele, as do seu povo, e que ele, com o seu julgamento aquilino, sentia atuantes e fáceis naquela espécie de Bayard brasileiro: bravura, desinteresse, generosidade, amor da grandeza humana, tudo dentro de um quadro de paixão e cavalheirismo. Bernanos era grande, gordo, moreno como um cigano, os bigodes bastos e a juba leonina. Aleijado de uma perna, em virtude de acidente, usava uma espécie de bota no pé deformado, e não podia andar senão apoiado em duas bengalas, que eram quase muletas. Seu aspecto seria rebarbativo se não fossem os olhos rasgados e azuis, olhos puros de criança, que pareciam sempre à espera do prêmio ou do castigo. A voz era forte, sonora e jovem, sem qualquer estridência ou rouquidão. [...] Bernanos recitava como um ator da Comédie Française. [...] Certo dia, em Barbacena, Bernanos convidou-nos, a Anah e a mim, para almoçarmos na sua granja, que ele arranjara carinhosamente, um pouco ao jeito de uma casa rural de Lorena. Lá, depois do *coq-au-vin* (que ele disse ter ajudado a preparar), convidou-nos a ouvi-lo ler um poema de Victor Hugo. Escolheu o grande poema da *Legenda dos Séculos* sobre a tomada de Narbona, pois a sua tese era demonstrar que a derrota da França provinha do desajustamento entre o espírito e a técnica; da perda, pela juventude, do amor direto ao *terroir*, ao torrão natal; da mecanização da guerra que amorteceu os impulsos humanos, base do heroísmo francês. O pequeno pajem de vinte anos, Aymeri, tomaria Narbona, fortificada, defendida pelos bearneses e os trinta mil turcos. A fé pura do jovem faria o que não quiseram tentar os grandes cavaleiros, Dreux de Montdidier, Eudes, duque da Borgonha, Naymes, duque da Baviera, protegidos pelas suas armaduras de ferro. De pé, apoiado em uma lareira, na qual encostara as bengalas, o velho Bernanos tomou do livro e começou a ler, como se se tratasse de um texto sagrado. Sua voz enchia a sala, agitando emoções que estavam além das palavras. Aquela voz apaixonada ressuscitava bravuras extintas, coragens de outras eras, teimosamente, como quem recusava nivelar-se ao morno conformismo das derrotas...

Do seu retiro interiorano, o grande polemista remetia dois artigos semanais para *O Jornal*, do Rio de Janeiro, de propriedade de Assis Chateaubriand, próximo a Virgílio. O chanceler Osvaldo Aranha seria grato a Bernanos por essa campanha de imprensa, que o ajudava na defesa da causa aliada contra o nazifascismo, e influiria sobre a entrada do Brasil na guerra, em 1942. O escritor colaborou também com textos para os jornais da França Livre, do general De Gaulle, e mensagens para a BBC de Londres.

Saindo de Barbacena, relativamente próxima da capital mineira, Bernanos visitava, em Belo Horizonte, o então prefeito Juscelino Kubitschek, francófilo sincero, que estudara medicina em Paris.

Virgílio ainda encontraria uma casa para a família do amigo em Paquetá, onde eles passaram o verão de 1943/44. A vitória aliada na guerra da Europa se aproximava. Michel participou do desembarque na Normandia, as tropas gaullistas retomaram Paris, e, a 26 de fevereiro de 1945, o general De Gaulle, então chefe do governo, telegrafou ao exilado ilustre: "Bernanos, o seu lugar é entre nós". E o velho escritor acedeu.

APRESENTAÇÃO

Entretanto, no prefácio às *Lettres aux Anglais*, escritas em sua fazendinha de Barbacena, Bernanos deixara testemunho tocante do que significava para ele o Brasil:

Talvez digam um dia que este livro foi escrito no exílio; mas há muitos meses não me sinto mais um exilado aqui. Por mais que eu o expresse de maneira modesta e simples, sem dúvida teria sido melhor que esse sentimento permanecesse secreto. [...] O Brasil não é para mim o hotel suntuoso, quase anônimo, onde deixei a minha mala esperando retomar o mar e voltar para casa: é o meu lar, a minha casa, creio que ainda não tenho o direito de dizer isso, devo muito a ele para merecer que acreditem em mim. Não me vanglorio de conhecê-lo. [...] Eu o conheço muito menos do que há três anos, mas parece que começo a compreendê-lo, e é por essa razão que me desculpo por falar dele a estrangeiros, expondo-me a tornar pública a minha dívida de gratidão, como se eu tivesse a intenção de pagá-la. Depois de Munique, escrevi que tinha vindo ao Brasil para "dissipar a vergonha". Não dissipei a minha vergonha, reencontrei o meu orgulho, e foi este povo que o devolveu a mim.

Cedo, contudo, voltou a desiludir-se da vida política francesa. Eterno itinerante, retirou-se ainda uma vez, para a Argélia. Dali, um câncer, que se revelaria fatal, o fez retornar à França, onde faleceu a 5 de julho de 1948.

Meu primeiro chefe direto ao ingressar no Itamaraty era o ministro Jaime de Barros Gomes. Este narrou-me episódio ocorrido quando servia no Consulado do Brasil em Paris. Fora visitar Bernanos, internado no Hospital Americano de Neuilly. Advertido pela enfermeira de que o doente não podia receber visitas, o diplomata já se afastava, mas ela correu-lhe ao encalço. O moribundo, informado da sua presença, queria falar-lhe, e lhe disse, na ocasião, que desejara morrer no Brasil. Ao se despedir, emocionado, Jaime de Barros chegou à porta e voltou-se para ver pela última vez Bernanos, que traçou sobre ele então, com um gesto largo, o sinal da cruz.

Aquela sua última vontade, todavia, Bernanos a confidenciara antes, por carta, a uma cunhada de Virgílio: "O maior, o mais profundo, o mais doloroso desejo do meu coração é rever vocês todos, rever o seu país, descansar nessa terra onde tanto sofri e esperei pela França, esperar nela a ressurreição, como nela esperei a vitória".

Afonso Arinos Filho
Revista Brasileira, abril/junho de 2005.

GEORGES BERNANOS:
A GUERRA DA ESPANHA OU
O ESCÂNDALO DA VERDADE

"Jovens que leem este livro, gostem dele ou não, que o olhem com curiosidade, pois ele é o testemunho de um homem livre." A audaz insolência dessa proclamação, seu tom destemido introduzem a questão que percorre o livro todo: o homem livre sobreviverá às chacinas que se iniciam na Europa?

Essas palavras nos informam sobre o estado de espírito de Georges Bernanos no momento em que se propôs a escrever esta obra, entre cólera e resignação total. Elas contêm, além disso, ambiguidade, pois esta palavra, liberdade, verdadeiro *leitmotiv* que constitui a unidade profunda de *Os Grandes Cemitérios sob a Lua*, uma vez traduzida em linguagem política, muda de significação e, inclusive, de natureza, transposição que a maior parte dos críticos e comentadores opera normalmente, sem sequer pensar a respeito.

Como resistiriam esses críticos, uma vez que a política constitui a trama do livro, seu apelo trágico? Ao se aferrar ao pretexto, que parece evidente, os comentadores no entanto ignoram o texto, que o tempo todo aborda a política, saltando dos erros e covardias da direita francesa aos morticínios de Maiorca, da ameaça totalitária às infâmias do fascismo, dos compromissos da Igreja às denúncias violentas da ideia de Cruzada. Porém, o leitor que conserva em sua memória nem que seja um resquício do ensinamento da Igreja percebe bem rapidamente que, mesmo cedendo às querelas politiqueiras, mesmo se apoiando no léxico das teorias e sistemas, o livro nega, em seu desenvolvimento, aquilo mesmo que ele parece afirmar. Com os arrebatamentos, às vezes até com os exageros do panfleto, é na verdade uma reflexão moral que Georges Bernanos empreende. Ele se concentra no crime que se realiza debaixo de seus olhos, mas é para estendê-lo constantemente à Europa toda, aos ácidos que a corroem e terminarão por dissolvê-la, e, mais profundamente, a uma luta subterrânea cuja chave se encontra no segredo da consciência.

"[...] o espetáculo da injustiça me deprime, e é provavelmente porque ele desperta em mim a consciência da parte de injustiça de que sou capaz." Eis designada, sem equívoco, a fonte da revolta bernaniana: a consciência. Não uma consciência moderna, com rasgos de ética protestante, mas uma consciência católica, moral, que não pode separar a indignação diante da injustiça do sentimento de sua própria fraqueza, que pede perdão por seus erros, ao mesmo tempo que se revolta contra o espetáculo da abjeção. Movimento de dupla tensão que denuncia, fazendo seu *mea culpa*.

Esse impulso que mistura o panfleto com a confissão íntima, a visão profética com a rememoração, a meditação do passado com a denúncia do presente constitui a estranheza e a grandeza de *Os Grandes Cemitérios sob a Lua*, um desses monstros literários que escapa a todos os gêneros, a todas as classificações. Como as *Mémoires d'Outre-tombe* [Memórias de Além-túmulo, obra de Chateubriand] ou a *Viagem ao Fim da Noite*,[1] essa obra-prima tem como unidade o coração e a alma de seu autor.

"Só amo os livros que são escritos com sangue", dizia Nietzsche, fórmula retomada por todos os filósofos de café, por todos os autores estéreis que confundem o sangue com um líquido mais turvo, assimilando a tragédia da encarnação com os espasmos de um exibicionismo obsceno.

---

[1] Louis-Ferdinand Céline, *Viagem ao Fim da Noite*. São Paulo, Cia. de Bolso, 2009. (N. T.)

PREFÁCIO

Um grito de revolta? É reduzir o livro ao relato de massacres que, caso se dessem ao trabalho de verificar, ocupam na obra lugar bastante restrito, algumas cenas inesquecíveis, é verdade, retratos esboçados sem ornamentos, imagens fulminantes.

Bernanos se recusa a se demorar sobre o horror, por temer encorajar o voyeurismo, maneira também de dar a entender que seu propósito não é pintar ou descrever, mas sim refletir e estimular.

No entanto, ele qualifica seu panfleto de testemunho, o que explica os mal-entendidos. Pois, se ele se faz testemunha, não é um testemunho jornalístico ou jurídico que ele deposita sobre o papel, mas um testemunho de fé. Ele depõe não diante de um tribunal político ou social, mas diante da comunidade de seus irmãos, um pouco à maneira de José Bergamin, em *Terrorisme et Persécution Religieuse en Espagne* [Terrorismo e Perseguição Religiosa na Espanha].[2] Ali onde o poeta espanhol redige uma defesa ardente da República, Georges Bernanos, de maneira mais radical, não defende qualquer sistema político, não fustiga tampouco uma causa que, num primeiro momento, havia sido a sua. Escapando à cronologia, ele se instala num tempo mítico, a realeza, a cristandade de Joana, que retira o acontecimento da atualidade, para encará-lo *sub speciae eternitatis*.

Em *Os Grandes Cemitérios sob a Lua*, a guerra civil da Espanha, a repressão nacionalista tornam-se um *auto sacramental*, um teatro litúrgico, a cena na qual, desde a noite dos tempos, se representa a salvação do mundo.

Conhece-se a desconfiança de Bernanos pelo homem de letras. É pouco dizer que ele não ama as palavras: ele as teme, devido à mentira que elas contêm, ele as acalenta por conterem e possuírem uma Fala.

Para esse cristão das épocas heroicas, escrever é uma justa, um combate contra as seduções da retórica. Ajustado na armadura da fé, ele

---

[2] José Bergamin, *Terrorisme et Persécution Religieuse en Espagne*. Paris, Éditions de l'Éclat, 2007.

ataca os ardis da bela escrita. O seu é um estilo encarnado, uma Fala erguida contra as tentações da metáfora.

Georges Bernanos escreve com sua inteligência, com sua sensibilidade de estropiado, com sua raiva e sua indestrutível esperança. "É duro ver se aviltar sob seus olhos aquilo que se nasceu para amar." Tem-se aí o movimento secreto desta obra-prima, livro de expiação, bem como de denúncia, de contrição e de recusa, uma catarse. Ao transpor essa língua escatológica em jargão político, vê-se o que se perde, o coração mesmo do livro, seu ritmo misterioso. Negligencia-se esse incessante diálogo consigo mesmo, com o jovem que se foi e que certamente não se renega, uma vez que se tinha o entusiasmo e fervor de seus vinte anos.

"A tragédia espanhola é uma grande fossa. Todos os erros pelos quais a Europa acaba morrendo e que tenta purgar em horrorosas convulsões vêm nela apodrecer juntos." O imenso cemitério que a lua de Maiorca banha com uma luz implacável transborda até Toulon, onde Bernanos termina de escrever este livro iniciado na periferia de Las Palmas; o ossuário se estenderá até Paris, Roma, Berlim, Varsóvia, Praga, Minsk ou Leningrado, mas as primeiras fossas se abriram em Verdun, nos campos da Marne, nas bordas do Oise e do Meuse, com a multidão de miseráveis cadáveres escamoteados por trás do culto ao soldado desconhecido, quando, para aquele que observa a chegada da tragédia anunciada, esses jovens mortos possuíam um rosto, um nome; suas bocas traziam sorrisos infantis, sussurravam "mamãe" no instante de cair.

Livre, liberdade, tem-se pressa em carregar essas palavras que a divisão fúnebre não cessa de recitar na coluna Esquerda, elas são arrancadas da Direita, falseando assim o balanço de uma vida em seu meio, que esclarece o presente à luz atroz e derrisória do passado, olha o futuro contemplando um presente revoltante. Sugere-se uma reviravolta política, quando o autor indica claramente que, caso desse ouvidos aos clamores da Esquerda, seu desgosto prevaleceria sem dúvida sobre sua fidelidade à infância.

PREFÁCIO

As palavras "livre" e "liberdade", assim como a expressão "honra cristã", não podem, sem logro, ser aplicadas à política.

Bernanos, aliás, toma muito cuidado ao defini-las: o que funda sua liberdade, diz ele, é a fé recebida com o batismo, fé não intelectual, lógica e argumentativa, mas fé apoiada na terra, transmitida de geração em geração, tão alegre, tão ousada, tão segura de si mesma que zomba do padre e de sua criada, da púrpura dos cardeais, bem como das estratégias da política pontifícia. Ela respeita a hierarquia apostólica, admite que a Igreja é humana, demasiado humana em seus cálculos, mas é vivida como um bem inalienável que monsenhor algum poderia lhe retirar. É a fé de Joana em suas prisões, a fé intrépida e juvenil de São Luís.

Para compreender o movimento de *Os Grandes Cemitérios sob a Lua*, suas raivas e tristezas, é preciso se instalar no centro dessa fé que Bernanos, em diversos lugares, qualifica de francesa, para contrapô-la ao fanatismo espanhol, explicável, segundo ele, pela herança judia e moura, para contrapô-la, também, às profundezas da Reforma alemã de onde, ainda segundo ele, o nazismo extrai sua força sombria. Para Georges Bernanos, existe uma vocação cristã da França, uma vocação para o heroísmo e o universalismo, vocação que constitui seu patriotismo.

Em certa passagem, ele ousa esta observação de que todos, nesta "pequena ilha calma, recolhida a suas amendoeiras, laranjeiras, vinhedos", sabem que ele é monarquista, que ele assiste à missa; que ele tem numerosos amigos entre os falangistas da primeira hora; que seu filho Yves, ele mesmo membro da Falange, combate no *front* de Madri; apesar disso, observa ele, desconhecidos se abrem com ele, confiam-lhe sua revolta e desgosto. Porém, isso é porque ele é francês, e essas pessoas sabem que um francês não será jamais colaborador da polícia, afirmação, como o demonstrarão os acontecimentos, no mínimo otimista. Isto indica a que ponto este livro, que se tornou mítico, é e se quer francês, de uma França abolida, se é que ela existiu alguma vez, tal como Bernanos a sonhou.

Estamos longe, muito longe, podemos constatar, da política; encontramo-nos no centro da Mística, nessa mística proveniente de Péguy, citado com frequência, a cada vez com uma ternura secreta, a de uma cristandade heroica, no extremo oposto do catolicismo limitado de Claudel ou do moralismo burguês de Mauriac. Mas não serão essa juventude franca, essa ousadia e esse frescor que logo inspirarão Charles de Gaulle?

Desde 1937, Georges Bernanos contrapõe essa coragem insolente às renúncias vagarosas da velhice, o que fará Londres ao que já é Vichy. *Os Grandes Cemitérios sob a Lua* é cronologicamente o primeiro chamado à resistência, e ele se ergue e repercute, não no terreno da política, mas no do cristianismo ultrajado, manchado por aqueles que o encarnam: os cardeais, os bispos espanhóis, o papado envolvido em seus cálculos táticos.

Georges Bernanos se dirige aos que partilham de sua fé, aos que falam sua língua. São muitos? A questão não detém o escritor. Nesses assuntos, o número importa pouco. Ele se propõe não a convencer, mas a despertar. Conhecedor da mansidão culposa dos católicos em relação ao Caudilho, nada ignorando da propaganda clerical que agita as ruínas fumarentas das igrejas incendiadas, os cadáveres escurecidos das freiras desterradas, o espetáculo odioso das milicianas disfarçadas com os hábitos litúrgicos e dançando, diante das fogueiras em que se consomem os missais, uma carmanhola obscena, ele sacode essas imundícies para só ver o horror cometido debaixo de seus olhos. Ele mostra essas vítimas que são levadas ao abatedouro e que frades mendicantes, com uma cruz branca sobre sua batina, abençoam antes de acompanhá-las à beira da fossa.

> [...] Eles eram apanhados a cada final de tarde nas aldeias perdidas, na hora em que retornavam do campo; eles partiam para a última viagem, a camisa colada às costas pelo suor, os braços ainda inchados pelo trabalho do dia, deixando a sopa servida sobre a mesa e uma mulher que chega muito tarde ao limite do jardim, sem fôlego, com o pequerrucho apertado no guardanapo novo [...].

PREFÁCIO

Eis o horror que o cristão Georges Bernanos lança ao rosto de todos os cristãos da França e do mundo, eis a repressão desumana que, noite após noite, os milhares de novos falangistas – eram cerca de quinhentos às vésperas do levante militar, são quinze mil seis meses depois – perseguem sob as ordens de um general italiano de opereta, acompanhados de seus monges mendicantes calçados de botas. Ele mostra aquele que as convenções obrigam a tratar de Excelência e de Vossa Senhoria, o bispo de Palma, mostrando-se no balcão de seu palácio tendo a seu lado o general conde Rossi, que "não era, naturalmente, nem general, nem conde, nem Rossi, mas um funcionário italiano, pertencente aos camisas-negras", carrasco sanguinário e grotesco. E o prelado abençoa as bandeiras, fala de Cruzada, do justo combate do Bem contra o Mal!

É esta blasfêmia que o escritor denuncia, este sacrilégio que ele fustiga. Ele os lança à face da cristandade em um urro de raiva, colocando a questão: se os cristãos abandonam sua consciência, se eles renegam a fé de seu batismo, isto é, sua honra e sua liberdade, o que restará para se contrapor aos massacres que se anunciam? Em que se apoiarão para resistir ao Mal?

> Era a mesma pancada discreta na porta do apartamento confortável, ou na da cabana, o mesmo trote no jardim em sombras ou no pátio, o mesmo sussurro fúnebre, que um miserável escuta do outro lado da muralha, o ouvido colado à fechadura, o coração crispado de angústia [...].

Bernanos distingue três etapas nesse expurgo conduzido pelo sinistro fantoche italiano e perpetrado pelos novos falangistas, desejosos de mostrar serviço: uma primeira, que dura dois meses, elimina às centenas os "republicanos" – médicos, professores, diretores, farmacêuticos, notáveis locais, mas também, camponeses ou meeiros –, quase todos moderados, nota o escritor, acusados de algum crime. As equipes de assassinos passam a pequena ilha no pente fino, amontoam suas vítimas em caminhões, as abatem com uma bala na nuca antes de lançá-las nas valas, próximo a um cemitério. É o terror selvagem que paralisa, estupidifica, semeia o pavor em toda parte.

Segundo momento: esvaziam-se os campos, as prisões, as sinistras barcas onde milhares de detidos se amontoam. Eles são reunidos em praias, são metralhados. A lua ilumina esses abatedouros onde mulheres vestidas de negro, ajoelhadas sobre a areia, vasculham as roupas esgarçadas, maculadas de sangue, recolhendo uma relíquia.

Terceiro tempo, mais abjeto: libertam-se os prisioneiros que aguardam um processo, procedem-se às formalidades da saída da prisão, seus pertences lhes são devolvidos: "Vocês estão livres! Podem retornar às suas casas!". Caminhões os aguardam na rua e vão, dizem-lhes, levá-los a suas casas. Mortos por "congestão cerebral", dirá o coveiro, seus corpos serão encontrados próximos aos cemitérios.

"No início de março de 1937, após sete meses de guerra civil, contavam-se três mil desses assassinatos": eis o balanço do que, no microfone da Rádio Sevilha, o general Queipo de Llano chamava cruamente de "guerra de extermínio".

Tivesse tido apenas essa coragem, de denunciar o horror de uma repressão feroz, abençoada pelos bispos, sancionada e justificada pelos inquisidores de batina, Georges Bernanos mereceria nossa gratidão e admiração. Ele salvou o que chama de sua honra cristã, mostrando-se fiel à criança que foi, defendeu e manteve a liberdade cristã, essa consciência inalienável que permite se contrapor às tentativas do Moloc para aniquilar a parte espiritual do homem.

Noto, de passagem, que as duas denúncias mais veementes do terror nacionalista foram feitas por dois cristãos, dois místicos, Miguel de Unamuno e Georges Bernanos, e que foram feitas em nome dos valores espirituais do homem. Observo que nenhuma denúncia solene se ergueu nas fileiras da Esquerda quando, na Madri entregue aos comunistas, assassinatos em massa se efetuavam. A política não basta para conter todo o homem, é preciso uma parte separada do domínio do Estado, uma parte realmente livre, a única capaz de se contrapor às potências.

PREFÁCIO

Convido, enfim, aqueles que queiram se certificar da exatidão do que afirmo, a reler *Le Testament Espagnol* [O Testamento Espanhol], que não abandona jamais o terreno da política. Lançando mão do ardil tático, o testemunho de Koestler, arrebatador, é repleto de silêncios e omissões. Obra de militância, oculta tanto quanto revela.

Aos que o ignoram ou o esqueceram, recordo que Koestler só admitirá dez anos depois ter sido, na Espanha, agente do Komintern. Quanto a Georges Bernanos, ele não foi agente secreto de potência alguma. Ele nada dissimula, esclarecendo cada recôndito de sua consciência; evoca claramente suas ilusões e desvios. Através de todos os poros de sua pele, ele se lança em seu livro, que cheira a suor. "Nada fiz de aceitável neste mundo que não tenha me parecido inútil, inútil até o ridículo, até a aversão. O demônio de meu coração se chama: para quê?". Com Koestler, nós nos encontramos diante de um testemunho de combate; Bernanos luta contra si mesmo.

Os Grandes Cemitérios sob a Lua se banham em uma luz sobrenatural, que permite ler de outra forma as piores abominações, permite transcendê-las, portanto. Georges Bernanos relaciona os acontecimentos aos quais assiste àqueles que se preparam em toda a Europa, sobre toda a superfície da Terra, da Ásia à América. Ele examina as carnificinas do campo de Maiorca, e vê os cadáveres de Verdun, vê já os de Treblinka e Varsóvia. "Mas há", escreve, num inédito publicado depois na edição da Pléiade, "crimes essenciais, marcados pelo signo da fatalidade. A guerra da Espanha é um deles".

O fascismo? O comunismo? Isto seria permanecer no terreno da política e das ideologias, esquivar-se à questão, atendo-se ao sacrifício do bode expiatório, atitude, temo eu, da qual ainda não escapamos. Para Bernanos, o que está em jogo não é a vitória de um campo sobre o outro, nem de um sistema político sobre seu concorrente. O que está em jogo é o homem mesmo, a possibilidade de sua sobrevivência. Só há, para ele, um crime, cuja tradução sangrenta é o Terror político, e se trata da negação do espiritual, o escândalo da verdade. "Onde quer que o general do episcopado espanhol ponha agora o pé, a mandíbula de um crânio se fecha sobre seu calcanhar [...] Boa sorte a Suas Senhorias!". Imagem aterradora que resume o espírito do livro. O que escandaliza o cristão Bernanos, mais do que a atrocidade do Terror, é sua justificação teológica, encarnada nesta palavra, Cruzada. Nessa confusão, ele vê um pecado de simonia, a Igreja da Espanha vendendo a consciência cristã por vantagens políticas. E, porque ele teme que Roma, por sua vez, negocie com o nazismo germânico, na esperança de salvar seus interesses imediatos, ele teme que, de concessão em compromisso, a Igreja se livre do que resta de honra cristã.

Não há, para ele, uma guerra política, pois todas as guerras são morais. "Este povo [o povo espanhol] possui o senso do pecado. Eis por que, provavelmente, ele é implacável em suas vinganças, pois conhece por instinto o valor da intenção", escreve na revista dos Dominicanos, *Sept*.

> Escrevo, em linguagem clara, portanto, que o Terror teria há muito esgotado sua força se a cumplicidade mais ou menos confessa, ou mesmo consciente, dos padres e dos fiéis não tivesse finalmente conseguido lhe conferir um caráter religioso.

A palavra Cruzada, que o episcopado espanhol acaba de exumar para legitimar o Terror nacionalista, faz dos adversários não somente infiéis ou heréticos, mas animais que se pode, que se deve exterminar sem escrúpulo. "Na Espanha, ou se é católico ou não se é nada", escreve o cardeal de Toledo, primaz da Igreja da Espanha. *Não se é nada*, um verme que os cristãos podem esmagar sem remorso. Contra essa reificação, Georges Bernanos se insurge, pois, ao negar ao adversário sua qualidade de homem, é o homem como um todo que é negado, sua dignidade ontológica. Com ela, é a liberdade cristã que se vê simultaneamente rejeitada.

Comunistas e fascistas desprezam igualmente essa liberdade ontológica? Essa constatação leva o escritor a afirmar: "[...] o mundo está maduro para toda forma de crueldade, assim como para toda forma de fanatismo ou superstição". Desse modo, a liberdade cristã constitui o último baluarte contra a barbárie das ideologias totalitárias, assim, como Becket diante de seu rei,[3] a honra cristã se ergue contra as pretensões do Moloc estatal. Sem consciência moral, o homem se encontra desarmado diante da Ideia totalitária.

Acredita-se ouvir os militantes laicos, os zelotes do ateísmo, os agnósticos, o exército de livres-pensadores gritando em coro: o quê?! Somente os cristãos teriam o monopólio da coragem e da virtude? Aceita-se seu protesto, concede-se mesmo que, tanto no plano geral quanto no particular, os descrentes possam se mostrar mais honestos, sinceros, íntegros do que a massa dos católicos. Simplesmente, a questão posta por Bernanos não se situa no plano da moral individual ou coletiva, o moralismo sendo para a moral o que o nacionalismo é para o patriotismo.

Georges Bernanos pode repetir que só conhece da religião de seus ancestrais o catecismo de sua infância; diz-se que esse catecismo pensado, meditado vale por todas as sumas teológicas. Ele jamais confunde as fornicações e os adultérios, as mentiras e as trapaças com o fundamento de sua fé. Não fala na condição de moralista, mas na de teólogo. Acredita com toda sua alma que moral alguma pode derivar do estabelecimento de um contrato social entre homens pervertidos por uma má organização social, nem tampouco de um imperativo da consciência, mas, porque o homem é habitado pelo Mal, que é preciso um fundamento ontológico para a moral. É nesse ponto que se situa sua fé, bem no fundo do homem, em sua aspiração a se subtrair a seu peso. Contra todos os curas e todos os prelados que reduzem a religião a regras de conduta, contra todos os fiéis que pensam que o cristão pode ser reconhecido por sua maneira de viver, Georges Bernanos

---

[3] Referência a Tomás Becket (c. 1118-1170), arcebispo de Cantuária, santo e mártir da Igreja Católica e da Igreja Anglicana, assassinado pelos seguidores do rei Henrique II. (N. T.)

lembra, com Pascal, que a única questão é a de Deus e, para um cristão, a da Encarnação.

O pecado que *Os Grandes Cemitérios sob a Lua* denuncia não é o assassinato dos inocentes, nem mesmo os assassinatos em massa, nem tampouco a abjeção das delações e acertos de contas, pois esse sangue vertido é o tributo pago ao pecado original, à natureza maculada do homem. O verdadeiro crime, a seus olhos, é aquele cometido em espírito, em nome do Espírito. É ele que constitui a blasfêmia. Só existe sacrilégio se o homem contém em si mais do que sua natureza, eis o que o texto não deixa de martelar. É por essa via que ele supera toda atualidade, que ele é um clássico.

Postular com força que o homem não se reduz à sua natureza acarreta uma consequência, sua parte espiritual não poderia pertencer ao mundo, por mais forte razão escapa à política. Um estranho habita em cada um de nós, e Bernanos o assimila à criança, a todas as crianças humilhadas. Somente essa infância escondida pode, em condições decisivas, salvar-nos do desespero. *Os Grandes Cemitérios sob a Lua* entoam o réquiem das crianças humilhadas, desrespeitadas em sua dignidade e liberdade ontológicas.

Essa ruptura do cristão, "Meu reino não é deste mundo", produz um desdobramento de consciência, separando o cidadão do crente. Confrontado a escolhas que envolvem a totalidade da pessoa, o crente deverá responder, às vezes de maneira dolorosa, a uma ou outra dessas partes. Percebe-se o quanto custou a Bernanos denunciar a infâmia. "É duro ver se aviltar sob seus olhos aquilo que se nasceu para amar." Confissão, em sentido próprio, dilacerante.

Em livro breve e conciso, *Les Grands Procès dans les Systèmes Communistes* [Os Grandes Processos nos Sistemas Comunistas],[4] Annie Kriegel se questiona: por que homens de caráter bem moldado, tendo

---

[4] Annie Kriegel, *Les Grands Procès dans les Systèmes Communistes*. Paris, Gallimard, 1972. (Col. "Idées", n. 256.)

exibido mil provas de seu heroísmo, aceitaram se acusar dos crimes mais inverossímeis, renegando assim toda uma vida de devotamento e abnegação? Para eles, nota, o Partido era toda sua vida, e eles não concebiam a ideia de se separar dele, preferindo a desonra à solidão absoluta. Resistiram aqueles que, em seu passado, possuíam uma fé à qual se agarrar. Sem dúvida, Annie Kriegel pensa no judaísmo, já que a maioria dos acusados são judeus, mas não existe, nesse ponto da consciência e da fé, nenhuma diferença entre os crentes. Um Deus único constitui o último baluarte dos homens mergulhados na derrelição. Como a cristandade, o judaísmo provém do fundo dos séculos, memória ancestral que molda o caráter.

É a essa parte estranha ao mundo da política que Georges Bernanos se dirige. É ela que funda sua liberdade.

Talvez aqueles que, como foi o meu caso, abriram este livro em circunstâncias de abandono total possam adivinhar o choque produzido por estas páginas de lava ardente. Foi em 1953, em Huesca, na Espanha franquista; ainda conservo a lembrança de minha leitura que me deixou sem fôlego; ainda ouço o apelo brutal para endireitar a coluna, examinar meu espírito para discernir a luz que faz de cada um de nós um homem dilacerado e responsável. Como um eco, ouvia a frase de Dostoiévski: "Somos todos culpados por tudo diante de todos".

Compreende-se como este texto, à primeira vista político, ultrapassa e mesmo refuta a política, uma vez que lê os acontecimentos à luz de uma teologia estrita, recordando ao Ocidente que sua individualidade se funda sobre a liberdade da pessoa. Ele se dirige a seu país, por meio de uma voz dilacerada, para lhe murmurar que, se o catolicismo espanhol, impregnado de judaísmo e de maometanismo, pode ser sombrio e fanático, a cristandade francesa, por sua vez, foi compassiva e alegre.

Francês, Georges Bernanos se entrega à "doce piedade de Deus". E esse sorriso, do Anjo de Reims, ilumina este livro de escuridão, arrancando-o ao desespero.

"Jovens que leem este livro...": quem pode afirmar que o amor dessa liberdade bernanosiana esteja para sempre extinto, que, em um recanto esquecido do país, não se encontre um jovem francês para manter sua chama? A despeito da descristianização que faz desta obra-prima um meteorito caído de um céu agora vazio, Georges Bernanos permanece o mais atual, mais jovem e mais moderno de nossos contemporâneos.

Michel del Castillo

Introdução

Se eu gostasse da tarefa que empreendo hoje, provavelmente me faltaria a coragem para cumpri-la, pois não acreditaria nela. Só acredito naquilo que me custa alguma coisa. Nada fiz de aceitável neste mundo que não tenha me parecido inicialmente inútil, inútil até o ridículo, até a aversão. O demônio de meu coração se chama: para quê? Acreditei outrora no desprezo. É um sentimento bastante escolar e que rapidamente se transforma em eloquência, como o sangue de um hidrópico se transforma em água. A leitura prematura de Barrès[1] me fornecera alguma ilusão a esse respeito. Infelizmente, o desprezo de Barrès – ou pelo menos, o órgão que o produz – parece sofrer de uma retenção perpétua. Para atingir a amargura, alguém que despreza deve abaixar bem a sonda. Desse modo, o leitor, sem que o saiba, participa menos do sentimento mesmo do que da dor da micção. Paz ao Barrès de *Leurs Figures* [Suas Figuras]! Aquele que amamos morreu com olhar de criança orgulhosa, e seu pobre sorriso crispado de moça pobre e nobre que jamais encontrará marido.

Na abertura deste livro, por que o nome de Barrès? Por que, na primeira página de *Sob o Sol de Satã*,[2] o do gentil Toulet? É que, neste instante, como nessa outra noite de setembro "cheia de uma luz imóvel", hesito em dar o primeiro passo, o primeiro passo em sua direção, ó, rostos velados! Pois dado o primeiro passo, sei que não me deterei mais, que irei, custe o que custar, até o final de minha tarefa, por dias e dias, tão semelhantes entre si que não os conto, que são como que separados de minha vida. E realmente o são.

---

[1] Maurice Barrès (1862-1923), escritor e político nacionalista francês. (N. T.)
[2] Georges Bernanos, *Sob o Sol de Satã*. Trad. Jorge de Lima. São Paulo, É Realizações, 2010.

Não sou escritor. A mera visão de uma folha de papel me deixa extenuado. A espécie de recolhimento físico que impõe semelhante trabalho me é tão odioso que o evito tanto quanto posso. Escrevo nos cafés, sob risco de passar por bêbado, e talvez o fosse, com efeito, se as poderosas Repúblicas não taxassem, tão impiedosamente, o álcool consolador. Na sua falta, engulo ao longo do ano esses cafés com creme adocicados, com uma mosca dentro. Escrevo sobre as mesas dos cafés porque eu não poderia prescindir por muito tempo do rosto e da voz humanas, das quais acredito ter tentado falar nobremente. O que dá liberdade aos maliciosos, em sua linguagem, de afirmar que "eu observo". Eu não observo nada. A observação não leva a grande coisa. O Sr. Bourget observou as pessoas famosas durante toda sua vida, e mesmo assim permaneceu fiel à primeira imagem que formara para si o pequeno professor com fama de inglês chique. Seus duques sentenciosos se assemelham a notários e, quando os quer naturais, ele os faz bestas como cachorros caçadores de lebres.

Escrevo nas salas de café assim como escrevia antes nos vagões de trem, para não ser enganado por criaturas imaginárias, para reencontrar, em um olhar lançado sobre o desconhecido que passa, a justa medida da alegria ou da dor. Não, não sou escritor. Se o fosse, não teria esperado atingir os quarenta anos para publicar meu primeiro livro, pois vocês podem pensar comigo, talvez, que aos vinte anos eu poderia, como qualquer outro, escrever os romances de Pierre Frondaie. Não rejeito esse nome de escritor, aliás, por uma espécie de esnobismo ao avesso. Honro um ofício pelo qual qual minha mulher e meus filhos devem, graças a Deus, não morrer de fome. Suporto humildemente, até, o ridículo de só ter ainda apenas borrifado de tinta essa face da injustiça, cujo ultraje incessante é o sal de minha vida. Toda vocação é um chamado – *vocatus* – e todo chamado exige ser transmitido. Os que invoco não são evidentemente muito numerosos. Eles não mudarão as coisas deste mundo. Mas foi para eles, para eles que nasci.

* * *

INTRODUÇÃO

Companheiros desconhecidos, velhos irmãos, chegaremos juntos, um dia, às portas do reino de Deus. Tropa miserável, exausta, embranquecida pela poeira de nossas estradas, queridos rostos duros dos quais eu não soube enxugar o suor, olhares que viram o bem e o mal, cumpriram sua tarefa, assumiram a vida e a morte, ó, olhares que não se renderam jamais! Dessa maneira os encontrarei, irmãos. Tais como minha infância os sonhou. Pois eu partira ao seu encontro, acorri em sua direção. No primeiro desvio, eu teria visto os fogos de seus eternos acampamentos. Minha infância só pertencia a vocês. Talvez, certo dia, um dia que conheço, tenha eu sido digno de assumir a liderança de sua tropa inflexível. Deus queira que eu não reveja jamais os caminhos em que perdi os seus traços, na hora em que a adolescência estende suas sombras, onde o fluido da morte, ao longo das veias, vem se misturar ao sangue do coração! Trilhas da região de Artois, no final do outono, amarelas e de cheiro forte como animais, sendas apodrecidas debaixo da chuva de novembro, grandes cavalgadas das nuvens, rumores do céu, águas mortas... Eu chegava, empurrava a grade, aproximava do fogo minhas botas avermelhadas pela chuva. A aurora chegava bem antes que voltassem ao silêncio da alma, em seus profundos abrigos, os personagens fabulosos ainda recém-formados, embriões sem membros, Mouchette e Donissan, Cénabre, Chantal, e você, a única de minhas criaturas cujo rosto acreditei distinguir por vezes, mas a quem não ousei dar nome – querido cura de um Ambricourt imaginário. Eram vocês então meus mestres? Hoje mesmo, o são? Oh! Sei o quanto é inútil esse retorno ao passado. Certo, minha vida já está repleta de mortos. Mas o mais morto deles é o garotinho que fui. E, contudo, chegada a hora, será ele a retomar a dianteira de minha vida, recolherá meus pobres anos até o último, e como um jovem chefe entre veteranos, reunindo a tropa em desordem, será o primeiro a entrar na Casa do Pai. Afinal, eu teria o direito de falar em seu nome. Mas, justamente, não se fala em nome da infância, seria preciso falar sua linguagem. E é a linguagem esquecida; essa linguagem que busco de livro em livro, imbecil! Como se essa linguagem pudesse ser escrita, como se tivesse alguma vez sido escrita. Não importa! Às vezes me acontece de reencontrar algum sotaque... e é isso o que os faz prestar atenção, companheiros dispersos no mundo, que por acaso ou por tédio abriram um de meus livros. Ideia singular de escrever para aqueles que desdenham da escrita! Ironia amarga pretender persuadir e convencer, quando minha certeza profunda é de que a parte do mundo ainda suscetível de resgate só pertence às crianças, aos heróis e aos mártires.

Palma de Maiorca,
janeiro de 1937.

primeira parte

1

"Jurei comovê-los, com simpatia ou cólera, pouco importa!" Era assim que eu falava outrora, na época de *La Grande Peur* [O Grande Medo], há sete longos anos. No presente, preocupo-me cada vez menos em comover, pelo menos com cólera. A cólera dos imbecis sempre me encheu de tristeza, mas, hoje, ela me espantaria. O mundo todo ecoa essa cólera. O que se esperaria? Eles não pediam mais do que não compreender nada, e se juntavam mesmo para isso, pois a última coisa de que o homem é capaz é de ser idiota e mau sozinho, condição misteriosa e reservada, com certeza, ao maldito. Nada compreendendo, eles se uniam espontaneamente, não segundo suas afinidades particulares, demasiado fracas, mas segundo a modesta função que herdavam do nascimento ou do acaso, e que absorvia inteiramente suas vidinhas. Pois as classes médias são quase as únicas a fornecer o verdadeiro imbecil, a superior se arrogando o monopólio de um tipo de estupidez perfeitamente inútil, uma estupidez de luxo, e a inferior só sendo capaz de grosseiros e às vezes admiráveis esboços de animalidade.

É uma imprudência louca ter desenraizado os imbecis, verdade entrevista por Maurice Barrès. Essa colônia de imbecis solidamente fixada em seu torrão natal, assim como um banco de moluscos preso à rocha, pode passar por inofensiva e até mesmo fornecer ao Estado, à indústria, material precioso. O imbecil é primeiramente um ser de hábitos e de posição tomada. Arrancado a seu meio, ele conserva, entre suas duas válvulas estreitamente fechadas, a água do pântano que o alimentou. Mas a vida moderna não se limita a transportar os imbecis de um lugar a outro, ela os mistura com uma espécie de furor. A gigantesca máquina, girando a plena força, os engole aos milhares, semeia-os pelo mundo, ao sabor de seus enormes caprichos. Nenhuma outra sociedade além da nossa teve um consumo tão prodigioso desses infelizes. Assim como Napoleão fez com as "Marias Luísas" do campo da França, ela os devora quando sua casca ainda está mole, não os deixa sequer amadurecer. Essa máquina sabe perfeitamente que, com a idade e o grau de experiência de que é capaz, o imbecil forma para si uma sabedoria imbecil que o tornaria resistente.

Lamento me exprimir tão naturalmente por meio de imagens. Desejaria de todo coração efetuar essas reflexões simples numa linguagem simples como elas. É verdade que elas não seriam compreendidas. Para começar a entrever uma verdade que nos é confirmada a cada dia, é preciso um esforço de que poucos homens hoje em dia são capazes. Admitam, portanto, que a simplicidade lhes causa aversão, vergonha. O que vocês chamam por esse nome é justamente o seu contrário. Vocês são fáceis, e não simples. As consciências fáceis são também as mais complicadas. Por que não ocorreria o mesmo com as inteligências? Ao longo dos séculos, os Mestres, os Mestres de nossa espécie, nossos Mestres abriram as grandes avenidas do espírito que vão de uma certeza a outra, as estradas reais. O que importam a vocês as estradas reais se o percurso de seu pensamento é oblíquo? Às vezes, o acaso os lança nelas, vocês não as reconhecem mais. Assim, nosso coração se apertava de angústia quando uma noite, ao sair do labirinto das trincheiras, sentimos de repente, debaixo de nossas solas, o chão ainda firme de um dos caminhos de outrora, dificilmente visível sobre o musgo do capim, o caminho pleno de silêncio, o caminho morto que repercutira outrora o passo dos homens.

É verdade que a cólera dos imbecis inunda o mundo todo. Podem rir, se quiserem, ela não poupará nada, ninguém, é incapaz de perdoar.

PRIMEIRA PARTE

Evidentemente, os doutrinários de direita ou de esquerda, cujo ofício é esse, continuarão a classificar os imbecis, enumerarão suas espécies e gêneros, definirão cada grupo segundo as paixões e os interesses dos indivíduos que o compõem, sua ideologia particular. Para tais pessoas, isso não passa de um jogo. Mas essas classificações respondem tão pouco à realidade que seu uso reduz implacavelmente seu número. É claro que a multiplicação dos partidos infla principalmente a vaidade dos imbecis. Ela lhes fornece a ilusão de escolher. Qualquer vendedor de loja dirá que o público, atraído pelas ofertas da moda em exposição, uma vez satisfeito pelas mercadorias e após ter mantido os funcionários bem ocupados, retorna ao mesmo balcão. Vimos nascer e morrer grande número de partidos, pois é o único meio de que dispõem os jornais de opinião para manter sua clientela. Não obstante, a desconfiança natural dos imbecis torna precário esse método de esfacelamento, o rebanho inquieto se reforma o tempo todo. Uma vez que as circunstâncias, e especialmente as necessidades eleitorais, parecem impor um sistema de aliança, os infelizes esquecem instantaneamente as distinções que só a grande custo fizeram. Eles se dividem por si mesmos em dois grupos, a difícil operação mental que lhes é proposta sendo assim reduzida ao extremo, já que só se trata agora de pensar contra o adversário, o que permite utilizar seu programa marcado simplesmente pelo sinal negativo. É por isso que os vimos só aceitar a contragosto designações tão complexas como, por exemplo, realistas ou republicanos. Clerical ou anticlerical agrada mais, essas palavras significando apenas "a favor" ou "contra" os padres. Convém acrescentar que o prefixo "anti" não pertence propriamente à pessoa, pois se o homem de esquerda é anticlerical, o de direita é antimaçônico, antidreyfusista.[1]

---

[1] Vale lembrar que "antidreyfusista" se refere aos debates do Caso Dreyfus, célebre caso de Alfred Dreyfus (1859-1935), oficial francês de origem judaica, acusado em 1894 de espionagem, condenado e posteriormente absolvido. Aqueles que defenderam a condenação de Dreyfus, os "antidreyfusistas", eram conhecidos por suas posições antissemitas e pelo nacionalismo xenófobo. (N. T.)

Os empresários da imprensa que utilizaram esses bordões até desgastá-los totalmente sem dúvida desejarão que eu diga que não faço distinções entre ideologias, que elas me inspiram igual aversão. Infelizmente, sei melhor do que ninguém o que um rapaz de vinte anos pode dar de si, da substância de sua alma, a essas grosseiras criações do espírito partidário, que se assemelham a uma opinião verdadeira como certas bolsas marinhas a um animal – uma ventosa para sugar, outra para evacuar – a boca e o ânus – que até mesmo, em certos pólipos, são um só. Mas a quem a juventude não é pródiga de sua alma! Ela a lança, às vezes com tudo, nos bordéis. Como essas moscas incômodas, vestidas de azul e ouro, pintadas com mais cuidado que as iluminuras de missais, os primeiros amores são abatidos em matadouros.

O que querem? Não acredito nem mesmo no benefício relativo das coalizões entre ignorância e posição tomada. A condição indispensável a preencher para entrar realmente na ação é conhecer a si mesmo, ter avaliado bem a si mesmo. Ora, todas essas pessoas só se reúnem para juntar as poucas razões que possuem para se julgar melhores do que os outros. Então, o que importa a causa à qual eles pretendem servir? Deus sabe, por exemplo, o que custa ao resto do mundo o magro rebanho carola mantido a grandes custos por uma literatura especial, difundida aos milhões sobre toda a superfície do globo, e a qual se deve admitir que é feita para desencorajar os descrentes de boa vontade. Não quero mal algum aos carolas, gostaria apenas que não maltratassem meus ouvidos com sua suposta ingenuidade. O padre mais próximo, se sincero for, dirá que espécie alguma está mais afastada do que a sua do espírito da infância, de sua clarividência sobrenatural, de sua generosidade. Trata-se de conspiradores da devoção, e os gordos cônegos literatos que elogiam essas larvas pelo mel saqueado nos buquês espirituais não são tampouco ingênuos.

O mundo está repleto pela cólera dos imbecis. É fácil compreender que a Providência que os fez naturalmente sedentários tinha suas razões

PRIMEIRA PARTE

para tanto. Ora, os trens rápidos, automóveis, aviões os transportam com a rapidez do relâmpago. Cada pequena aldeia da França possuía um ou dois clãs de imbecis, dos quais os célebres "Riz e Pruneaux",[2] de *Tartarin sur les Alpes* [Tartarin nos Alpes][3] nos fornecem um exemplo perfeito. O erro profundo de vocês consiste em acreditar que a estupidez é inofensiva, que há pelo menos formas inofensivas de estupidez. A estupidez não possui mais força do que um canhão de 36, mas uma vez posta em movimento, arrasa tudo em seu caminho. O quê! Nenhum de vocês ignora do que é capaz o ódio paciente e vigilante dos medíocres, e vocês espalham essa semente aos quatro ventos! Pois, se as máquinas permitem que se troquem imbecis não só de cidade em cidade, de província em província, mas de nação a nação, ou mesmo de um continente a outro, as democracias ainda tomam desses infelizes o conteúdo de suas pretensas opiniões públicas. Assim, pelos cuidados de uma Imprensa enorme, trabalhando dia e noite sobre alguns temas sumários, a rivalidade entre os Pruneaux e os Riz assume uma espécie de caráter universal de que o Sr. Alphonse Daudet certamente não tinha se dado conta.

Mas quem lê hoje *Tartarin sur les Alpes*? Mais vale lembrar que o gentil poeta provençal, que elevou tantas vezes acima de si mesmo a consumação da dor, o gênio da simpatia, reúne, no fundo de um hotel de montanha uma dúzia de imbecis. A geleira está lá, bem próxima, suspensa na imensidão azul. Ninguém pensa sobre isso. Depois de alguns dias de falsa cordialidade, de desconfiança e tédio, os pobres-diabos encontram meios de satisfazer ao mesmo tempo seu instinto gregário e o surdo rancor que os corrói. O partido dos Constipados exige, na sobremesa, ameixas secas. O dos Desviantes se atém, naturalmente, ao arroz. A partir daí, as querelas particulares se acalmam,

---

[2] "Riz e Pruneaux", respectivamente, "arroz" e "ameixas secas", tomados, aqui, por nomes de facções rivais. (N. T.)

[3] *Tartarin sur les Alpes*, de Alphonse Daudet (1840-1897). Trata-se do mesmo personagem de seu romance *Tartarin de Tarascon*. (N. T.)

estabelece-se um acordo entre os grupos rivais. Pode-se muito bem imaginar, nos bastidores, o leigo engenhoso e perverso, sem dúvida comerciante de arroz ou de ameixas, sugerindo a esses miseráveis uma mística apropriada ao estado de seus intestinos. Mas o personagem é inútil. A estupidez não inventa nada, ela utiliza admiravelmente para seus fins, seus fins de estupidez, tudo o que o acaso lhe traz. E por um fenômeno, infelizmente, bem mais misterioso, vocês a verão se colocar em pé de igualdade com os homens, circunstâncias ou doutrinas que provocam sua monstruosa faculdade de estupidificação. Napoleão se gabava, em Santa Helena, de ter se aproveitado dos imbecis. Foram estes que no final se aproveitaram de Napoleão. Não só, como se poderia acreditar, porque eles se tornaram bonapartistas. Pois a religião do Grande Homem, conformada pouco a pouco ao gosto das democracias, fez esse patriotismo idiota que ainda age tão poderosamente sobre suas glândulas, patriotismo que os antepassados jamais conheceram, e cuja cordial insolência, à base de ódio, dúvida e inveja, se exprime, ainda que com fortuna desigual, nos cantos de Déroulède e nos poemas de guerra de Paul Claudel.[4]

Vocês estão aborrecidos por me ouvir falar tanto tempo sobre os imbecis? Pois bem, também me custa falar sobre eles. Mas preciso primeiro convencê-los de uma coisa: é que vocês não vencerão os imbecis pelo ferro ou pelo fogo. Pois repito que eles não inventaram nem o ferro, nem o fogo, nem o gás, mas eles utilizam perfeitamente tudo o que os dispensa do único esforço de que são realmente incapazes, o de pensar por si mesmos. Eles preferirão matar a pensar, eis a desgraça! E justamente, vocês lhes fornecem as máquinas! A máquina é feita para eles. Na espera da máquina para pensar que eles esperam, que exigem, e que virá, eles se contentarão muito bem com a máquina de matar, ela

---

[4] Paul Déroulède (1846-1914), poeta e escritor nacionalista francês; Paul Claudel (Louis Charles Athanaïse Cécile Cerveaux Prosper – 1868-1955), poeta, dramaturgo e diplomata francês, importante escritor católico. (N. T.)

PRIMEIRA PARTE

lhes serve mesmo como uma luva. Nós industrializamos a guerra para colocá-la ao alcance deles. Ela está, de fato, ao alcance deles.

Se não for assim, eu os desafio a me explicar como, por que milagre, tornou-se tão fácil fazer, de qualquer dono de loja, funcionário de casa de câmbio, advogado ou padre, um soldado. Aqui, como na Alemanha, na Inglaterra, no Japão. É muito simples: você estende seu tabuleiro, e cai um herói dentro. Não cometerei blasfêmias contra os mortos. Mas o mundo conheceu uma época em que a vocação militar era a mais honrada depois daquela do padre, e só lhe igualava por pouco em dignidade. É estranho, de qualquer modo, que a civilização capitalista, que não é famosa por encorajar o espírito de sacrifício, disponha, em pleno primado do econômico, de tantos homens de guerra quanto suas usinas são capazes de fornecer uniformes...

Homens de guerra como certamente não se viu jamais. Vocês os apanham nos escritórios, no ateliê, bem tranquilos. Vocês lhes dão um bilhete para o Inferno com o carimbo de recrutamento, e botinas novas, geralmente permeáveis. O último encorajamento, a salvação suprema da pátria, vêm-lhes do olhar mal-humorado do ajudante realistado, postado na repartição de vestimentas, e que os trata como idiotas. Nessa altura, eles se apressam para a estação de trem, um pouco embriagados, mas ansiosos pela ideia de perder o trem para o Inferno, exatamente como se fossem jantar em família, um domingo, em Bois-Colombes ou em Viroflay. Dessa vez, eles descerão na Estação Inferno, eis tudo. Um ano, dois anos, quatro anos, o tempo que for preciso, até a expiração do bilhete circular fornecido pelo governo, eles percorrerão esse país sob uma chuva feita de aço, atentos a não comer sem permissão o chocolate dos víveres de reserva, ou preocupados em furtar de um colega um pacote de primeiros socorros que lhes falta. No dia do ataque, com uma bala no estômago, trotam como filhotes de perdizes até o posto médico, deitam-se todos suados sobre a maca e acordam no hospital, de onde saem mais tarde tão suavemente como entraram, com um empurrão paternal do senhor Major, um bom sujeito... Depois, retornam para o Inferno, num vagão sem vidros, ruminando de estação em estação o vinho acre e o *camembert*, ou soletrando, à luz da lamparina, o mapa da estrada coberto de sinais misteriosos, e em dúvida se fizeram tudo certo. No dia da Vitória... Bom, no dia da vitória eles esperam voltar para suas casas. Na verdade, eles não voltam pela razão famosa de que "o Armistício não é a Paz", e eles precisam de tempo para perceber isso. O prazo de um ano pareceu adequado. Oito dias teriam bastado. Oito dias teriam bastado para provar aos soldados da Grande Guerra que uma vitória é uma coisa a ser vista de longe, como a filha do coronel ou o túmulo do Imperador, nos *Invalides*; que um vencedor, se quiser viver tranquilo, só precisa entregar seus galões de vencedor. Eles retornaram então à fábrica, ao escritório, sempre tranquilos. Alguns tiveram até a sorte de encontrar em sua roupa de antes da guerra uma dúzia de bilhetes do seu boteco, o boteco de antes, a vinte centavos a refeição. Mas o novo dono não aceitou.

* * *

Vocês me dirão que essas pessoas eram santas. Não, eu garanto, não eram santos. Eram resignados. Há em todo homem uma enorme capacidade de resignação, o homem é naturalmente resignado. É por isso, aliás, que ele dura. Pois vocês podem perceber que de outra maneira o animal lógico não poderia suportar ser um joguete. Há milhares de anos, o último deles teria partido a cabeça contra as paredes de sua caverna, renegando sua alma. Os santos não se resignam, pelo menos no sentido em que o entende o mundo. Se eles sofrem em silêncio as injustiças com as quais se comovem os medíocres, é para melhor voltar contra a injustiça, contra seu rosto de bronze, todas as forças de sua grande alma. As cóleras, filhas do desespero, se exaltam e se torcem como vermes. A prece, em suma, é a única revolta que se mantém de pé.

PRIMEIRA PARTE

O homem é naturalmente resignado. O homem contemporâneo mais do que os outros, em função da extrema solidão em que o deixa uma sociedade que só conhece relações monetárias entre os seres. Mas faríamos mal em pensar que essa resignação faz dele um animal inofensivo. Ela concentra nele venenos que o tornam disponível, no momento certo, para toda espécie de violência. O povo das democracias não passa de uma massa, uma massa perpetuamente mantida em suspense pelo Orador invisível, as vozes vindas de todos os cantos da Terra, as vozes que a arrebatam nas entranhas, tanto mais poderosas sobre os nervos que se empenham em falar a linguagem de seus desejos, de seus ódios, de seus terrores. É verdade que as democracias parlamentares, mais agitadas, têm temperamento brando. Já as ditatoriais possuem fogo no ventre. As democracias imperiais são democracias no cio.

* * *

O mundo está repleto da cólera dos imbecis. Em sua cólera, a ideia de redenção os corrói, pois constitui o fundo de toda esperança humana. É o mesmo instinto que lançou a Europa sobre a Ásia na época das Cruzadas. Mas nessa época, a Europa era cristã, os imbecis pertenciam à cristandade. Ora, um cristão pode ser isto ou aquilo, um bruto, um idiota, ou um louco, não pode ser inteiramente imbecil. Falo dos cristãos nascidos cristãos, cristãos de Estado, cristãos da cristandade. Em suma, cristãos nascidos em plena terra cristã, e que crescem livres, consomem uma após a outra, faça sol ou faça chuva, todas as estações de sua vida. Deus me livre de compará-los a essas mudas sem seiva que os padres cultivam em pequenos potes, a salvo das correntes de ar!

Para um cristão da cristandade, o Evangelho não é somente uma antologia da qual se lê um fragmento a cada domingo em seu livro de missa, e à qual é permitido preferir o *Jardin des Âmes Pieuses* [Jardim das Almas Piedosas], do padre Prudent, ou as *Petites Fleurs Dévotes* [Pequenas Flores Devotas], do cônego Boudin. O Evangelho informa as leis, os costumes, as dores e até os prazeres, pois a humilde esperança do homem, assim como o fruto do ventre, é abençoada. Vocês podem caçoar à vontade. Não sei muita coisa de útil, mas sei o que é a esperança do Reino de Deus, e isto é alguma coisa, palavra de honra! Vocês não acreditam? Tanto pior! Quem sabe essa esperança volte a visitar o povo de vocês? Talvez a respiremos todos, um dia, juntos, uma manhã de todos os dias, com o mel da aurora. Vocês não ligam para isso? O que importa! Aqueles que recusarem, então, acolhê-la em seu coração, poderão reconhecê-la por este sinal: os homens que desviam a vista quando vocês passam, ou riem assim que vocês lhes dão as costas, virão diretamente em sua direção, com um olhar de homem. A esse sinal, repito, vocês saberão que o tempo de vocês passou.

* * *

Os imbecis são corroídos pela ideia de redenção. Evidentemente, se interrogarem qualquer um deles, ele responderá que essa imaginação jamais aflorou a seu pensamento, ou mesmo, que ele não sabe exatamente do que vocês estão falando. Pois um imbecil não dispõe de nenhum instrumento mental que lhe permita entrar em si mesmo, ele só explora a superfície de seu ser. Mas o quê! Porque um primitivo, com sua foice miserável, não faz mais do que arranhar o solo, apenas o suficiente para que brote um pouco de milho, a terra não deixa de ser rica e capaz de outra colheita. Além disso, o que vocês sabem a respeito de um medíocre, enquanto não o observarem entre outros medíocres de sua raça, na comunhão de alegria, ódio, prazer ou horror? É verdade que cada mediocridade parece solidamente defendida contra toda mediocridade de outra espécie. Porém, os imensos esforços das democracias acabaram rompendo esse obstáculo. Vocês conseguiram esse golpe prodigioso, único: vocês destruíram a segurança dos medíocres. Ela parecia inseparável, todavia, da mediocridade, de sua substância mesma. Por se ser medíocre, no entanto, não se é forçosamente um bruto. Vocês começaram a embrutecer os imbecis. Vagamente conscientes do que lhes falta, e da irresistível corrente que os arrasta para

PRIMEIRA PARTE

destinos insondáveis, eles se fechavam em seus hábitos, hereditários ou adquiridos, assim como o americano famoso que desceu as cataratas do Niágara em um barril. Vocês quebraram o barril, e o infeliz vê passarem as duas margens com a rapidez do relâmpago.

Sem dúvida, um notário de Landerneau, há dois séculos, não acreditava que sua cidade natal fosse mais durável do que Cartago ou Memphis, mas pelo andar das coisas, ele se sentirá amanhã quase tão seguro quanto em uma cama armada a céu aberto em praça pública. Certo, o mito do Progresso serviu bem às democracias. E foi preciso um século, ou dois, para que o imbecil, treinado depois de gerações de imobilidade, visse nesse mito algo mais do que uma hipótese excitante, um jogo do espírito. O imbecil é sedentário, mas sempre leu com gosto os relatos de exploradores. Imaginem um desses viajantes em *robe de chambre* que percebe de repente que o chão se mexe. Ele corre para a janela, abre-a, procura a casa em frente, recebe em pleno rosto a espuma trazida pelo vento, e descobre que partiu. A palavra "partida", aliás, não convém aqui. Pois se o olhar do homem contemporâneo não pode mais repousar sobre nada fixo – causa insigne do enjoo marítimo –, o pobre-diabo não tem a impressão de ir a algum lugar. Quero dizer que suas chateações são sempre as mesmas, ainda que múltiplas em aparência, graças a um efeito de perspectiva. Não há nenhuma maneira realmente nova de fazer amor, nenhuma maneira nova de morrer.

Tudo isso é simples, muito simples. Amanhã, será mais simples ainda. Tão simples que nada mais se poderá escrever de inteligível sobre a infelicidade dos homens, cujas causas imediatas desencorajarão a análise. Os primeiros sintomas de uma doença mortal fornecem ao professor o tema de lições brilhantes, mas todas as doenças mortais apresentam o mesmo fenômeno último, a parada do coração. Não há muito a dizer a respeito. A sociedade de vocês não morrerá de outra forma. Vocês ainda estarão discutindo os "porquês" e "comos" e suas artérias não pulsarão mais. A imagem me parece justa, pois a reforma das instituições chega muito tarde quando a decepção dos povos se tornou irreparável, quando o coração dos povos se partiu.

* * *

Sei que semelhante linguagem pode fazer sorrir os empresários do realismo político. O que é o coração de um povo? Onde ele se situa? Os doutrinários do realismo político têm um fraco por Maquiavel. Na falta de melhor, eles puseram Maquiavel em moda. Esta era a última imprudência que deveriam ter se permitido os discípulos de Maquiavel. Vocês veem daqui esse trapaceiro que, antes de sentar à mesa do jogo, homenageia seus parceiros com um pequeno tratado de sua autoria sobre a arte de trapacear, com uma dedicatória bajuladora para cada um desses senhores? Maquiavel só escrevia tendo em vista um pequeno número de iniciados. Os doutrinários do realismo político falam para o público. Depois deles, os jovens franceses, repletos de inocência e gentileza, repetem seus axiomas de um cinismo ruidoso, do qual se escandalizam e se enternecem suas boas mamães. A guerra da Espanha, depois daquela da Abissínia, acaba de fornecer ocasião para inúmeras profissões de fé de imoralismo nacional, capazes de fazer se virarem em seus túmulos Júlio César, Luís XI, Bismarck e Cecil Rhodes. Mas Júlio César, Luís XI, Bismarck e Cecil Rhodes não teriam de modo algum desejado, a cada manhã, a aprovação comprometedora do peão realista seguido de sua turma. Um verdadeiro discípulo de Maquiavel começaria por enforcar esses gagás.

Não toquem nos imbecis! Eis o que o Anjo poderia ter escrito em letras douradas no frontão do Mundo contemporâneo, se este possuísse um anjo. Para desencadear a cólera dos imbecis, basta pô-los em contradição consigo mesmos, e as democracias imperiais, no apogeu de sua riqueza e poderio, não podiam se recusar a correr esse risco. Elas correram. O mito do Progresso era sem dúvida o único do qual esses milhares de homens podiam comungar, o único que satisfazia ao mesmo tempo à sua cupidez, a seu moralismo sumário e ao velho instinto de justiça legado pelos antepassados. É certo que um fabricante de vidros, que na época de Guizot, e se recorrermos a estatísticas irrecusáveis, dizimava sistematicamente, para as exigências de seu comércio, quarteirões inteiros, devia ter, como cada um de nós, suas crises de depressão. Pode-se apertar o pescoço numa gravata de seda, trazer na lapela uma roseta larga como uma taça e jantar nas Tulherias, não importa! Há dias em que se sente que se tem uma alma. Ó, bem entendido, os bisnetos dessas pessoas são hoje rapazes muito distintos, na moda, asseados, esportivos, mais ou menos bem-apessoados. Muitos deles se proclamam realistas e se referem aos brasões do avô com o movimento de lábios vencedor de um descendente de Godofredo de Bulhão,[5] afirmando seus direitos sobre o reino de Jerusalém. Diacho de pequenos farsantes! Sua desculpa é esta: falta-lhes o sentido social. De quem eles o teriam herdado? Os crimes do ouro, aliás, possuem caráter abstrato. Ou haverá uma virtude no ouro? As vítimas do ouro se amontoam na História, mas seus restos não exalam odor algum.

É permitido comparar esse fato com uma propriedade bem conhecida dos sais do metal mágico, que previnem os efeitos do apodrecimento. Que um vaqueiro cujas meninges estão fervendo mate duas pastorinhas, após violá-las, a crônica retém seu nome, faz desse nome um epíteto infame, um nome maldito. Enquanto que esses "Senhores do Comércio de Nantes", os Grandes Traficantes de escravos, como os chama com respeito o senhor senador de Guadalupe, puderam encher as fossas, toda essa carne negra só exala, através dos séculos, um leve perfume de citronela e de tabaco da Espanha. "Os capitães negreiros parecem ter sido pessoas de nobre prestação", prossegue o nobre Senador. "Eles utilizam peruca como na Corte, a espada ao lado, os sapatos

---

[5] Godofredo de Bulhão (c. 1058-1100): cavaleiro franco, primeiro rei de Jerusalém, após a primeira cruzada. (N. T.)

com fivela de prata, bordados sobre a vestimenta, camisas engomadas, punhos de renda." Conclui o jornalista:

> Tal negócio não constituía nenhuma desonra para aqueles que o praticavam, ou para os que o subvencionavam. Quem entre os financistas ou burgueses bem de vida não era negreiro, em maior ou menor medida? Os armadores que financiavam essas longínquas e custosas expedições dividiam o capital investido em certo número de partes, e essas partes, cujos juros com frequência eram enormes, constituíam para todos os pais de família uma posição extremamente procurada.

Preocupados em merecer a confiança desses pais de família, os capitães negreiros cumpriam escrupulosamente seus deveres, como o prova suficientemente o seguinte relato, tomado, entre muitos outros testemunhos da mesma qualidade, de uma interessante obra mencionada pelo *Candide*, em 25 de julho de 1935:

> Ontem, às oito horas, amarramos os negros mais faltosos nos quatro membros, deitados de barriga sobre o convés, e os mandamos açoitar. Além disso, nós lhes ferimos as nádegas para que sentissem mais seus erros. Após ter sangrado suas nádegas pelas chicotadas e pelas feridas, pusemos em cima pólvora, suco de limão, salmoura, pimenta moída e amassada junto com outra droga que o cirurgião colocou e esfregamos essa mistura nas nádegas, para impedir a gangrena, e para que isto lhes cozesse sobre as nádegas, governando sempre próximo ao vento, com a vela a bombordo.

Encontramos aqui, de passagem, um bom exemplo da prudente discrição da sociedade de outrora, quando se via na necessidade de propor casos de consciência aos imbecis. A imprensa italiana tem bastante dificuldade, hoje, para explicar aos olhos desses últimos a destruição em massa, por gás mostarda, do efetivo abissínio. Toda essa mística da força desencoraja os imbecis, pois lhes impõe uma concentração de espírito fatigante. Em suma, ela pretende forçá-los a se colocar no ponto de vista do Sr. Mussolini. É curioso observar, aliás, a atitude deste último em face do público de nosso país. O Sr. Mussolini é um operário sólido, e ele ama a glória. Baseando-se nos manuais, ele pensa também que o povo francês possui mais do que outros o senso de justiça, o respeito pela fraqueza e pela infelicidade. Diante dessas cidades nas quais os defensores conseguiram destruir toda a vida, mesmo a dos roedores ou insetos, ele se volta para os descendentes desses Senhores do Comércio de Nantes, vindos com suas damas, suas senhoritas e rapazes que preparam o comício da Central. Ele está, de início, um pouco vermelho, suponho, depois ele se anima, fala da grandeza que desde que o mundo é mundo pesa com todo o peso sobre os ombros dos miseráveis, da Potência e do Império. Os bravos burgueses olham-se entre si, bastante consternados. Por que o Sr. Mussolini nos levou até lá? Essas paisagens são ainda mais tristes do que o cemitério de Montmartre, e minha esposa é impressionável, devido à tensão. Não é realmente o momento de alinhar frases a propósito de um simples assunto de trabalhadores. Também nossos ancestrais fizeram, como esse senhor, fortuna com os negros, e não se acreditavam obrigados, por isso, a elaborar uma filosofia. O assunto é pertinente, de fato? Sim ou não?

* * *

A ideia de grandeza jamais tranquilizou a consciência dos imbecis. A grandeza é uma superação perpétua, e os medíocres não dispõem provavelmente de nenhuma imagem que lhes permita representar se seu impulso irresistível (eis por que eles só a concebem como morta e petrificada, na imobilidade da História). Porém, a ideia do Progresso lhes traz a espécie de pão de que necessitam. A grandeza impõe grandes servidões. Ao passo que o progresso caminha sozinho, aonde o leva a massa de experiências acumuladas. Basta, portanto, não lhe opor qualquer resistência além da de seu próprio peso. É o tipo de colaboração do cão morto com o rio que o arrasta através da correnteza. Quando, após um último inventário, o antigo mestre vidraceiro calculava a soma exata de benefícios, ele devia pensar um pouco no modesto colaborador que acabava de cuspir seus pulmões na cinza do forno, entre o gato sarnento que dormita e o berço onde urra um recém-nascido com cara de velho. O autor de *Standards* lembra a frase célebre do patrão americano ao jornalista que acaba de visitar a fábrica e brinda com seu anfitrião antes de pegar o trem de volta. De repente, o jornalista bate na testa: "Em que diabos o senhor emprega os velhos operários?", ele pergunta. "Nenhum dos que vi parece ter passado dos cinquenta..." O outro hesita um momento, esvazia seu copo: "Pegue um charuto", ele diz, e fumando, "vamos dar uma volta no cemitério".

O mestre vidraceiro também devia visitar às vezes o cemitério. E na ausência de oração – pois os burgueses dessa época eram todos livres-pensadores – é bem possível que ele se comportasse convenientemente, ou mesmo que fizesse um exercício de recolhimento. Por que não? Escrevo isso sem rir. As pessoas que não me conhecem me tomam com frequência por energúmeno, por panfletário. Repito mais uma vez que um polemista é divertido até os vinte anos, tolerável até os trinta, aborrecido até os cinquenta e, além disso, obsceno. As incontinências polemistas no velho me parecem uma das formas do erotismo. O energúmeno se excita por nada, como diz o povo. Longe de me excitar, passo meu tempo a tentar compreender, único remédio contra a espécie de delírio histérico no qual acabam incorrendo os infelizes que não podem dar um passo sem se atolar numa injustiça cuidadosamente escondida sob a grama, assim como uma armadilha. Tento compreender. Creio que me esforço por amar. É verdade que não sou o que se chama de otimista. O otimismo sempre me pareceu como o álibi matreiro dos egoístas, preocupados em dissimular sua satisfação crônica consigo mesmos. Eles são otimistas para se dispensarem de ter piedade dos homens, de sua desgraça.

Imagino muito bem o que teria inspirado a Proudhon, por exemplo, a frase do americano. Não creio que essa frase seja tão impiedosa como parece. Haveria tanto a dizer da piedade, aliás! Os espíritos delicados julgam com frequência a profundidade desse sentimento pelas convulsões que provoca em certos apiedados. Ora, essas convulsões exprimem uma revolta contra a dor bastante perigosa para o paciente, pois ela confundiria facilmente, no mesmo horror, o sofrimento com o sofredor. Todos conhecemos essas mulheres nervosas que não podem ver um bichinho ferido sem esmagá-lo imediatamente, com caretas de nojo pouco elogiosas para o animal, que provavelmente não teria pedido mais do que dirigir-se tranquilo para o fundo de seu buraco. Certas contradições da História contemporânea se esclareceram a meus olhos quando me dispus a levar em conta um fato que cega: o Homem desta época tem o coração duro e as entranhas sensíveis. Como após o Dilúvio, a terra talvez pertença, no futuro, aos monstros moles.

* * *

É permitido acreditar, portanto, que certas naturezas se defendem por instinto contra a piedade, por meio de uma justa desconfiança de si mesmas, da brutalidade de suas reações. Os imbecis aceitaram docilmente, há séculos, o ensinamento tradicional da Igreja sobre questões que, na verdade, lhes aparecem como insolúveis. Que o Sofrimento tenha, ou não, valor expiatório, que possa mesmo ser amado, o que importa a esse respeito a opinião de pequeno número de originais, uma vez que o bom senso, como a Igreja, tolera que as pessoas razoáveis fujam a ele por todos os meios? Certo, nenhum imbecil pensou jamais no caráter universal da Dor, mas a dor universal era discreta. Hoje, ela dispõe, para se fazer ouvir, dos mesmos meios poderosos que a alegria ou o ódio. Os mesmos tipos que reduziam pouco a pouco, sistematicamente, as relações de família, a ponto de se ater à troca indispensável das comunicações de nascimento, de casamento ou falecimento, no objetivo de administrar suas diminutas reservas de sensibilidade afetiva, não podem mais abrir um jornal ou girar o botão de seu rádio sem ficar sabendo de catástrofes. Está claro que para escapar a tal obsessão, não basta mais a esses infelizes ouvir uma vez por semana, na missa, com um ouvido distraído, a homilia sobre o sofrimento de um bravo cônego bem nutrido, com o qual eles trincharão mais tarde a coxa dominical. Os imbecis se dedicaram resolutamente ao problema da dor, assim como ao da pobreza. É à ciência que cabe vencer a dor, pensa o imbecil em sua lógica inflexível, e o economista se encarregará da miséria, mas enquanto esperamos, levantemos contra essas duas pragas a opinião pública, à qual todos sabem que ninguém resiste, sobre a terra ou no céu. Honrar o pobre? E por que não as pulgas da pobreza? Esses devaneios do Oriente não tinham malícia na época de Jesus Cristo, o qual, aliás, jamais foi homem de ação. Se Jesus vivesse hoje, teria de exercer um ofício, como todo mundo, e mesmo que tivesse que dirigir apenas uma fábrica modesta, seria forçado a compreender que a sociedade moderna, ao exaltar a dignidade do dinheiro, como que a marcar a pobreza com a infâmia, cumpre seu papel em relação ao miserável.

O homem nasceu orgulhoso e o amor-próprio, sempre de boca aberta, é mais esfomeado do que o ventre. Um militar não se julga suficientemente pago pelos riscos de morte com uma medalha de latão? A cada vez que vocês atingem o prestígio da riqueza, mais vocês realçam, a seus próprios olhos, o valor do pobre. Sua pobreza lhe causa menos vergonha, ele a suporta, e tal é sua loucura que ele acabará, talvez, amando-a. Ora, a sociedade necessita, para seu maquinário, de pobres que possuam amor-próprio. A humilhação lhe causa um número muito maior de perdas do que a fome, e daqueles da melhor espécie, daqueles que correm para as macas, mas atiram até o último suspiro. Eles atiram assim como seus pares morrem na guerra, não tanto pelo gosto de morrer como para não enrubescer diante dos companheiros, ou ainda para deixar pasmo o suboficial. Se vocês não os mantiverem em estado de alerta, pressionados pelos proprietários, pelo verdureiro, pelo zelador, sob perpétua ameaça de desonra ligada à sua condição de vadio, de vagabundo, eles talvez não deixem de trabalhar, mas trabalharão menos, ou desejarão trabalhar à sua maneira, não respeitarão mais as máquinas. Um nadador fatigado que sente debaixo de si um fundo de quinhentos metros dá suas braçadas com mais ardor do que arranha com as unhas uma praia de areia fina. E notem que na época em que os métodos da economia liberal possuíam todo seu valor educativo, sua plena eficácia, antes da deplorável invenção dos sindicatos, o verdadeiro operário, o operário formado pelos cuidados de vocês, estava tão convencido de ter que resgatar, a cada dia, por meio de seu trabalho, a desonra de sua pobreza que, velho ou doente, fugia com igual horror ao asilo ou ao hospital, menos por apego à liberdade do que por vergonha – vergonha de "não poder mais bastar a si mesmo", como dizia em sua admirável linguagem.

O mundo está repleto pela cólera dos imbecis. Ela deve ser menos temida do que sua piedade. A atitude mais inofensiva do imbecil diante da dor ou da miséria é a da indiferença imbecil. Pior para vocês se, com a caixa de ferramentas nas costas, ele dirige suas mãos inábeis, suas mãos cruéis para essas engrenagens do mundo! Mas ele já terminou de apalpar, ele acaba de tirar da caixa de ferramentas um par de tesouras enormes. Como homem prático, ele acredita que a dor, assim como a pobreza, não passa de um vazio, de uma falta, nada, enfim. Ele se espanta que elas lhe resistam. O pobre não é simplesmente, por exemplo, o cidadão ao qual só falta uma conta no banco para se assemelhar a qualquer um! Certo, existem pobres desse tipo, aliás, bem menos numerosos do que se imagina, pois a vida econômica do mundo é justamente falseada pelos pobres que se tornaram ricos, que são falsos ricos, conservando, em meio à riqueza, os vícios da pobreza. Ainda mais, esses pobres não eram verdadeiros pobres assim como não são verdadeiros ricos – uma raça bastarda. Mas que crédito vocês querem que conceda a semelhantes sutilezas o mesmo imbecil cuja ilusão mais cara é que os indivíduos não se distinguem entre si, de povo a povo, a não ser em função da peça que lhe pregaram de lhes ensinar línguas diferentes, e que aguardam a reconciliação universal do desenvolvimento das instituições democráticas e do ensino do esperanto? Como vocês farão que eles compreendam que existe um povo dos Pobres, e que a tradição desse povo é a mais antiga de todas as tradições do mundo? Um povo de pobres, não menos irredutível, sem dúvida, que o povo judeu? Pode-se lidar com esse povo, ele não se confundirá com a massa. Custe o que custar, é preciso lhe deixar suas leis, seus usos e essa experiência tão original da vida que vocês, os demais, não poderão aproveitar. Uma experiência que se assemelha à da infância, ao mesmo tempo ingênua e complicada, uma sabedoria inábil e tão pura quanto a arte dos velhos vitralistas.

Mais uma coisa, não se trata de enriquecer os pobres, pois todo o ouro das minas de vocês provavelmente não bastaria. Vocês só conseguiriam, com isso, multiplicar os falsos ricos. Força alguma no mundo deterá o ouro em seu eterno escoamento, reunirá em um só lago de ouro os milhões de riachos por onde se escapa, mais inapreensível do que o mercúrio, o metal encantado de vocês. Não se trata de enriquecer o pobre, trata-se de honrá-lo, ou antes, de lhe prestar as devidas honras. Nem o forte nem o fraco, evidentemente, podem viver sem honra, mas o fraco tem mais necessidade dela do que os outros. Essa máxima não tem nada de estranho, aliás. É perigoso deixar se aviltarem os fracos, a podridão dos fracos é um veneno para os fortes. Até onde teriam caído as mulheres – as suas mulheres – se, por comum acordo, ao longo dos séculos, dispondo dos meios de sujeitá-las a vocês de corpo e alma, vocês não tivessem prudentemente decidido respeitá-las? Vocês respeitam a mulher ou a criança e não virá à mente de nenhum de vocês considerar sua fraqueza como uma doença um pouco vergonhosa, como dificilmente admissível. Se os costumes levaram a melhor sobre a violência, nesse caso, por que não se veria ceder o ignóbil prestígio do dinheiro? Sim, a honra do dinheiro seria pequena se vocês não lhe emprestassem sua matreira cumplicidade.

* * *

PRIMEIRA PARTE

"Mas não foi sempre assim ao longo dos séculos?" Digam antes que, se os homens de dinheiro dispuseram com frequência dos lucros do poder, esse poder jamais pareceu legítimo a ninguém, jamais houve, jamais haverá uma legitimidade do Dinheiro. Desde que ele é interrogado, ele se esconde, se enterra, desaparece sob a superfície da terra. Mesmo hoje sua situação junto à sociedade que ele controla não difere muito daquela do criado de fazenda, que dorme com sua amante, viúva e madura. Ele recolhe os benefícios, mas chama sua amante em público de "madame", e lhe fala com o chapéu na mão. Oferecem-se triunfos às rainhas da beleza, às estrelas do cinema. Vocês não imaginam um Rockefeller recebido na Estação Norte pelos aplausos das mesmas pessoas ardentes que se apertam em torno do Sr. Tino Rossi. É indiferente a essas últimas passar a impressão, por meio de suas efusões indiscretas, de que elas invejam esse pequeno corso com voz de âmbar. Mas elas enrubesceriam em mostrar o mesmo ímpeto ao Sr. Ford, fosse ele tão belo quanto Robert Taylor. O dinheiro é dono, seja. No entanto, ele não possui representante intitulado, como uma mera potência de terceira ordem, não figura nos cortejos em uniforme de gala. Vocês veem ali o Juiz, em vermelho e pele de lebre, o Militar paramentado como um Suíço de catedral, este mesmo Suíço abrindo a porta ao Prelado em cor violeta, o Policial, o Prefeito, o Acadêmico que se assemelha a ele, os Deputados em terno preto. Vocês não verão o Rico – ainda que ele custeie a festa, e que tenha condições de pôr um número bem maior de plumas sobre seu chapéu.

Charles Maurras se deparou um dia com uma frase transbordante de grandeza e dignidade humana: "O que me espanta não é a desordem, mas a ordem". O que deveria nos espantar também é que mesmo neste mundo que lhe pertence, o dinheiro sempre parece ter vergonha de si mesmo. O Sr. Roosevelt lembrava que um quarto da fortuna americana se encontra entre as mãos de sessenta famílias, as quais, aliás, por um jogo de alianças, se reduzem a cerca de vinte. Alguns desses homens aos quais não se vê nem sequer um dólar nos bolsos dispõem de oito bilhões. Oh! Eu sei... Nossos jovens realistas de direita rirão: "As duzentas famílias! Hi! Hi! Hi!". Pois bem, sim, meu caro. Ignoro se existe um País Real, como os doutores procuram inculcar em vocês. Mas existe, com certeza, uma fortuna real da França. Essa fortuna real deveria garantir o nosso crédito. Ora, vocês sabem perfeitamente que isso não acontece. Cinquenta bilhões divididos em moedas de centavos e que estão guardadas no fundo de meias de lã são absolutamente impotentes para contrabalançar a influência de um só bilhão que pode ser rapidamente mobilizado, e que manobra o câmbio segundo os princípios da guerra napoleônica. "O que importa o número de regimentos que o inimigo ergue contra você, contanto que vocês sejam sempre mais fortes ali onde ele é mais fraco?" E se os escudos de cinco libras são de difícil mobilização, o que dizer dos campos, das florestas?

Não é absurdo pretender, portanto, que a verdadeira riqueza de uma nação, por enorme que ela possa parecer à vista do capital detido por pequeno número de particulares, não está de modo algum a salvo dos empreendimentos destes últimos. Acredito partilhar sobre esse ponto a opinião de Charles Maurras, que estudou bem antes de mim o mecanismo da conquista judia. Por que diabos vocês pensariam que os plutocratas franceses não adotariam os métodos das pessoas com as quais casaram suas filhas? Jovens monarquistas, sei que semelhantes considerações não perturbam em absoluto suas noites inocentes. O que importam a vocês os campos, os vinhedos? "Eis o franco que desaba. Droga! O ministério cairá." Infelizmente, o problema não se coloca exatamente como vocês o pensam. Não é pelo franco que temo, meus pobres rapazes, é por vocês. O franco acabará recuperando seu valor, esse valor mais cedo ou mais tarde corresponderá ao lugar que a França ocupa no mundo, à necessidade que o mundo tem de meu país. O inimigo o sabe bem. O inimigo aguarda somente a hora em que seus conselheiros financeiros piscarem o olho, em silêncio, para

PRIMEIRA PARTE

os conselheiros militares. Então... Então o franco subirá aos poucos, minhas crianças, mas não será de modo algum pelos mesmos meios de que se servem hoje para fazê-lo cair. Vocês o revalorizarão com seu sangue, seus imbecis.

Admito que a vida dos agentes de câmbio se tornaria um drama esquiliano se esses senhores acreditassem trocar entre si em dinheiro à vista ou a prazo, não promissórias, mas homens. A vida de um agente de câmbio não deve ser um drama esquiliano. Já o povo, este jamais pensou sequer vagamente que o menor fio de metal precioso tivesse sua fonte nos cemitérios, depois se escondesse não se sabe onde, para surgir novamente, um belo dia, em outros cemitérios, cemitérios novos. O que vocês querem? O povo reage de uma forma diferente de nós ao mistério do Dinheiro, a leitura dos economistas não falseou seu instinto. É natural que ele seja sensível, sobretudo, à crueldade do deus cor de lua, que impinge aos pobres-diabos todo o peso de suas decepções sentimentais. Sabemos, com efeito, que o Príncipe do Mundo oculta sob sua couraça uma ferida inconfessável, que seu coração brilhante é corroído por se passar por um imbecil junto aos verdadeiros mestres e senhores, que ele faria tudo para seduzir. Os bajuladores que ele convida à sua mesa, embora fartamente retribuídos, deslizam as entradas para seus bolsos, enquanto os escravos cospem discretamente nos pratos. Admitam que não há como conferir a esse monarca grande autoestima.

* * *

Pois se o Dinheiro nao solicita ainda o reconhecimento público de sua soberania, não é tanto por astúcia e prudência, quanto por insuperável timidez. Aqueles que escapam a seu domínio conhecem sua força, à distância de uma légua. Ele ignora tudo da deles. Os Santos e Heróis sabem o que ele pensa, e ele não tem absolutamente ideia alguma do que podem pensar dele, exatamente, os Santos e Heróis.

É certo que o amor apenas pelo dinheiro só gerou maníacos, obcecados que a sociedade mal conhece, que gemem e apodrecem nas regiões tenebrosas, assim como os cogumelos de Paris. A avareza não é uma paixão, mas um vício. O mundo não compete ao vicioso, como imaginam as castidades torturadas. O mundo compete ao Risco. Há aí o que fazer gargalhar os Sábios cuja moral é a da poupança. Mas eles não arriscam nada eles mesmos, vivem do risco dos outros. Ocorre também, graças a Deus, que eles morrem disso. Determinado engenheiro obscuro decide bruscamente, para desespero de seus próximos, que fabricará a partir de agora um pássaro mecânico; determinado ciclista, na hora do drinque, aposta pilotar uma máquina tão curiosa e não é preciso mais do que trinta anos para que os Poupadores recebam sobre a cabeça, caindo do céu, bombas de uma tonelada. O Mundo compete ao Risco. O Mundo amanhã será de quem arriscar mais, agarrar-se mais seriamente a seu risco. Se eu tivesse tempo, advertiria vocês contra uma ilusão cara aos devotos. Estes acreditam que uma humanidade sem Deus – como eles dizem – ruirá no excesso da devassidão – sempre para falar em sua linguagem. Eles aguardam um novo Baixo Império. Pode-se acreditar que eles ficarão decepcionados. A parte podre do Império era esse amontoado de altos funcionários corruptos, animais cínicos com fundo de estultícia, a boca aberta para todas as supurações da África e da Ásia, os lábios colados ao esgoto coletor desses dois continentes. O refinamento desses brutos tem a ver com o da maioria das tradições de colégio. Há séculos, os pedantes propõem, à admiração do jovem francês, Petrônios ou Lucullus lendários saindo dos banhos de vapor para se fazerem massagear por efebos. Refletindo bem, se essas pessoas se lavavam tanto, é que elas fediam. O nardo e os bálsamos escorriam em vão sobre as feridas vergonhosas de que falam Juvenal e Luciano. Acrescento que, mesmo sadios, glutões infelizes a ponto de se deitar para comer mais e que, uma vez cheios, vomitavam como odres, seus grossos dedos com anéis de ouro no fundo da goela, sem sequer se dar ao trabalho de se sentar, deviam mesmo ter ao final da refeição a necessidade de se lavar. É verdade que eles habitavam vilas suntuosas. Certo, eu jamais gostei do homem romano! Precisei, porém, de muitos anos para que começasse a perceber não só sua grosseria demasiado ruidosa, como certa estupidez profunda. Não falo das prodigalidades colossais, imbecis, as enguias recheadas pelos escravos, as línguas de rouxinol, as pérolas dissolvidas no vinho de Falerna e tantas outras invencionices tão bestas, cuja vulgaridade afastaria até a Canebière.[6] Penso em outras diversões pretensamente diabólicas, que o eram, talvez, cujos participantes embranquecidos só se entretêm a voz baixa, mas que têm todas o ar de terem sido sonhadas por colegiais solitários. Todos esses imperadores de barriga grande manifestavam muita boa vontade no mal. Faltava-lhes, para serem realmente perversos, certa qualidade humana. Não se dana quem quer. Não partilha quem quer o pão e o vinho da perdição. – O que dizer? – Ninguém pode ofender a Deus cruelmente se não trouxer em si algo com que amá-lo e servi-lo. Ora, que negócios têm com Deus esses salafrários? Suetônio só retratou, em suma, reis sinistros. O que nos importa o velho Tibério chafurdando em sua banheira e estendendo para a boca de recém-nascidos o pedaço daquilo por meio do qual, outrora, ele foi um homem? Milhares de devassos septuagenários, espicaçados pelas fúrias da impotência, sonham coisas assim. – Mas Tibério não as sonhou apenas. – Admito. Desconfio mesmo que ele os tenha sonhado. Essas estranhas práticas devem lhe ter sido sugeridas por alguma criada, ou ainda por alguma concubina, desejosa de se vingar de abjetas e incômodas servidões, caçoando do Senhor do Mundo. Afinal, esse Senhor do Mundo não corria nenhum risco, nem mesmo o correcional.

* * *

Admiro os idiotas cultos, inflados de cultura, devorados pelos livros assim como por pulgas, e que afirmam, com o dedinho em riste, que

---

[6] Canebière: rua comercial de Marselha, bastante popular. (N. T.)

nada acontece de novo, que já se viu tudo. O que sabem eles a respeito? O advento de Cristo foi um fato novo. A descristianização do mundo será outro. Está claro que ninguém, tendo jamais observado este segundo fenômeno, pode ter uma ideia de suas consequências. Olho com estupor ainda maior os católicos aos quais a leitura do Evangelho, mesmo que distraída, não parece incitar a refletir sobre o caráter cada vez mais patético de uma luta que anuncia, todavia, uma fala bem surpreendente, que jamais se ouvira, que permaneceu, de resto, perfeitamente ininteligível: "Não podeis servir a Deus e ao Dinheiro". Ó! Eu os conheço. Sim, por milagre, minha reflexão magoa um deles, ele correrá para seu diretor espiritual, que lhe responderá tranquilamente, em nome de inúmeros casuístas, que esse conselho só se dirige aos perfeitos, que não deveria, por conseguinte, perturbar os proprietários. Estou de acordo. Eu me permitirei, então, escrever com maiúscula a palavra "Dinheiro". Vocês não podem servir a Deus e ao Dinheiro. A Força do Dinheiro se opõe à Força de Deus.

Dirão vocês que é uma dessas visões metafísicas de que os realistas nem desconfiam: Perdão. Exprimam-no então de outra forma, na sua linguagem, o que me importa! A Antiguidade conheceu os Ricos. Muitos homens sofreram devido a uma partilha injusta de bens, pelo egoísmo, pela rapacidade, pelo orgulho dos Ricos, ainda que não se pense o suficiente, talvez, nesses milhões de trabalhadores, criadores, pastores, pescadores ou caçadores aos quais a mediocridade dos meios de comunicação permitia viverem pobres e livres em suas solidões inacessíveis. Que se reflita sobre este fato imenso: os piratas eram então funcionários, eles deviam humildemente esperar sua vez atrás do general conquistador, apanhar sua parte no butim deixado pelos militares – e Deus sabe o que eram os militares de Roma, antes que os povos nobres do Ocidente fornecessem a essa tribo de bodes construtores e juristas verdadeiros chefes de guerra, soldados. Em suma, nessas épocas longínquas, os homens de dinheiro exploravam o mundo ao acaso das expedições frutíferas, eles não o organizavam. O que têm de comum entre si, eu pergunto, os piratas mais ou menos consulares, encarniçados em encher rapidamente seus cofres, competindo-lhes gozar desses bens mal adquiridos, acabando por morrer de devassidão, e determinado milionário puritano, melancólico e dispéptico, capaz de fazer oscilar, com um piscar de olhos, com uma assinatura escrita com uma caneta de 120 francos, o imenso fardo da miséria universal? O que dizer? Um negociante do século XVIII teria sido incapaz de imaginar este último tipo de homem, ele teria lhe parecido absurdo, e o é, com efeito, é o produto híbrido, agora estabelecido, de várias espécies bem diferentes entre si. Vocês repetem como papagaios que ele resultou da civilização capitalista. Não, foi ele que a fez. Evidentemente, não se trata de plano preconcebido. É um fenômeno de adaptação, de defesa. O rico mau de outrora, o rico devasso e escandaloso, fanfarrão, pródigo, inimigo do esforço, recebera quase sozinho o choque do cristianismo, seu impulso irresistível. Sem dúvida, ele teria conseguido sobreviver neste mundo cristão, mas não prosperaria nele. Não prosperou.

Os homens da Idade Média não eram virtuosos o bastante para desprezar o dinheiro, mas desprezavam os homens de dinheiro. Eles pouparam por um tempo o judeu porque o judeu concentra o ouro, como um abscesso concentra o pus. Chegado o momento, eles esvaziavam o judeu, exatamente como o cirurgião esvazia o abscesso. Não aprovo esse método, afirmo simplesmente que ele não estava em contradição com a doutrina da Igreja concernente a empréstimo a juros ou à usura. Não podendo abolir o sistema, tachavam-no de infâmia. Uma coisa é tolerar a prostituição, outra é fazer desfilar as prostitutas, como o fez muitas vezes, outrora, a canalha mediterrânea, para quem a venda do gado perfumado foi sempre a indústria nacional. É claro que na época em que as crianças podiam empurrar impunemente, a golpes de caules de plantas, até o gueto, o mais opulento capitalista portador da insígnia amarela, o Dinheiro carecia do prestígio moral necessário a seus desígnios.

A cristandade não eliminou o Rico, nem enriqueceu o Pobre, pois ela jamais se propôs como objetivo a abolição do pecado original. Ela retardou indefinidamente a sujeição do mundo ao Dinheiro, manteve a hierarquia das grandezas humanas, manteve a Honra. Graças à mesma lei misteriosa que provê de forragem protetora as raças animais transplantadas das regiões temperadas para as regiões polares, o Rico, em clima tão desfavorável à sua espécie, acabou adquirindo uma resistência prodigiosa, uma prodigiosa vitalidade. Precisou transformar pacientemente, a partir de dentro, com as condições econômicas, as leis, os costumes, a própria moral. Seria exagerado pretender que ele provocou a revolução intelectual da qual resultou a ciência experimental, mas desde os primeiros êxitos desta última, emprestou-lhe seu apoio, orientou suas pesquisas. Se não criou, pelo menos explorou, por exemplo, essa fulminante conquista do espaço e do tempo por parte da mecânica, conquista que só serve realmente a seus empreendimentos; fez do antigo usuário inclinado sobre sua escrivaninha o mestre anônimo da poupança e do trabalho humanos. Sob esses golpes furiosos, a cristandade pereceu, a Igreja balança. O que tentar contra uma potência que controla o Progresso moderno, cujo mito ela criou, que mantém a humanidade sob ameaça de guerras, que é a única capaz de financiar, a partir da guerra transformada em forma normal da atividade econômica, seja para prepará-la, seja para efetuá-la?

Semelhantes visões são geralmente desagradáveis para as pessoas de direita. Nós nos perguntamos por quê. O menor comerciante verá como inimigo perigoso da sociedade o inocente pobretão que acaba de beber o salário de sua semana, e murmura: "Morte às vacas!", ao passar próximo ao sargento da cidade, para provar que é um homem livre. Mas o mesmo nomeado se considerará solidário do Sr. de Rotschild ou do Sr. Rockefeller, e no fundo, o imbecil se envaidece disso. Pode-se dar a esse fenômeno curioso grande número de explicações psicológicas. É certo que na maior parte de nossos contemporâneos a distinção entre o possuidor e o não possuidor acaba por substituir

PRIMEIRA PARTE

todas as outras. O possuidor vê a si mesmo como um cordeiro assediado pelo lobo. Mas aos olhos do pobre-diabo, o cordeiro se torna um tubarão esfomeado que se prepara para engolir uma sardinha. A goela sangrenta que se abre no horizonte os porá em acordo ao devorá-los todos juntos. Semelhante obsessão mórbida, nascida do medo, modifica profundamente as relações sociais. E, por exemplo, a polidez não exprime mais um estado de alma, uma concepção de vida. Tende a se tornar um conjunto de ritos, cujo sentido original escapa, a sucessão, em certa ordem, de caretas, balançares de cabeça, interjeições variadas, sorrisos padrão – reservados a uma categoria de cidadãos treinados na mesma ginástica. Os cães possuem entre si maneiras – mas só entre eles, pois raramente vocês verão esses animais cheirarem o traseiro de um gato ou de um carneiro. Assim, meus contemporâneos só gesticulam de certa maneira em presença de pessoas de sua classe.

Habitei, em minha juventude, uma velha e querida casa entre as árvores, um minúsculo povoado na região de Artois, cercado por um murmúrio de folhagem e de água corrente. A velha casa não me pertence mais, o que importa! Contanto que os proprietários a tratem bem! Contanto que não lhe façam mal, que ela seja sua amiga, não sua coisa!... Não importa! Não importa! Toda segunda-feira, as pessoas vinham esmolar, como se diz lá. Vinham às vezes de longe, de outras aldeias, mas eu as conhecia quase todas pelo nome. Era uma clientela certa. Eles até assumiam obrigações uns pelos outros. "Eu vim também por fulano, que tem seus 'reumatismos'." Quando se apresentavam mais de cem, meu pai dizia: "Caramba! Os negócios vão bem!..." Sim, eu sei, essas lembranças não têm interesse algum para vocês, perdoem-me. Eu gostaria apenas de explicar que me educaram no respeito pelas pessoas de idade, proprietários ou não, principalmente velhas senhoras, preconceito do qual as horrendas louquinhas septuagenárias de hoje não conseguiram me curar. Pois bem, nessa época, eu devia falar com os velhos mendigos com o boné na mão, e eles consideravam isso tão natural quanto eu, não ficavam de modo algum comovidos. Eram pessoas da antiga França, pessoas que sabiam viver, e cheiravam um pouco forte ao tabaco ou ao rapé, eles não exalavam cheiro de butique, não tinham esses rostos de lojistas, de sacristãos, de oficiais, rostos que parecem ter surgido nas caves. Assemelhavam-se muito mais a Vauban, a Turenne, aos Valois, aos Bourbons, do que ao Sr. Philippe Henriot, por exemplo – ou a qualquer outro burguês bem-pensante... Não conto nada de novo? Vocês pensam como eu? Tanto melhor. Os jovens com quem cruzo todos os dias na rua seriam capazes de falar espontaneamente a um velho operário com o chapéu na mão? Perfeito. Admito, admito mesmo que o velho operário não pensará que estão caçoando dele. Então, isto é porque as coisas vão menos mal do que eu pensava, o prestígio do dinheiro se dilui. Que felicidade! Pois a distinção que vocês faziam entre o povo partidário da frente nacional e o povo partidário da frente popular não valia nada. Não valia nada por uma razão bem simples, ao alcance do leitor mais fanático do *Jour* ou do *L'Humanité*, ao alcance até de um porteiro opulento do *quartier* Moncea, afiliado ao Creci por devoção à propriedade imobiliária. Não se classificam segundo suas opiniões políticas ou sociais pessoas as quais o jogo natural de condições econômicas absurdas põe na impossibilidade absoluta de escolher uma. O quê? As competências só concordam entre si para declarar gravemente que giramos em um círculo vicioso, e aqueles que, em vez de observar o giro de longe, giram a toda velocidade, se decidiriam de maneira cadenciada, calma, após haver pesado as razões de uns e outros, resolvidas as contradições nas quais vocês se enredam: "Mas essas pessoas não precisam de opinião política!" – Evidentemente. Elas não sentiriam essa necessidade, suponho, em tempos de prosperidade. Mas os negócios deste mundo vão mal, não preciso dizê-lo. E este mundo não foi organizado por essas pessoas, para elas, não é? Vocês lamentam que a Revolução tenha fracassado, outrora. De quem é a culpa? Que o povo tenha seguido maus pastores. Onde estavam os bons? Ele devia se acomodar por trás de Cavaignac, ou de Thiers? "Juntos e quando vocês quiserem", dizia o conde de Chambord, "retomaremos o grande movimento de 1789". Tenho motivos para acreditar que essa fala real tenha sido ouvida por um jovem príncipe francês. Se ela se realizasse um dia – Deus queira! – o chão estaria tão firme debaixo de seus passos? Vocês me dizem: "Vamos salvar a França!" Bom. Muito bem. O problema é que vocês não conseguiram ainda salvar a si próprios, mau augúrio! "Há entre nós homens de consideração." Sim. As pessoas do povo poderão encontrá-los no clube, no escritório, às vezes na igreja, ou nas vendas de caridade. Não é fácil organizar esses encontros, eu me pergunto, aliás, se seriam úteis. Falando de coração, não se tira geralmente grande proveito das suas conversas. Na primeira colherada de sopa, vocês admitirão que tudo vai mal, e na sobremesa, exceto pelo seu respeito próprio, vocês se xingam como carroceiros. É perfeitamente exato que o povo conhece mal a vocês. O que importa! Esse conhecimento não terminaria com suas perplexidades, se pensarmos que franceses tão diferentes como, por exemplo, Drumont, Lyautey ou Clemenceau emitiram os mesmos juízos, até aqui sem apelação, sobre seus partidos e seus homens.

* * *

Posso falar assim tranquilamente, sem ofender ninguém. Não devo nada aos partidos de direita, e eles não me devem nada tampouco. É verdade que, de 1908 a 1914, pertenci aos Camelots do Rei.[7] Nessas épocas passadas, o Sr. Maurras escrevia em seu estilo o que acabo de escrever – infelizmente – no meu. A situação de Maurras em relação às organizações bem-pensantes da época – que

---

[7] A Federação Nacional dos Camelots do Rei (Camelots du Roi) foi uma organização realista fundada por Charles Maurras em 16 de novembro de 1908, ligada ao movimento monarquista Ação Francesa. (N. T.)

ainda não se chamavam nacionais – era precisamente aquela em que vemos hoje o Coronel de La Rocque – não podemos lembrar disso sem melancolia. Não éramos de direita. O círculo de estudos sociais que fundamos tinha o nome de Círculo Proudhon, exibia esse patronato escandaloso. Fazíamos votos para o sindicalismo nascente. Preferíamos correr os riscos de uma revolução operária a comprometer a monarquia com uma classe que permaneceu, depois de um século, estranha à tradição de seus avós, ao sentido profundo de nossa história, e cujos egoísmo, estupidez e cupidez conseguiram estabelecer uma espécie de servidão mais inumana do que aquela outrora abolida por nossos reis. As duas Câmaras unânimes aprovavam a repressão brutal às greves por parte do Sr. Clemenceau, não passava por nossas cabeças nos aliarmos, em nome da ordem, com esse velho reacionário radical contra os operários franceses. Compreendíamos muito bem que um jovem Príncipe moderno trataria mais facilmente com os chefes do proletariado, mesmo que extremistas, do que com as Sociedades Anônimas e com os Bancos. Vocês me dirão que o proletariado não possui chefes, mas somente exploradores e capatazes. O problema consistia justamente em lhes atribuir chefes, certos que estávamos, de antemão, de que ele não iria pedi-los respeitosamente aos senhores Waldeck-Rousseau ou Tardieu, que ele não os escolheria entre renegados do tipo dos senhores Hervé ou Doriot. Na Santé, onde permanecíamos, dividíamos fraternalmente nossas provisões com os operários de pavimentação, cantávamos juntos, alternando: *Vive Henri IV* ou a *Internacional*. Drumont ainda vivia, nesse momento, e não há uma linha neste livro que ele não pudesse assinar, com sua nobre mão, se pelo menos eu merecesse essa honra. Tenho o direito, portanto, de rir na face dos idiotas que me acusassem de ter mudado de lado. Foram eles que mudaram. Eu não os reconheço mais. Aliás, eles podem mudar sem riscos, as testemunhas irrecusáveis estão quase todas debaixo da terra, e Deus sabe se eles os fazem falar, os mortos. Que ruído de pombal!

PRIMEIRA PARTE

Existe uma burguesia de esquerda e uma burguesia de direita. Não existe povo de esquerda e povo de direita, há somente um povo. Todos os esforços que se fizerem para lhes impor de fora uma classificação concebida por doutrinários políticos só resultarão na criação, nessa massa, de correntes e contracorrentes de que se aproveitarão os aventureiros. A ideia que faço do povo não é de modo algum inspirada por um sentimento democrático. A democracia é uma invenção de intelectuais, ao mesmo título, afinal, que a monarquia de Joseph de Maistre. A monarquia não poderia viver de teses ou de sínteses. Não por gosto, não por escolha, mas por vocação profunda, ou se preferirem, por necessidade, ela não tem jamais tempo para definir o povo, ela deve tomá-lo tal como é. Não pode fazer nada sem ele. Acredito, eu quase escreveria temo, que ele não possa fazer nada sem ela. A Monarquia negocia com as demais classes que, pela complexidade de interesses que elas defendem, e que ultrapassam o âmbito nacional, sempre serão, em certa medida, Estados dentro do Estado. É com o povo que ela governa. Vocês me dirão que ela às vezes o esquece. Então ela morre. Ela pode perder o favor das outras classes, resta-lhe o recurso de colocá-las umas contra as outras, de manobrar. As necessidades do povo são muito simples, de caráter bem concreto, de uma necessidade muito urgente. Ele exige trabalho, pão e uma honra que seja sua cara, tão despojada quanto possível de todo refinamento psicológico, uma honra que se assemelhe a seu trabalho e a seu pão. Os notários, oficiais, advogados que fizeram a revolução de 1793 imaginavam que se podia adiar indefinidamente a realização de programa tão reduzido. Acreditavam que um povo, um verdadeiro povo, um povo formado por mil anos de história, pode ser posto para reservar no frescor da cave, aguardando tempos melhores. "Ocupemo-nos das elites, veremos mais tarde." Mais tarde, foi demasiado tarde. Na nova casa construída segundo os projetos do legislador romano, lugar algum fora previsto para o povo da antiga França, teria sido preciso derrubar tudo. Isso não tem nada de surpreendente. O arquiteto liberal não se preocupou mais em alojar seu proletariado que o arquiteto romano, seus escravos. Só que os escravos formavam apenas um amontoado de hilotas de todas as línguas, de todas as nações, de todas as classes, uma parte da humanidade sacrificada, aviltada, sua tribo miserável era uma obra de homens. Ao passo que a Sociedade moderna deixa destruir-se lentamente, no fundo de sua cave, uma criação admirável da Natureza e da História. Vocês podem, é claro, ter outra opinião, não acredito que a monarquia permitiria se deformar tão gravemente a feição de meu país. Tivemos reis egoístas, ambiciosos, frívolos, alguns maus; duvido que uma família de príncipes franceses careceria do sentido de nação a ponto de permitir que um punhado de burgueses ou pequeno-burgueses, homens de negócio ou intelectuais, bradando e gesticulando no primeiro plano, pretendessem desempenhar o papel da França, enquanto nosso velho povo, tão orgulhoso, tão sábio, tão sensível, se tornasse pouco a pouco essa massa anônima que se chama: um proletariado.

Ao falar assim, não creio trair a classe à qual pertenço, pois não pertenço a classe alguma, rio das classes e, aliás, não há mais classes. Como se reconhece um francês de primeira classe? Por sua conta no banco? Por seu diploma de bacharel? Por sua patente? Pela Legião de Honra? Ora, não sou anarquista! Julgo perfeitamente adequado que o Estado recrute seus funcionários entre os bravos camaradas do colégio e do liceu. Onde ele os apanharia? A situação desses senhores não me parece invejável, aliás. Acreditem que, se tivesse meios para tanto, não julgaria estar fazendo um grande favor a um artesão de vila que cantasse ao fogo de sua forja, ao transformá-lo por meio de uma vareta mágica em cobrador de impostos. No entanto, admito que essas pessoas sejam tratadas com mais atenção que o artesão, ou eu mesmo, porque a disciplina facilita o trabalho, poupa tempo daquele que comanda e daquele que obedece. Quando você se encontra diante de um guichê, no posto de correio, espero que você não discuta jamais com o funcionário, que espere modestamente que ele se lembre de você, a menos que você se permita atrair sua atenção mediante uma pequena tosse discreta. Se o encarregado interpreta essa atitude como uma homenagem à sua inteligência e a suas virtudes – o que querem? –, ele está errado. Nossa classe média comete de certo modo o mesmo erro. Porque fornece a maior parte dos agentes de segurança ou controle, ela se toma por uma aristocracia nacional, acredita contar entre suas fileiras com mais chefes. Não mais chefes – mais funcionários, não é a mesma coisa. Quando escrevo que não existem mais classes, observem, interpreto o sentimento comum. Não há mais classes, pois o povo não é uma classe, no sentido exato da palavra, e as classes superiores praticamente se fundiram numa só, à qual vocês deram justamente o nome de classe média. A chamada classe média não é tampouco uma classe, muito menos uma aristocracia. Ela não poderia nem mesmo fornecer os primeiros elementos desta última. Nada está mais distante do espírito aristocrático do que seu espírito. Poderíamos defini-lo assim: o conjunto de cidadãos adequadamente instruídos, aptos a toda tarefa, intercambiáveis. A mesma definição convém perfeitamente, aliás, ao que vocês chamam de democracia. A democracia é o estado natural dos cidadãos aptos a tudo. Quando são muitos, se aglomeram e formam uma democracia. O mecanismo do sufrágio universal lhes convêm maravilhosamente, porque é lógico que esses cidadãos intercambiáveis acabem se remetendo ao voto para decidir o que cada um deles será. Eles também poderiam empregar o procedimento do palitinho. Não existe democracia popular, uma verdadeira democracia do povo é inconcebível. O homem do povo, não estando apto a tudo, só poderia falar do que conhece, ele compreende perfeitamente que a eleição favorece os gabolas. Quem tagarela no canteiro de obras é um vagabundo. Deixado a si mesmo, o homem do povo teria a mesma concepção do poder que o aristocrata – ao qual ele se assemelha, aliás, por tantos traços – o poder é de quem se apodera dele, de quem se sente com força de fazê-lo. Eis por que ele não confere à palavra ditador exatamente o mesmo sentido que nós. A classe média chama com seus votos um ditador, isto é, um protetor que governa em seu lugar, que a dispensa de governar. A espécie de ditadura com que sonha o povo é a dela. Vocês me responderão que os políticos farão desse sonho uma realidade bem diferente. Seja. A nuance não é menos reveladora. Mais uma vez, não escrevo estas páginas visando às pessoas do povo que, aliás, evitarão lê-las. Eu gostaria de deixar bem claro que nenhuma vida nacional é possível, nem mesmo concebível, desde que o povo perdeu sua característica própria, sua originalidade racial e cultural – não passa de um imenso reservatório embrutecido de manobras, completado por uma minúscula horta de futuros burgueses. Que as elites sejam nacionalistas ou não, isto tem bem menos importância do que vocês pensam. As elites do século XVI não eram nacionalistas, as do XVII tampouco. É o povo que dá a cada pátria seu tipo original. Apesar de alguns erros que vocês possam censurar à Monarquia, esse regime soube, pelo menos, conservar intacto o mais precioso de sua herança, pois mesmo em pleno século XVIII, quando o clero, a nobreza, a magistratura e os intelectuais apresentavam todos os sintomas de podridão, o homem do povo pouco se diferenciava de seu antepassado medieval. É perturbador pensar que vocês conseguiram fazer do composto humano mais estável uma massa ingovernável, mantida sob ameaça de metralhadoras.

A referência da França não são as elites, mas a base. Isto custará mais caro, tanto pior! Custará o que for preciso. Custará menos do que a guerra civil. As classes médias bem-pensantes parecem considerar muito natural que as coceiras imperialistas de Mussolini forcem a França e a Inglaterra a enormes despesas de armamento. Elas não desejam mal a Mussolini, de modo algum. Elas não o consideram responsável pelo aumento de nossas desgraças, as reformas sociais são a causa de tudo. "Mas o povo está entre as mãos de perigosos aventureiros." – "O que fazer para tirá-lo de suas mãos?" – "Isto acontecerá mais tarde. Temos pouco tempo, e de resto, já que a esquerda explora o terror que sua clientela tem do fascismo, nós exploramos o terror que a nossa tem do comunismo, é natural. Aliás, o povo não crê em nossa sinceridade. Ao nos aproximarmos dele, nós perderíamos infinitamente mais votos burgueses do que ganharíamos dos proletários." – "Em suma, vocês agem momentaneamente em relação à classe operária, inseminada pelo vírus moscovita, como os serviços de higiene em relação às populações contaminadas. Enquanto esperam ter resolvido a questão do Capitalismo, da Produção, da Inflação, decidido entre a fórmula da Autarquia e a da Liberdade de Alfândega, da Espora de Ouro ou da Espora de Prata, ter assegurado a Paz Universal, sem falar de outros problemas não menos importantes, vocês deixarão o povo cozinhar em seu caldo?" – "É você que fala uma linguagem demagógica. Não se empreendem reformas sociais com os cofres vazios." – "Era preciso começar quando eles estavam cheios." – "Perdão. Nós não permanecemos inativos. Nós duplicamos a propaganda." – Sim. Quando o povo pensar exatamente como vocês, a questão social estará bem perto de estar resolvida, e a um custo mínimo.

Mesmo com pensadores como o Sr. Doriot, duvido que vocês fossem bem-sucedidos em uma Reforma intelectual do Proletariado calcada sobre aquilo que o velho Renan propunha outrora à França. São Domingos sonhara algo semelhante para a Cristandade, uma vasta restauração da doutrina da qual seus Frades Pregadores teriam sido os operários. A exemplo dos comunistas de hoje, os Heréticos da época ameaçavam as classes dirigentes em sua fé e em seus bens. Estes últimos logo conseguiram fazer o governo compreender que a Fé podia esperar, mas que a salvação da Propriedade exigia medidas enérgicas. De modo que os Pregadores acabaram fornecendo os moldes para um vasto empreendimento de depuração análogo àquele que vi funcionar na Espanha e que traz, na História, o nome de Inquisição. Se as pessoas de direita pretenderem utilizar essa fórmula, assinarão com isso sua própria abdicação. "Mas e se não houver outra fórmula?" – Tanto pior. Começamos a compreender que a Paz Militar deve ser comprada a cada vinte anos pelo sacrifício de alguns milhões de homens. Se a Paz Social custa tão caro, é provavelmente porque o sistema não vale nada. Vão para o diabo!

2

Criticam-me por me mostrar demasiado injurioso em relação a pessoas de direita. Eu poderia responder que essas brutalidades são sistemáticas, que espero delas uma pasta no futuro ministério da União nacional, ao lado – por exemplo – do Sr. Doriot. Não conheço Doriot. Jamais o ouvi. Sei apenas que ele falou no Ambassadeurs, com grande sucesso. Sei também que, durante uma breve passagem por Paris, dispondo de poucas horas, uma grande Dama francesa, cujo nome prefiro calar, exclamava diante do aplauso de suas belas amigas: "Vamos ver o Sr. Doriot! O Sr. Doriot primeiro", e retornava entusiasmada pelos suspensórios lendários do Sr. Doriot. "Que natureza! Ele deve mudar de flanela após cada discurso. Parece que é de torcer, minha cara!...". Certo, não acredito que o antigo chefe da Juventude Comunista seja capaz de grandes emoções poéticas, mas, enfim, ele deve experimentar, talvez sem que o saiba, algum sentimento desse tipo quando, do alto do estrado, vê diante de si os rostos boquiabertos que outrora tão violentamente socou, com seus fortes punhos. Não há nenhum desses tolos ou tolas que, na época de Abd el-Krim,[1] tenha considerado esse rapaz um traidor, a soldo de Moscou. Nenhum deles que tenha resolvido, hoje, confiar-lhe os destinos da Pátria, julga-o bastante esperto para enrolar seus antigos amigos.

---

[1] Abd el-Krim Khattabi (1882-1963) foi líder nacionalista do Marrocos, chefe dos berberes rifenhos do Marrocos. (N. T.)

Mas não terei a carreira feliz do Sr. Doriot, nem do Sr. Millerand, ou ainda do Peregrino da Paz. Não desprezo, com efeito, as pessoas de direita, pelo menos com esse desprezo que elas amam e com o qual parecem se revigorar. Há certamente entre elas um curioso complexo, de resto bem explicável quando se pensa em sua preocupação excessiva com *o que se dirá*, com a respeitabilidade – análoga ao pudor todo físico dos anglo-saxões, que não é pura hipocrisia, mas antes o efeito de uma timidez hereditária mantida pela educação, a reserva verbal, a muda cumplicidade de todos. A dignidade habitual dos bem-pensantes marcaria, mais do que um afastamento natural da canalha, uma secreta e ansiosa defesa contra uma inclinação cuja força não ouso avaliar. Se eu tivesse tempo para escrever uma Fisiologia do Bem-Pensante, creio que insistiria bastante sobre esse ponto. Fala-se o tempo todo sobre a burguesia. Mas é inútil chamar por esse nome tipos sociais muito diferentes. O Sr. Tardieu, por exemplo, é um burguês – trezentos anos de burguesia, como ele mesmo gosta de dizer. Para um burguês desse tipo se encontrariam mil boas pessoas cujos pais ou avós, primos e primas estão ainda atrás das vacas. Não escrevo isto por rabugice. Deus sabe que eu preferiria a companhia desses ruminantes à do ministro de dentadura brilhante. Mas, assim mesmo, é engraçado, admitam, encontrar o tempo todo rapazes que falam da luta de classes com trejeitos de pessoas com problemas de audição, suspiros e ares consternados como se pertencessem de fato a não sei qual humanidade superior, sendo que uma adaptação apressada faz da maioria deles seres socialmente *heimatlos*.[2] Esses mestiços pertencem evidentemente tanto aos partidos de esquerda quanto aos de direita. Mas essas características do tipo me parecem mais fortemente pronunciadas no bem-pensante que se acredita, ou finge acreditar, ou trabalha para se acreditar herdeiro de uma espécie de privilégio espiritual, e se refere a seu pacote de Shell

---

[2] *Heimatlos*: em alemão no original, seres sem pátria, apátridas. (N. T.)

ou de Royal Dutch como um Montmorency de seu apanágio.[3] Se eles só testassem a paciência das pessoas da alta sociedade, que aliás estão dispostas a casar suas filhas desde que o dote se mostre realmente favorável, vocês veem que eu não me preocuparia absolutamente com isso, Deus me livre! E aliás, as pessoas da alta sociedade são tão bestas que, na ilusão de se aproximar assim do povo, adotaram o preceito de caminhar com seu tempo, preceito comum a todos os sedentários. Talvez eles julguem seus aliados mais sólidos, mais resistentes. Grave erro! Pois um cidadão pode muito bem se vestir com *tweed* em um bom alfaiate, adquirir a honra de um posto administrativo, ter até mesmo herdado de um pai econômico uma casa para casos no *quartier* des Ternes, promoção demasiado recente a essa classe tão mal definida que se denomina Burguesia (o que ela tem em comum, de fato, com a burguesia fortemente enraizada da antiga França?), o que autoriza lhe atribuir as taras e a fragilidade da Idade Ingrata – a idade ingrata ameaçada pelas doenças da infância e da idade madura. E a palavra ingrata é bem precisa aqui: a quem essas pessoas demonstrariam gratidão? Elas fizeram a si mesmas, como dizem. Ficariam bastante surpresas se lhes mostrassem que possuem deveres em relação à classe da qual saíram, na qual ainda penam os seus próximos. Não deixam a esses desastrados o exemplo e o encorajamento de sua sorte? – "Que eles nos imitem! Que se virem!" Mal saídos dos imensos canteiros da miséria, como querem que não sejam secretamente atormentados pelo temor de recair nessa condição? O homem de grande raça só acredita arriscar, numa revolução, sua cabeça. O pequeno-burguês perder-se-ia inteiramente nela, ele depende totalmente da ordem estabelecida, a Ordem Estabelecida que ama como a si mesmo, pois esse estabelecimento é o seu. Vocês pensam que ele pode avistar sem ódio as grandes mãos negras que o puxam para trás, pelo pano de seu belo paletó? "Voltem para nós,

---

[3] Montmorency: família francesa de origem nobre, cuja origem remonta ao século X d.C., e considerada por Henrique IV a segunda família após a dos Bourbons. Shell e Royal Dutch são marcas de cigarros ou de tabaco. (N. T.)

irmãos!" – "Vocês sabem com quem falam, canalhas? Socorro, meu caro Duque! Minha mulher cuidou de um balcão bem próximo do de sua esposa na última venda das Damas Tradicionalistas do *faubourg* Saint-Honoré, cuja divisa é 'Deus e meu Direito!'"

* * *

Que anarquista, esse Bernanos! – dirão vocês. Por que ele deseja privar essas boas pessoas de uma inocente satisfação de amor-próprio, já que elas se orgulham de partilhar com as elites a defesa da Ordem e da Religião? – Sem dúvida. – Mas eu talvez tenha o direito de ter minha opinião sobre a maneira de defender a Ordem e a Religião. Tanto no reino animal quanto no reino humano a luta entre espécies muito próximas logo assume um caráter feroz. Vocês acreditam que essas boas pessoas são mais capazes do que vocês de compreender outras boas pessoas que se assemelham a elas? Elas se assemelham, com efeito, daí a gravidade do mal-entendido que as separa. Pelo esforço que um homem dispensa para sair de sua classe, pode-se avaliar a força de sua reação, às vezes inconsciente, contra essa classe, seu espírito, seus costumes, pois somente a cupidez não pode explicar um sentimento bem mais profundo, em cuja raiz se encontraria, sem dúvida, a lembrança ainda latente de certas humilhações, de certos desgostos da infância, feridas que várias gerações nem sempre bastam para cicatrizar. Pode-se sorrir dos protestos da pequena burguesia em luta contra sua empregada. – "Essas moças não são da mesma espécie que nós, minha querida!" O suboficial realistado parece sentir a mesma decepção diante do soldado, e se a opinião do comerciante de vinhos sobre sua clientela não é tampouco muito favorável, a de seu filho, bacharel, será claramente pessimista.

A renúncia das verdadeiras elites permitiu que se erguesse, aos poucos, diante do proletariado operário, um proletariado burguês. Ele não possui nem a estabilidade da antiga burguesia, nem suas tradições

PRIMEIRA PARTE

familiares, muito menos sua honestidade comercial. Os acasos da anarquia econômica o renovam incessantemente. Ele possui suas manobras, como o outro. Que nome, com efeito, dar a esse amontoado de pequenos comerciantes, cujo número a inflação do pós-guerra aumentou desproporcionalmente, e que as falências dizimam inutilmente todos os dias? Por que, aliás, dar-lhes o nome de comerciantes? Um comerciante, outrora, era geralmente um produtor. As dificuldades do fornecimento, a escassez das mercadorias, sua diversidade, numa época em que a fabricação em série não existia, as exigências de uma clientela habituada a transmitir de geração em geração os mais humildes objetos domésticos, o controle severo da opinião provincial, o jogo natural de alianças e amizades, a obrigação de obedecer, pelo menos em aparência, aos preceitos do Decálogo concernentes ao respeito à propriedade alheia, faziam do negócio uma arte. Hoje, qualquer pé-rapado pode se gabar de pertencer à corporação, contanto que, locatário de uma loja, se inscreva como décimo ou vigésimo intermediário entre o industrial que se arruína para produzir a baixo preço e o comprador imbecil, cujo destino é ser roubado. É errado julgar pela aparência determinado antro sórdido, de fachada caruchada, de vidro rachado que, a cada vez que se abre a porta, lança sobre a calçada, com o tintilar da campainha fendida, um odor absurdo de cebolas e urina de gato. A observação de certas teias de aranha, paradoxalmente tecidas em lugares aparentemente inacessíveis, mesmo às moscas, demonstra que a paciência da tocaia prevalece sobre tudo. É verdade que as vitrines muito brilhantes afastam os pobres-diabos, mantidos na ilusão – tão enternecedora, afinal! – de que o pequeno comerciante tem baixos lucros. A prova de que essas armadilhas horrendas alimentam o inseto que nela se esconde é a espantosa multiplicação desses negociantes depois da guerra, fenômeno do qual vocês podem facilmente se convencer pela leitura do Bottin.[4] Oh! Sem dúvida, a falência espreita aquele que está de tocaia,

---

[4] Catálogo de estabelecimentos particulares e comerciais na França. (N. T.)

e ele não sacia todos os dias a sua fome. Mas ele aguentará até o fim, mesmo que, por falta de crédito, tenha de buscar provisões nas latas de lixo. Não exagero. Imaginem, por exemplo, que termine amanhã todo controle oficial das carnes vendidas em açougue; qualquer que seja a indulgência que vocês tenham com o varejista, é preciso convir que, em pouco tempo, ver-se-iam brotar, no fundo tenebroso das geleiras, todas as florações de putrefação. Mas admitam vocês isto ou não, o que importa! Nós vimos. Vimos surgir – vimos com nossos olhos –, vimos surgir outrora, nos povoados desmantelados, pelos obuses, o pequeno comerciante que escapou por alguns meses à distraída vigilância dos poderes públicos, ao ciúme dos confrades e mesmo às críticas da clientela, pois cá entre nós, que crítica esperar do andrajoso combatente das trincheiras? Éramos jovens, e muitas dessas pessoas tinham os cabelos grisalhos... Eles também tinham filhas.

Nós os vimos. Eles estavam, como se diz, do lado certo. Nossa única revanche era que, com os golpes duros, todo fornecimento de víveres suspenso, a fome os obrigava a comer suas próprias conservas; a sede, a beber seu vinho com pouco álcool, mas rico em cogumelos e mofo. Eles se enchiam então com uma má gordura que escorria em suor cinza sobre suas grossas bochechas, enquanto debitavam a cerveja de má aguada com um riso malvado sobre seus dentes sujos. Pois eles mal dissimulavam seu desprezo, davam de beber aos policiais por nossa conta, lamentavam nossos maus modos e não deixavam, a cada primavera, de exibir em suas vitrines, como previsão da próxima ofensiva, horrendas coroas mortuárias, provavelmente fabricadas nas prisões. Vocês poderão me dizer que o terreno das guerras sempre faz eclodir semelhantes larvas. É que vocês não os conheceram. Jamais beberam com eles, a porta da frente fechada, entre sua esposa atormentada pelas varizes e sua filha exalando forte mau cheiro, o pequeno marco de amizade. Eram pessoas infelizes desprovidas de imaginação e, por conseguinte, pouco acessíveis à compaixão, mas eles não tinham

PRIMEIRA PARTE

nada dos saqueadores de cadáveres que seguiam outrora os Exércitos. Deus! Eles não correriam o risco de serem fuzilados, ou mesmo de passar seis meses na prisão. Gozavam da estima pública, implacáveis para a canalha, severos com os jovens que desperdiçavam seus centavos, com as mulheres que "não se respeitavam", com os devedores infiéis. Não me perguntem o que aconteceu com eles. Seria mesmo inútil pretender que essas pessoas morreram no dia do armistício, não! A inflação os degola, a deflação os engole, seja. Vocês não os reconhecerão, porque eles não se distinguem do rebanho. Eles não eram de modo algum monstros. Somente as circunstâncias eram monstruosas, e eles as suportavam, ou melhor, adaptavam o pequeno número de ideias gerais das quais dispunham. Conformavam sua alma a elas. A prova disso é que não tinham nada de aventureiros nem de refratários; é que, uma vez providos, eles se estabeleciam, casavam suas filhas com notários. Depois disso, pensavam no passado como um homem pensa no tempo de sua juventude, em seus amores. "Você se lembra, o estoque de conservas de salmão recusado pela intendência e trocado por doces, a seis centavos a caixa, um pelo outro: isso nos rendeu quinze mil balas." Eles se conformavam, eram conformistas, só pediam para se conformar, só esperavam dispor dos meios, como eles dizem, de ter bastante dinheiro para isso. "Nós saímos da Legalidade para entrar no Direito", afirmava o terceiro Bonaparte, filho de Hortênsia, que é um dos tipos mais curiosos da História. Também eles saíam do Código em favor dos bombardeios, para retornar à honestidade, à decência, o que eles chamavam de postura. Infelizmente, as estatísticas, que prometem tantas maravilhas, desfalecem assim que as pressionamos um pouco, a exemplo de muitas pessoas de seu sexo. Seria curioso, no entanto, saber quantos negociantes recaíram no proletariado, de onde haviam saído. Pessoalmente, acredito que estejam, agora, fortemente associados à classe média. O desprezo que nutriam por sua clientela militar, eles o voltam hoje ao conjunto de "fingidos" que discursam nos sindicatos, em vez de fazer como eles, trabalhar cada um por si, se virar. Em certo sentido, aliás, eles não estão errados. Eles têm menos a temer da ditadura do proletariado do que da organização dessa classe, sua conquista de liberdade, independência, honra. Devem tudo à anarquia moral, mental e social do último século, à decadência das elites, à sujeição dos trabalhadores. Que um regime humano consiga incorporar estes últimos à nação, e o absurdo prestígio do comércio, lembrança dos tempos passados, logo não passará de um sonho ruim – ou antes, o verdadeiro comércio retomará seu lugar, que não é pequeno, a expensas dos intermediários, que exaurem a substância do povo, pululam sobre toda indústria libertadora, como pulgas. Não importa quem entre nós teve a ocasião de conversar com alguns desses operários especializados, cuja cultura, evidentemente empírica, é a de um pequeno engenheiro. Vocês não julgam iníquo que o último imbecil a chegar, contanto que tenha os meios para pagar a patente, possa se considerar como socialmente superior ao primeiro, porque ainda retém um valor da mercadoria, cujo preço inicial, muito reduzido em relação à enorme sobrecarga de comissões, acabará por não contar mais?

    O proletariado burguês, cuja figura acabo de esboçar, não possui nem tradição nem princípio, mas possui instinto. Esse instinto o adverte do perigo que corre, e de que sua sorte está ligada a toda reforma social profunda, que o devolveria ao nada. As pessoas de direita, nacionais ou clericais, julgaram muito inteligente incorporá-lo em massa à classe média, onde ele ocuparia, na famosa guerra pela ordem, o lugar da infantaria. Faço questão de lhes dizer, de imediato, que eles comprometem assim gravemente a causa a que pretendem servir, pois comprometem, em favor de aliados que não têm nada a perder a não ser a si mesmos, tradições preciosas e até o próprio princípio da ordem, sendo que deles só podem esperar uma resistência cega e raivosa a toda mudança. Se há um espetáculo capaz de fazer vomitar, é o dos monarquistas franceses mendigando os serviços da Democracia sob sua forma mais baixa e, aliás, original, pois o que afunda hoje as chamadas associações nacionais é precisamente o público caro aos pioneiros da República radical, e essas famosas camadas profundas sobre as quais a vimos germinar.

* * *

Esforço-me sempre para falar sem ironia. Sei bem que a ironia jamais tocou o coração de ninguém. Ela não passa, com frequência, do gemido de um coração ferido. Eis que se revela ao mundo a tragédia sem começo nem fim, porque ela não possui nem sentido nem objetivo. Pelo menos, nenhum objetivo que se possa admitir. A guerra do desespero, álibi sangrento dos partidos reduzidos à impotência, impotentes em criar qualquer coisa, uns se opondo a qualquer retorno, outros a todo avanço, mas uns e outros incapazes de definir, ou de simplesmente conceber, o avanço e o regresso. Cada um se contentando em exclamar, a mão sobre o coração: "Minhas intenções! Minhas intenções!" O que importa que suas intenções fossem boas? Trata-se de saber quem as explora. E onde estão as suas intenções, cá entre nós, homens da ordem? Eis que elas galopam sobre todas as estradas da Terra. As boas intenções de vocês tomaram os freios entre os dentes. Elas enlouqueceram. Vamos, vamos, vocês podem assobiar, que elas não voltarão... O nacionalismo, por exemplo, formado na velha e indulgente casa na Lorena do Sr. Maurice Barrès, alimentada com tinta preciosa, que caminho ele fez depois, até o Japão, até a China! É que os poderosos senhores do ouro e da opinião universal rapidamente o arrancaram das mãos dos filósofos e poetas. Minha Lorena! Minha Provença! Minha Terra! Meus Mortos! Eles diziam: meus fosfatos, meus petróleos, meu ferro. Quando eu tinha quinze anos, lutávamos contra o individualismo. Maldito azar! Ele estava morto. Cada nação da Europa já tinha no fundo de suas entranhas um pequeno Estado totalitário bem formado. Qualquer um que pusesse a orelha na altura do umbigo teria certamente ouvido bater seu coração... E o Liberalismo, Senhor! Com que chicotes acariciamos suas costas! Infelizmente, ele não tomava conhecimento de nossos golpes. Velado por alguns acadêmicos em uniforme, ele aguardava, em coma, a hora do óbito, que seria anunciado pelo primeiro canhão de guerra. Em suma, nossas intenções eram puras, demasiado puras, demasiado inocentes. Nós deveríamos tê-las proibido de sair sozinhas. Agora elas já prestaram serviços demais. Não digo isso pelo prazer de constranger os Doutores. Para quê? É absurdo acreditar, com Jean-Jacques, que o homem nasce bom. Ele nasce capaz de uma quantidade maior de mal e de bem do que poderiam imaginar os Moralistas, pois ele não foi criado à imagem dos Moralistas, foi criado à imagem de Deus. E quem o suborna não é somente a força da desordem que ele traz em si: instinto, desejo, qualquer que seja o nome que se dê. Quem o suborna é o maior dos anjos, caído do mais alto cimo dos Céus. Certo, a experiência da história tem algum valor para os legisladores e políticos, mas o homem sempre supera, por algum lado, as definições pelas quais se pretende cercá-lo. Pelo menos, o homem de que falo. Este não deseja sua felicidade, como vocês gostam de dizer, ele quer sua Alegria, e essa Alegria não é deste mundo, ou pelo menos, não está inteiramente aí. Vocês são livres, evidentemente, para só acreditar no *homo sapiens* dos humanistas, vocês errariam apenas em pretender conferir à palavra o mesmo sentido que eu, pois a ordem de vocês, por exemplo, não é a minha, a desordem de vocês não é minha desordem, e o que vocês chamam de mal não passa de uma ausência. O lugar vazio deixado no homem, assim como a marca do carimbo na cera. Não digo que suas definições sejam absurdas, mas elas jamais serão as mesmas que as minhas. Pois eu utilizo as suas, e vocês não podem se servir das minhas. Elas permitiram que vocês atingissem, por um tempo, a grandeza – por um tempo, apenas –, pois suas civilizações desmoronam no momento mesmo em que vocês as julgavam imortais, como essas crianças florescentes que portam em si o germe fatal e não ultrapassam a adolescência. Vocês precisam então dar lugar aos bebedores de tinta, que raciocinam há séculos sobre o desastre, pródigos em dizer os porquês e comos. Vocês nada farão de durável para a felicidade do homem, pois vocês não têm ideia alguma

PRIMEIRA PARTE

de sua infelicidade. Vocês me compreenderam? Nossa parte de felicidade, com efeito, nossa miserável felicidade provém de todos os lados da Terra, volta a ela conosco no último dia, mas a essência de nossa infelicidade é sobrenatural. Aqueles que têm dessa infelicidade uma ideia clara e distinta, à maneira cartesiana, não suportam sozinhos o seu peso. Bem pelo contrário. Pode-se mesmo afirmar que o maior dos infortúnios é suportar a injustiça, não sofrê-la. "Vocês suportam sem compreender!", exclamava o velho Drumont. Esta me parece ser a única forma de danação neste mundo.

Vi lá, em Maiorca, passarem sobre a Rambla caminhões carregados de homens. Eles rodavam com um ruído de trovão, no térreo dos terraços multicores, recém-lavados, todos brilhantes, com seu alegre murmúrio de festa de feira. Os caminhões estavam cinza pelo pó das estradas, cinza também os homens sentados quatro por quatro, os bonés cinza postos de lado e suas mãos ao longo das calças de pano, bem-educadas. Eles eram apanhados a cada final de tarde nas aldeias perdidas, na hora em que retornavam do campo; eles partiam para a última viagem, a camisa colada às costas pelo suor, os braços ainda inchados pelo trabalho do dia, deixando a sopa servida sobre a mesa e uma mulher que chega muito tarde ao limite do jardim, sem fôlego, com o pequerrucho apertado no guardanapo novo: *A Dios! Recuerdos!*

Você está sendo sentimental, me dizem. Deus me livre! Repito, simplesmente, não me cansarei de repetir que essas pessoas não haviam matado nem ferido ninguém. Eram camponeses semelhantes aos que vocês conhecem, ou antes, àqueles que seus pais conheciam, e aos quais apertaram as mãos, pois se assemelhavam muito a esses tipos fortes de nossas aldeias francesas, formados pela propaganda gambettista, a esses vinhateiros do Var aos quais o velho cínico Georges Clemenceau levava outrora a mensagem da Ciência e do Progresso Humano. Pensem que eles acabavam de recebê-la, sua república – *Viva la republica!* –, que ela era ainda, na noite de 18 de julho de 1936, o regime legal reconhecido por todos, aclamado pelos militares, aprovado pelos farmacêuticos, médicos, professores de escola, enfim, por todos os intelectuais. "Não duvidávamos que fossem boas pessoas, irão sem dúvida replicar os bispos espanhóis, pois a maioria desses infelizes se converteram *in extremis.* Pelo testemunho de nosso Venerável Irmão de Maiorca, apenas 10% dessas queridas crianças recusaram o sacramento antes de serem despachadas por nossos bons militares." É uma grande porcentagem, eu admito, e que honra bastante o zelo de Vossa Senhoria. Que Deus lhe pague! Eu não julgo, por ora, pelo menos, essa forma de apostolado. Mas, supondo-se que ele seja proximamente adotado deste lado da fronteira, admitam que tenho o direito de me perguntar o que poderíamos esperar, nós, católicos franceses? Escrevo estas últimas páginas em Toulon. Suponhamos, por exemplo, que em seu retorno de Salamanca, onde o Sr. Charles Maurras não pode deixar de ir saudar, num destes dias, o generalíssimo Franco, o autor de *Anthinéa* empreenda a depuração preventiva de sua cidade natal, duvido que o padre de Martigues possa esperar resultados tão consoladores. Ele fará questão, provavelmente, de ser mais rigoroso.

Vocês não acreditam que eu seja capaz de pensar que Maurras seja capaz de exterminar a população de Martigues. Ele continuará a partilhar seus laboriosos dias entre a *rue* de Verneuil, a gráfica do Croissant e – espero – a Academia, cujas prisões imponentes acabam de lhe dar acesso. Entre duas portas do Palácio Mazarin nós o ouviremos confiar ao Duque de La Force, infelizmente distraído pela corrente de ar, algum novo aspecto do País real, de uma França não menos imaginária e poética que a Provença de Mistral, e cujo destino é terminar como a outra, num museu, num museu maurrassiano. Seria preciso, para esse pensamento mais atormentado do que violento – o tempo todo obcecado pela objeção e em sua raiva ansiosa de atingi-la, quebrá-la, com muita frequência manobrada por ela –, o estímulo da solidão na qual se teria retemperado na medida uma vontade patética em que toda ação real ameaça distender, que desconcerta todo contato humano, essa espécie de teimosia misteriosa cujo princípio deveria ser buscado no mais profundo da alma, nessa parte reservada da alma à qual somente o olhar de Deus tem acesso. Nenhum daqueles que outrora o homenagearam poderia hoje, sem tristeza, vê-lo retomar os temas mais gastos da Ordem Moral, falar a língua dos homens do Dezesseis de Maio. A fraqueza dos grandes polemistas foi sempre de acreditar na opinião média e esperar seduzi-la. Mas é ela que finalmente os devora. Temo, aliás, que Maurras ainda esteja, às portas da velhice, enganado por pretensas superioridades sociais, cuja pior impostura é de se pretender solidários da antiga França, ao passo que não passam de seus dejetos, dejetos que o vigoroso organismo teria outrora, sem dúvida, devidamente eliminado. Possa a Academia proporcionar ao veterano da controvérsia uma aposentadoria decente, repleta de sombra e de silêncio, ornada pelas pálidas flores da retórica, ainda que, sinceramente, teríamos preferido para ele algum humilde jardim de presbitério provençal. A admiração dos imbecis não terá valido nada para sua glória. Ele se dissolveu nela como pérola no vinagre.

O fato não me é de modo algum estranho. Afinal, não importa qual entre nós deve encontrar, mais cedo ou mais tarde, os fermentos que esgotarão sua resistência, e esses fermentos não são os mesmos para todos. O autor de *Anthinéa* deve ter mais de setenta anos, e nessa idade Deus sabe o que restará de mim, mesmo se eu ainda estiver de pé, pois uma extrema mediocridade nos permite durar apenas o tempo de nossas vísceras, morrer com nosso último suspiro. Pensei com frequência que o destino de um homem público pode ser considerado acabado, desde que parecem interrompidas de antemão as formalidades de seus obséquios. Ora, peço perdão ao Sr. Maurras, sabemos agora que as suas serão uma grande manifestação de união nacional, com os habituais corifeus – os senhores Jean Renaud, Doriot, Taittinger, Bailby, Chiappe, Tardieu e outros mais. Veremos sombras, também: os senhores Jacques Piou, Déroulède, Clemenceau, quem mais? Por que não Ribot, Jonnart! Mas não se verá Drumont, nem Péguy – nem eu.

* * *

... Nem eu, porque, vivo, meu lugar nesse dia será em uma das igrejas de Paris, de onde o velho homem inflexível, seu trabalho terminado, seu jornal novo no bolso de seu lendário sobretudo, remoendo tanto as mais altas lições da História quanto seus rancores literários ou domésticos, viu tantas vezes surgir a grande sombra suave, ao raiar da aurora, com o ruído dos carros de leiteiros. Morto, pretendo ir esperá--lo na porta que ignoro, ainda que só precisássemos talvez estender a mão para aflorar com os dedos o umbral tão próximo, o umbral sagrado. Os despojos do ilustre escritor, agora gélido, receberá embaixo os serviços do Sr. de Borniol, e as homenagens de vinte mil outros Borniol políticos e patriotas, vinte mil Borniol homens ou mulheres, com suas insígnias, suas auriflamas, seus cantos de guerra, vinte mil Borniol que, de geração em geração, há um século, carregam gravemente na terra, aos sons de sua *Marselhesa*, as esperanças da Pátria.

... Mas que Paz nas alturas...

3

Não procurarei justificar mediante razões as páginas que se seguem, e muito menos o sentimento que me leva a escrevê-las. Uma vez mais, mas desta vez mais do que nunca, utilizarei minha linguagem, certo de que só será entendida por aqueles que a falam comigo, que a falavam bem antes de me terem lido, que a falarão quando eu não estiver mais aqui, quando a frágil memória de mim mesmo e de meus livros terá há muito tempo caído no esquecimento. Só esses me importam. Não desprezo os outros. Longe de desprezá-los, desejarei melhor compreendê-los, pois compreender já é amar. O que separa os seres entre si, o que os torna inimigos, não possui talvez qualquer realidade profunda. As diferenças sobre as quais trabalham no vazio nossa experiência e nosso julgamento se dissipariam como sonhos se pudéssemos lançar para elas um olhar suficientemente livre, pois o pior de nossos infortúnios é de só poder passar para os outros uma imagem de nós mesmos igualmente pobre, em que o ouvido treinado descobre zonas de um silêncio pavoroso. Escrevo estes novos capítulos do "Grande medo" não por prazer, nem mesmo por gosto, mas porque chegou indubitavelmente o momento de escrevê-los, pois não pretendo governar minha vida. Ninguém, exceto os santos, jamais governou sua vida. Toda vida se encontra sob o signo do desejo e do temor, a menos que esteja sob o signo do amor. Mas o amor não é ao mesmo tempo temor e desejo? O que importa minha vida! Quero somente que ela permaneça até o fim fiel à criança que fui. Sim, o que tenho de honra e este pouco de coragem, eu o devo ao ser, hoje misterioso para mim, que trotava sob a chuva de setembro, através dos pastos encharcados, o coração apertado pelo retorno próximo das aulas, dos pátios fúnebres onde logo o acolheria o inverno, salas fedorentas, refeitórios de ar pesado, intermináveis missas solenes com fanfarras onde uma pequena alma incomodada só poderia partilhar com Deus o tédio – da criança que fui e que é no presente para mim como um avô. Por que, no entanto, eu teria mudado? Por que mudaria? Minhas horas são contadas, as férias sempre terminarão, e o portão negro que me aguarda é mais negro ainda do que o outro. Por que eu perderia tempo com os homens graves, que se chamam aqui, na Espanha: *hombres dignos, honrados*? Hoje, não menos do que ontem, sua frivolidade me enoja. Porém, antes eu experimentava esse nojo sem compreender. Além disso, eu temia me tornar um dia um deles. "Quando você tiver minha idade...", eles diziam. Pois bem, eu a tenho! Posso olhá-los no rosto, certo agora de poder escapar deles. Rio de sua sabedoria, sabedoria que se assemelha a seu rosto, em geral marcado por uma astúcia austera, sempre desapontada, sempre vã. Certo, eu não esperaria ser infalível em meus julgamentos, se eu formulasse julgamentos, a exemplo de Henri Massis. Eu poderia, é verdade, como muitos outros, colocar sobre o nariz, assim como um velho oficial de Justiça, os gostos e desgostos, as incompreensões, os rancores e, tremendo de ódio, balbuciar em nome da Razão mandatos supostamente inapeláveis. Eu não tentaria tampouco seduzir. Não quero também escandalizar. Não tenho, aliás, nada de novo a dizer. As desgraças que anuncio não serão em nada diferentes, sem dúvida, daquelas que já decepcionaram nossa expectativa. Não os impeço de virarem as costas. Quando, aos treze anos, li pela primeira vez *La France Juive* [A França Judia] de meu mestre[1] – tão sábio e tão

---

[1] Trata-se de Édouard Drumont (1844-1917), autor de *La France Juive*, antissemita, antidreyfusista e precursor do fascismo. (N. T.)

PRIMEIRA PARTE

jovem ao mesmo tempo, de uma juventude eterna, religiosa, a única capaz de repercutir no coração das crianças –, ele me revelou a injustiça, no sentido exato da palavra, não a Injustiça abstrata dos moralistas e filósofos, mas a injustiça mesma, viva, com seu olhar gelado. Se eu tivesse sustentado esse olhar sozinho, com certeza meu destino teria sido o de tantos outros que, através dos séculos, vieram se quebrar sobre o pulmão de bronze. Compreendi depois que os solitários eram de antemão presas desse Satã fêmea, cujo macho se chama Mentira. Para os outros, o que importa? O que importam à Besta, tão velha quanto o tempo, os fracos que ela engole, assim como a baleia o faz com um cardume de jovens salmões? Ou a Injustiça não é senão o outro nome da Tolice – e não ouso acreditar nisso –, pois ela não para de montar suas armadilhas, mede seus golpes, ora se ergue e ora se abaixa, assume todas as feições, mesmo a da caridade. Ou ela é o que imagino, ela tem alguma participação na Criação, sua vontade, sua consciência, sua monstruosa memória. Se vocês refletirem bem a respeito, convirão que não pode ser de outro modo, que exprimo em minha linguagem uma verdade da experiência. Quem ousaria negar que o mal seja organizado, um universo mais real que aquele que nos revelam nossos sentidos, com suas paisagens sinistras, seu céu pálido, seu frio sol, seus astros cruéis? Um reino ao mesmo tempo espiritual e carnal, de uma densidade prodigiosa, de um peso quase infinito, diante do qual os reinos da Terra se assemelham a figuras ou símbolos. Um reino ao qual só se opõe realmente o misterioso reino de Deus, que nomeamos, infelizmente, sem conhecê-lo ou mesmo concebê-lo, e cujo advento, no entanto, esperamos. Assim, a Injustiça pertence a nosso mundo familiar, mas não lhe pertence inteiramente. A face lívida cujo esgar se assemelha ao da luxúria, cristalizada no horrendo retraimento de uma cobiça impensável, está entre nós, mas o coração do monstro bate em algum lugar, fora de nosso mundo, com uma lentidão solene, e não será jamais dado a homem algum penetrar seus desígnios. Ela só deseja os fracos para provocar sorrateiramente sua verdadeira presa. A verdadeira presa da Injustiça são precisamente aqueles que respondem a seu desafio, a enfrentam, acreditam ingenuamente poder ir de encontro a ela como David contra Golias. Infelizmente, ela só lança ao chão, esmaga de uma vez só sob seu peso os miseráveis que ela despreza. Contra os outros, nascidos para odiá-la, e que são os únicos objetos de sua cobiça, ela não passa de ciúme e ardil. Ela desliza entre suas mãos, faz-se de morta a seus pés, depois, erguendo-se, pica-os no calcanhar. A partir daí, eles lhe pertencem, sem que o saibam, carregam em suas veias esse veneno gelado. Pobres-diabos que acreditam que o reino da Injustiça pode ser dividido contra si mesmo, contrapondo injustiça a injustiça! Agradeço ao bom Deus que escolheu para mim mestres da época em que ainda se amam seus mestres. Sem eles, parece-me às vezes que a evidência da tolice e da crueldade teria me reduzido a pó, a exemplo de muitos outros que, tendo sofrido prematuramente o choque da vida, só possuem agora a aparência de homens, assemelham-se a homens como a terra compactada se assemelha à pedra. Amei com paixão demasiada os mestres de minha juventude para não ter ido um pouco além de seus livros, além de seu pensamento. Acredito ter sentido profundamente o destino deles. Não se vence a Injustiça, ela não se dobra. Todos aqueles que o tentaram tombaram sob uma injustiça bem maior, ou morreram em desespero: Lutero e Lamennais morreram, Proudhon morreu. A agonia de Drumont, mais resignado, não foi talvez menos amarga. A de Charles Maurras corre o risco de ser ainda mais difícil, se a Providência não ministrar ao velho escritor, entre a velhice e a morte, uma zona de serenidade, impenetrável aos imbecis. Eu sei isso. Se vocês também sabem, eu não os censurarei por virarem as costas para infortúnios que vocês consideram inevitáveis. Eu gostaria, porém, de persuadi-los a encará-los por um momento, não para retardar o curso das coisas, talvez irresistível, mas vê-los com seus próprios olhos. Eles não são absolutamente o que vocês pensam. Eles não correspondem à ideia que vocês fazem deles. Eles estão à altura de vocês, mesmo que vocês não pensem assim. Estão à altura do medo de vocês. São provavelmente esse medo mesmo, não creio falar com ligeireza, acabo de ver todo um desgraçado país entregue a essa espécie de demônio. Vocês fariam muito mal, aliás, de representar-se esse demônio sob as espécies de um diabrete pálido, esgotado pela cólica. É que a imaginação de vocês toma os primeiros sintomas do mal pelo mal mesmo. O medo, o verdadeiro medo, é um delírio furioso. De todas as loucuras de que somos capazes, esta certamente é a mais cruel. Nada iguala seu ímpeto, nada pode sustentar seu choque. A cólera que se assemelha a ele é um estado passageiro, uma brusca dissipação das forças da alma. Além disso, ela é cega. O medo, pelo contrário, contanto que se supere a primeira angústia, forma, com o ódio, um dos compostos psicológicos mais estáveis possíveis. Eu me pergunto mesmo se o ódio e o medo, espécies tão próximas entre si, não alcançaram o último estágio de sua evolução recíproca, se elas não se confundirão amanhã num novo sentimento, ainda desconhecido, do qual se acredita surpreender algo numa voz, num olhar. Por que sorrir? O instinto religioso que permaneceu intacto no centro do Homem e da Ciência, que o explora loucamente, fazem lentamente surgir imensas imagens, das quais os povos imediatamente se apoderam com avidez furiosa, e que estão entre as mais assustadoras que o gênio do Homem jamais propôs a seus sentidos, a seus nervos tão terrivelmente conformados às grandes harmonias da angústia.

* * *

As mesmas pessoas que pretendem resolver todos os problemas da vida política ou social graças aos exemplos extraídos da História romana me responderão certamente que o medo já é há muito conhecido dos psicólogos, e que não há mais nada a dizer sobre um assunto tão batido. Sou de outra opinião, provavelmente porque não tenho da humanidade a mesma ideia que esses Doutores. Tendo definido o Homem, eles discorrem sobre a humanidade como um naturalista discorreria sobre uma espécie animal qualquer. Ignoro, de resto, se esta última exposição seria justa, pois, afinal, as espécies animais parecem capazes de evoluir. Nada prova que o sistema nervoso do homem, por exemplo, não tenha sofrido certas modificações profundas, ainda que dificilmente perceptíveis. O medo da Morte é um sentimento universal que deve assumir muitas formas, das quais algumas estão certamente fora de alcance da linguagem humana. Somente um homem as conheceu todas, Cristo em sua agonia. Vocês têm certeza de que ainda não nos resta conhecer as mais bizarrras? Mas não é neste ponto de vista que me situo. Uma espécie animal, enquanto os séculos não modificarem suas características, nasce, vive e morre segundo sua própria lei, e a parte que lhe é atribuída no imenso drama da Criação só comporta um papel indefinidamente repetido. Nossa espécie, certo, não escapa a essa monótona gravitação. Ela gira em torno de um destino imutável, como um planeta em torno do Sol. Porém, também como o planeta, ela é arrastada com seu sol para outro astro invisível. Não é por seu destino que ela é misteriosa, é por sua vocação. Assim, os historiadores não sabem muito a respeito de sua verdadeira história. Eles se encontram em sua presença assim como o crítico de teatro diante do ator cuja vida íntima ele ignora absolutamente. Com vinte anos de intervalo, a mesma mulher desempenha o papel de Rosine, e é sempre a verdadeira Rosine. Mas a adolescente se tornou mulher.

* * *

Creio que o mundo acabará um dia. Creio que nossa espécie, ao se aproximar de seu fim, conserva no fundo de sua consciência algo com que desconcertar os psicólogos, os moralistas e outras bestas da tinta. Parece que o pressentimento da morte comanda nossa vida afetiva. O que será desta, quando o pressentimento da morte ceder lugar à catástrofe que engolirá a espécie como um todo? Evidentemente, o antigo vocabulário poderá servir. Não chamamos com a mesma palavra amor o desejo

PRIMEIRA PARTE

que aproxima as mãos trêmulas de dois jovens amantes, e esse abismo negro no qual Phèdre cai, o braço em cruz, com um grito de loba?

* * *

Ao longo destes dois últimos anos, não me gabo de ter descoberto novas formas de ódio ou de medo. Gabo-me apenas de ter me encontrado precisamente no ponto do mundo mais favorável para certas observações preciosas, já confirmadas pela experiência. Por ingênuas que sempre tenham sido as pessoas de direita, ou por poderoso que seja o instinto que as leva a escolher infalivelmente as causas ou homens destinados de antemão à impopularidade, eles talvez me concedam, hoje, que a Guerra da Espanha perdeu o caráter de uma explosão de sentimento nacional ou cristão. Quando, na última primavera, eu tentava prepará-los para certas decepções, eles riam na minha face. Não se trata mais agora de explosão, mas de incêndio. E um incêndio que se prolonga há dezoito meses começa a merecer o nome de sinistro, vocês não acham? Vi, vivi na Espanha o período pré-revolucionário. Eu o vivi com um punhado de jovens falangistas, cheios de honra e coragem, cujo programa eu não aprovava inteiramente, mas que era animado, assim como seu nobre chefe, por um violento sentimento de justiça social. Afirmo que o desprezo que eles professavam em relação ao exército republicano e seus estados-maiores, traidores de seu rei e de seu juramento, igualava sua justa desconfiança em relação a um clero especialista em negociatas e trapaças eleitorais efetuadas sob a cobertura da *Acción Popular* e tendo por intermediário o incomparável Gil-Robles.[2] Vocês perguntam: o que aconteceu com esses rapazes? Meu Deus, eu vou dizer. Não contavam com 5%, em Maiorca, na véspera do *pronunciamento*. Dois meses depois, eles eram quinze mil, graças a um recrutamento desavergonhado, organizado pelos militares

---

[2] Trata-se de José Maria Gil-Robles y Quiñones (1898-1980), líder político espanhol, cujas posições se situaram entre um catolicismo republicano moderado e um monarquismo de extrema-direita. (N. T.)

interessados em destruir o Partido e sua disciplina. Sob a direção de um aventureiro italiano, chamado Rossi, a *Falanje* se tornara a polícia auxiliar do Exército, sistematicamente encarregada dos trabalhos sujos, aguardando que seus chefes fossem executados ou aprisionados pela ditadura, e seus melhores elementos despojados de seus uniformes, e despejados na tropa. – Mas, como diz Kipling, isto é uma outra história. Onde quer que o general do episcopado espanhol ponha agora o pé, a mandíbula de um crânio se fecha sobre seu calcanhar, e ele é obrigado a sacudir sua bota para se livrar. Boa sorte a Suas Senhorias!

* * *

Vocês podem pensar o que quiserem sobre o general Franco. Ele está absolutamente certo de que não teria encontrado 25 espanhóis dispostos a segui-lo se tivesse cometido a imprudência de dar a entender que o *pronunciamento*, apresentado por ele como mera operação de polícia, duraria mais do que três semanas. Napoleão III era certamente um senhor bem diferente do que o general episcopal. Se, todavia, na noite do 1º de dezembro, ele pudesse ter previsto que dois anos depois se encontraria ainda com um exército de italianos, de alemães, de árabes andrajosos nas colinas de Montmartre, prestes a bombardear Notre-Dame, a parte de sangue real que ele tinha nas veias teria lhe subido à garganta, e ele teria sido despachado a pontapés no traseiro, pelo futuro marechal Saint-Arnaud, o bispo bastante repugnante para garantir sua vitória de antemão, por meio de suas boas preces – supondo-se que o episcopado francês jamais tenha contado entre suas fileiras com semelhante crápula. Imaginem que, se nossos católicos tivessem levado a sério, em 1936, as frases sobre a explosão do sentimento católico na católica Espanha, nós ainda estaríamos no início de nossa Guerra Santa. Menos ricos em efetivos estrangeiros que nossos vizinhos, deveríamos visualizar, por trás do generalíssimo Moreau de la Meuse, uma nova Guerra dos Cem Anos.

* * *

PRIMEIRA PARTE

Que não me façam a injúria de me julgar mais sensível do que outros. Confesso a essas damas que a visão do sangue não me excita, seja por horror, seja por prazer, ou mesmo por mera curiosidade, mas é provavelmente porque não disponho, como elas, do órgão capaz de transmitir à camada cerebral esses tipos de ruminações. A discreta reserva fisiológica que se acaba de ler não deve ser interpretada como admissão de fraqueza, ou então, trata-se de uma fraqueza comum a todos os indivíduos de meu sexo. Vi muitos morrerem. Talvez meu lugar estivesse marcado nas modestas fossas da última guerra, ao lado de meus companheiros. Não deixo de contemplar, com certa vertigem, as imensas carnificinas que se abrem no futuro. Faz muito tempo que os revolucionários, verdadeiros ou falsos, abusam da mística terrorista. O terrorismo não lhes pertence de modo algum. Eles se gabam disso. Na verdade, a História nos demonstra que o sistema serve a todos, e o Terror dos Reis Católicos em Flandres era um terror sagrado.

* * *

Vocês convirão, comigo, que se eu fosse sujeito a ataques de nervos, teria, desde os primeiros tiros de fuzil, deixado Maiorca com mulher e meus filhos. Revejo... Revejo essa brilhante manhã de domingo. Havia semanas aguardávamos, sem acreditar nisso, o golpe anunciado por Primo de Rivera. O que esperaríamos de militares? O exército espanhol, principal autor e único beneficiário da pavorosa confusão marroquina, rigorosamente expurgado de seus elementos reacionários, governado pelas lojas maçônicas de oficiais contra as quais já fracassara a vontade do primeiro-ministro Primo era, além disso, violentamente anticlerical. (Ele continua sendo, assim como quase a totalidade da população masculina da Espanha, como o demonstrará, sem dúvida, o futuro próximo.) Penso ainda hoje, não sem amargor, que com um pouco menos de preocupação pelas vidas humanas, vidas espanholas – preocupação tradicional entre os Bourbons – Afonso XIII teria poupado a seu país um calvário atroz, mesmo que fosse apenas colando ao muro o general Sanjurjo que, contra toda expectativa, recusou-lhe o apoio da guarda civil, apunhalando nas costas, assim, a Monarquia. Nada me impedirá, tampouco, de lamentar que semelhante medida não tenha sido tomada contra o aviador comunista Franco, cuja propaganda havia desmoralizado um corpo até então tido por fiel, e que, disfarçado de fascista, comandava, ainda ontem, a base aérea de Palma.

* * *

Não esperávamos nada dos militares, e dos clericais tampouco. Até o último dia, a *Acción Popular*, que agrupava nove décimos dos antigos partidos moderados, mostrou-se ferozmente democrata, apaixonadamente parlamentar. Seu ódio pela Monarquia igualava aquele que ela tinha pela Falange, que de resto lhe recusava seus votos. Pode-se ter uma ideia de sua doutrina imaginando que ela poderia ter sido fruto das vigílias laboriosas de Louis Marin e Marc Sangnier, trabalhando juntos sob controle dos Reverendos Padres dos *Études*. À menor suspeita de ilegalidade, esses senhores desapareciam por um alçapão, de onde eram retirados banhados em lágrimas. As ditaduras, então, não grassavam à solta. Hitler era, por eles, comumente qualificado de Anti-Cristo, e as boas irmãs do Sagrado Coração, em Palma, faziam seus alunos orar todas as noites pelo Négus.[3] O *por todos os meios*, de Charles Maurras, fórmula cujo caráter ofensivo 32 anos de experiência provaram suficientemente, era citado com horror. O célebre jesuíta Laburu fazia o julgamento de realistas e aristocratas diante de imensos auditórios, nos quais os operários da CNT [Confederação Nacional dos Trabalhadores] não eram os últimos a aplaudir. Vocês convirão, entre parênteses, que este último aspecto não é muito tranquilizador para os jovens comunistas franceses, que os rapazes da JOC [Juventude

---

[3] Négus: antiga denominação dos reis na Abissínia, e aqui utilizado por Bernanos para se referir, com provável intenção irônica, ao rei espanhol. (N. T.)

Operária Comunista] carregam consigo para o sermão. Que prazo os estados-maiores democrata-cristãos fixaram, em segredo, para que esses infelizes se convertam, sob pena de serem executados por uma bala na cabeça pelos piedosos militares da próxima Cruzada?

* * *

Coloco a questão sem rir. Não há de que rir. Eu gostaria de ter diante de mim um desses inocentes Maquiavéis de batina, que têm o ar de acreditar que se manobra um grande povo assim como uma classe da sexta série, e assumem, diante da catástrofe, o ar da dignidade ofendida do mestre de estudos apupado por seus alunos. Oh! Eu não gastaria muita eloquência! Eu lhe diria simplesmente: É verdade que um grande partido democrata, social e parlamentar reunia a imensa maioria, a quase unanimidade de eleitores e eleitoras católicas da Espanha, sim ou não? – Sem dúvida. – A *Acción Catolica* o aprovava, lhe fornecia seus quadros? – Não podemos negá-lo. – Algum dos oradores ou militantes dessa cruzada pacífica, nestes últimos anos, fez jamais alusão à dolorosa necessidade de empregar a violência, em caso de derrota eleitoral? – Não acreditamos nisso. – Não chegavam eles ao ponto de condenar solenemente a violência em nome da política, da moral ou da religião? – Evidentemente. – Um dos teólogos que hoje justificam a guerra civil por meio de argumentos tomados a Santo Tomás de Aquino teria aprovado produzir esses argumentos, nesse momento, mesmo que a título de hipótese? – Não ousaríamos sustentá-lo. – Você o teria aprovado por declarar, oito dias antes da última consulta eleitoral, que em caso de derrota, os devotos e devotas da Ação Católica deveriam recorrer a esses métodos com a bênção do episcopado? – Você nos toma por imbecis. – Não, nem mesmo por astutos. Pois, afinal, vocês não dispunham de poder nos anos que precederam esses lamentáveis acontecimentos? O presidente da República era um dos seus. Do mesmo modo, o presidente do Conselho, o Sr. Lerroux, que acabava de esquecer, no escândalo dos Jogos, a modesta provisão de honra de que ele ainda dispunha, assim como sua família, ofertara a Gil-Robles os restos, razoavelmente gangrenados, do antigo partido radical. Ó! Vocês não recusam jamais acolher a criança prodígio, sob condição de que ela mesma forneça o repasto, é uma justiça que deve ser feita a vocês! Em suma, vocês eram os senhores da situação, se ouso dizer. He! O quê? Algumas semanas depois de terminar o governo tutelar de vocês, as coisas já iam tão mal que não restava outro recurso senão a cirurgia. Vocês não acham isso estranho? Vocês governavam ou não? – Nós temporizávamos. – Vocês não podem fazer nada melhor do que isso, inocentes Maquiavéis. Após haverem colaborado para a queda da primeira ditadura, depois da Monarquia, vocês tentavam uma vez mais o golpe da Aliança, vocês estavam em meio ao calor, em pleno calor democrático, toda a água desse desgraçado país – que lhe falta, aliás – não bastaria para arrefecê-los. Quem duvida disso não tem nenhuma necessidade de aprender espanhol. Bastaria ler, em francês, o número dos *Études*, por exemplo, em que os judiciosos jesuítas da *rue* Monsieur saudavam o advento da nova República. Vocês eram prisioneiros dessa superestimação. Infelizmente, a concepção que vocês têm da política sempre foi laboriosamente sentimental. Vocês gostavam do poder, mas não assumiam seus riscos. Vejamos! Vejamos! Vocês previram a guerra civil, sim ou não? Não a tendo previsto, vocês foram imbecis. Tendo-a previsto, por que vocês não mostraram sua força, para utilizar o dito famoso, a fim de não ter que se servir dela? Repito que Gil-Robles era ministro da Guerra. Se eu o tivesse questionado, então, não há dúvida de que, após se aconselhar com o piedoso cardeal Goma, ele teria me respondido, com a mão sobre o coração: "Por quem o senhor me toma? Eu não abandonarei a legalidade". Ao que o piedoso cardeal sem dúvida teria acrescentado: "Quando a legalidade se tornar militar, nós abençoaremos a legalidade militar".

* * *

PRIMEIRA PARTE

Vocês abençoam, seja. Então será preciso escolher entre governar e benzer. As democracias não trazem felicidade a vocês. E, no entanto, nenhum de vocês ignora que o jogo natural da democracia põe de maneira alternada, no poder, o mais forte ou o mais astuto. Se vocês possuíssem o sentido da ironia – ou seja, um pouco menos de orgulho –, cairiam na gargalhada ao assistirem a vocês mesmos presidindo, com feições constritas e abençoantes, um jogo tão brutal como o pôquer de ases. Tão brutal que sua unção não bastaria para seguir seu ritmo feroz.

Enquanto, com um sorriso envolvente, vocês rascunham os textos que consagram a indiscutível legitimidade do mais forte, o mais astuto já está no poder, e olha para vocês com um olhar tão singular que vocês têm que correr o mais rapidamente para a biblioteca, a fim de extrair dos mesmos textos uma apologia da astúcia, que vocês virão solenemente pôr entre as mãos do mais forte, tornado novamente legítimo na sua ausência. Por que diabos – ah, sim, por que diabos! – insistir em fazer regularizar pelo prefeito e pelo padre colagens feitas à noite, ou na mesma hora? Acredito ser, há pouco, inventor de uma verdadeira constituição democrática, própria para poupar as forças e o tempo dos casuístas. Graças ao desenvolvimento do maquinário, e à semana de seis horas, os cidadãos mudariam de autocrata a cada final de sábado. Os teólogos redigiriam suas conclusões na noite, de modo a que os militares e funcionários pudessem, durante a grande missa paroquial, jurar sobre os Santos Evangelhos, com a consciência segura, fidelidade eterna ao soberano hebdomadário. Resta, é verdade, a questão da bandeira. A fim de economizar os custos e substituir facilmente esses emblemas sagrados, eu proporia empregar simplesmente o papel de arroz com o qual os chineses fazem lenços.

Pelos mesmos motivos, parece-me preferível não exigir dos mesmos especialistas uma definição de Guerra Santa – a Universidade de Paris já discutira a coisa com Joana d'Arc, e esses doutores, misericordiosos por condição, logo empregaram os grandes meios. Não podendo condenar ao fogo os escritos da pastorinha – que, aliás, não sabia escrever –

eles acabaram queimando a própria, como os extremistas espanhóis queimam as igrejas. Piedade para os incendiários!

....
....

Revejo essa brilhante manhã de domingo. O mar, o doce mar palmesano, não apresentava uma dobra. O caminho que, partindo da aldeia de Porto-Pi, vem desembocar na estrada, ainda estava cheio de sombras azuis. Como no penúltimo capítulo de *Diário de um Pároco de Aldeia*,[4] a alta moto vermelha, toda brilhante, roncava debaixo de mim como um pequeno avião. Eu a parei dois quilômetros adiante, diante de uma bomba de gasolina. A porta de ferro da garagem estava levantada pela metade: "O senhor não vinha à cidade, esta manhã, não é?", perguntou-me o frentista. — Mas sim. Até Sant'Eulália, para a missa de sete horas. — "Volte para casa, há combates lá." Somente então percebi que a estrada estava vazia. Vazia também a rua 14 de abril. Embaixo de Terreno, essa rua vira bruscamente, e nos encontramos na entrada do interminável cais reservado aos barcos de pesca, ao longo dos velhos muros de proteção em que viram a tremular as bandeiras sarracenas. "Alto!" Ainda ouço o chiar crescente dos freios no silêncio solene. Havia cinco ou seis homens à minha volta, pingando de suor, fuzil na mão. "Não faça besteira", digo-lhes em meu espanhol impagável, "sou o pai de Ifi." — Esconda-se, senhor, não fique no campo de tiro!, gritava de longe um tenente da Falange. Seus homens ocupavam a parte baixa da rua, perfilados atrás das árvores... O campo de tiro?... Ao final, bem no fim do imenso cais desmedidamente vazio, a uma distância que jamais me parecera tão grande (ela nunca mais me pareceu tão grande, depois), eu via aberto como uma enorme goela o portão do regimento de cavalaria. "Meu pobre amigo", disse eu ao tenente, "o senhor não aguentará contra a tropa com o que o senhor tem aí." (O exército republicano não me

---

[4] Trad. Edgar de Godoi da Mata-Machado. São Paulo, É Realizações, 2011. (N. T.)

inspirava nenhuma confiança, confesso. Eu temia que ele não evitasse um novo perjúrio.) "Os soldados estão conosco", disse o tenente.

* * *

Se aproveitei alguma coisa de minhas experiências da Espanha, é que acredito tê-las abordado sem qualquer posição tomada. Ainda que de natureza pouco fina, no sentido que dão a essa palavra os cânones diplomáticos, não sou ingênuo. Jamais fui tentado, por exemplo, a tratar como "Leais" os republicanos da Espanha. Sua lealdade, assim como a de seus adversários, era certamente condicional. Em matéria de lealdade, como diria Céline, posso colocar todas essas pessoas lado a lado. Suas combinações políticas não me interessam em absoluto. O Mundo precisa de honra. É de honra que carece o Mundo. O Mundo tem tudo o que lhe falta, e não usufrui nada porque lhe falta honra. O Mundo perdeu a autoestima. Ora, nenhum homem de bom senso terá jamais a ideia bizarra de aprender as leis da honra em Nicolau Maquiavel ou Lênin. Também me parece idiota ir pedi-las aos Casuístas. A honra é um absoluto. O que tem ela em comum com os doutores do Relativo?

Os republicanos espanhóis não mostraram qualquer escrúpulo em se servir, outrora, contra a Monarquia, de generais traidores. Que esses traidores os traiam, por sua vez, não considero que isso seja um mau exemplo. Eu não tinha nenhuma objeção de princípio a formular contra um golpe de Estado falangista ou requerido. Eu acreditava, ainda acredito saber qual a parte legítima, a parte exemplar das revoluções fascista, hitlerista ou mesmo stalinista. Hitler, Stálin ou Mussolini compreenderam perfeitamente que somente a ditadura daria conta da avareza das classes burguesas, avareza que se tornara, aliás, sem objeto, pois as infelizes se apegam a privilégios esvaziados de toda moela nutritiva, elas correm o risco de morrer de fome sobre um osso tão cheio de substância quanto uma garrafa de marfim. Não é o uso da força que me parece condenável, mas sua mística; a religião da Força posta a serviço do Estado totalitário, da ditadura da Salvação Pública, considerada não como meio, mas como fim.

Certo, minhas ilusões sobre o empreendimento do general Franco não duraram muito tempo — algumas semanas. Enquanto elas duraram, eu me esforcei honestamente em vencer a aversão que me inspiravam alguns homens e certas fórmulas. Para dizer tudo, não me desagradou a chegada dos primeiros aviões italianos. Quando, prevenido por um fiel amigo romano do perigo que corria minha família, e particularmente meu filho, em caso de um brusco avanço dos milicianos catalães desembarcados em Porto Cristo, o cônsul da Itália veio me informar cortesmente da solicitude de seu governo, eu lhe agradeci calorosamente, ainda que ele chegasse demasiado tarde, que eu já tinha me decidido a não pedir nem receber qualquer serviço. Em suma, eu estava preparado para qualquer violência. Eu sei o que são as violências exercidas por violentos. Elas podem revoltar quem as observa com sangue-frio, elas não aquecem o coração. Eu não ignorava aquilo de que seriam capazes jovens de quem eu era amigo, se eles se encontrassem diante de adversários decididos. Eles só encontraram diante de si uma população territorializada. Essa população maiorquina sempre se destacou por uma grande indiferença em relação à política. Na época dos *carlistas* e dos *cristinos*, George Sand nos informa que se apanhava a mesma quantidade de fujões de ambos os partidos. Foi devido a essa circunstância, aliás, que a dupla de vagabundos não encontrou asilo em Palma. A sublevação da Catalunha, todavia tão próxima, em 1934, não despertou ali qualquer eco. Pelo testemunho do chefe da Falange, não se encontrariam na ilha cem comunistas realmente perigosos. Onde o partido os teria recrutado? É um país de pequenos verdureiros, uma região de oliveiras, de amêndoas e de laranjas, sem indústria, sem fábricas. Meu filho percorreu durante um ano as reuniões de propaganda sem que ele ou seus camaradas trocassem com seus adversários algo mais grave do que alguns socos. Eu afirmo, afirmo pela honra que ao longo dos meses que precederam a guerra santa, não se cometeu na ilha nenhum atentado contra as pessoas ou contra os bens. "Matava-se na Espanha", vocês dirão. Cento e trinta e cinco assassinatos políticos entre o mês de março e o mês de julho de 1936. Seja. O terror de direita conservou então o caráter de uma revanche, feroz mesmo, cega, estendida aos inocentes, aos criminosos e seus cúmplices. Na ausência de atos criminosos, só pode ter se tratado, em Maiorca, de uma depuração preventiva, um extermínio sistemático dos suspeitos. A maior parte das condenações legais efetuadas pelos tribunais militares maiorquinos – eu falarei depois das execuções sumárias, mais numerosas – se limitaram a sancionar o crime de *desafección al movimiento Salvador* – desagrado em relação ao movimento salvador – traduzindo-se por meio de palavras ou mesmo gestos. Uma família de quatro pessoas, de excelente burguesia, o pai, a mãe e os dois filhos, com idades de 16 e 19 anos, foi condenada à morte com base em certo número de testemunhas que afirmavam tê-los visto aplaudir, em seu jardim, a passagem de aviões catalães. A intervenção do cônsul americano, aliás, salvou a vida da mulher, originária de Porto Rico. Talvez vocês me digam que os dossiês de Fouquier-Tinville apresentam muitos exemplos de semelhante concepção da justiça revolucionária. É precisamente por isso que o nome de Fouquier-Tinville é um dos mais odiosos da história.

* * *

É possível que esta última observação magoe grande número de boas pessoas que não descobrem no espelho nenhuma semelhança com Fouquier-Tinville. Eu lhes aconselho a desconfiar de si mesmas. Nunca desconfiamos o suficiente de nós mesmos. Vinte dias de núpcias inocentes em Montmartre não bastam para ressuscitar, às vezes, em determinado quinquagenário vivendo de rendas em Quimper ou em Landerneau, o adolescente vicioso no qual ele não pensava havia tantos anos, que ele acreditava morto? O quê? Vocês julgam verossímil a humanidade burguesa dos romances de François Mauriac e acreditam que o odor do sangue possa um dia subir à cabeça dessas pessoas? No entanto, eu vi coisas estranhas. Uma moça de 35 anos, pertencente à inofensiva espécie que se chama de *beata*, vivendo tranquilamente em sua família, após um noviciado interrompido, consagrando aos pobres o tempo que ela não passa na igreja, bruscamente dá mostras de um terror nervoso incompreensível, fala de possíveis represálias, recusa-se a sair sozinha. Uma amiga muito querida, que não posso nomear, tem compaixão por ela e, no desígnio de confortá-la, acolhe-a em casa. Algum tempo depois, a devota decide reencontrar sua família. Na manhã do dia estabelecido para a partida, sua caridosa anfitriã a interroga afetuosamente: "Vejamos, minha filha, o que você pode temer? Você é uma verdadeira ovelha do bom Deus, quem seria suficientemente mau para querer a morte de uma pessoa tão perfeitamente inocente quanto você? – Inofensiva? Vossa Graça não sabe. Vossa Graça me acredita incapaz de prestar serviço à Religião. Todos pensam como Vossa Graça, não desconfiam de mim. Pois bem, Vossa Graça pode se informar. Eu fui responsável pelo fuzilamento de oito homens, madame...". Sim, certo, tive a oportunidade de ver coisas curiosas, estranhas. Conheço, em Palma, um rapaz de boa raça, o mais afável, mais cordial, outrora amado por todos. Sua pequena mão de aristocrata, gentilmente moldada, carrega em sua palma o segredo da morte de talvez cem homens... Uma visitante entra um dia no salão desse cavalheiro, percebe sobre a mesa uma rosa magnífica.

– Você admira essa rosa, querida amiga?
– Sem dúvida.
– Você a admiraria ainda mais se soubesse de onde ela vem.
– Como posso saber?
– Eu a apanhei na cela de Mme. M..., que nós executamos hoje de manhã.

* * *

PRIMEIRA PARTE

Oh! Com certeza, Paul Claudel, por exemplo, considerará que essas verdades não devem ser ditas, que correm o risco de fazer mal às pessoas honestas. Acredito que o supremo serviço que posso prestar a estas últimas será precisamente adverti-las contra os imbecis ou canalhas que exploram hoje, com cinismo, seu grande medo, o Grande Medo dos Bem-Pensantes. Pequenos miseráveis que vemos brotar como cogumelos sobre o desespero das classes dirigentes demissionárias, e cujo abjeto e ridículo caso do CSAR denuncia o mofo crescente, sussurram entre si a palavra de ordem da próxima carnificina: "Chega de escrúpulos. Salvemos nossa pele!". As classes dirigentes já cometeram muitas injustiças. Eu gostaria que elas o reconhecessem antes de se lançar por trás de um estado-maior de aventureiros, numa briga na qual têm uma pequeníssima chance de salvar suas peles e seus bens, mas com certeza, em contrapartida, grande chance de perder sua honra. Minha franqueza as compromete? Seja. Ela jamais as comprometerá tanto quanto elas comprometeram a si mesmas, declarando-se abertamente solidárias de uma repressão suspeita, da qual o mínimo que podemos afirmar é que ainda ignoramos quem se beneficiará dela, a Espanha ou um país estrangeiro.

Pois, enfim, eu quero que elas tenham razão, que, incapazes de seguir a grande aventura atrás de um Mussolini ou de um Hitler, dispondo somente de políticos obscuros ou de valentões sem cérebro, tenham decidido se virar sozinhas ao menor custo, constituir uma caixinha destinada à compra de alguns ajudantes gerais encarregados da depuração de meu país, provavelmente já demasiado abundante de homens; a primeira precaução desses Maquiavéis não deveria ser de manter seu objetivo em segredo? "Mas elas jamais tiveram esse objetivo!" Eu penso. Então elas conseguiram perfeitamente fazer pensar o contrário. Elas até gastaram muito dinheiro com isso. Imagino muito bem o diálogo entre algum solene imbecil representando as classes dirigentes demissionárias e os diretores de jornais de direita que ele reuniu em seu escritório: "Senhores, somos ignorados! A imprensa de esquerda conduz contra nós uma campanha de calúnias. Enquanto sempre nos afirmamos partidários da união das classes no respeito indefectível da Lei, dizem que estamos prontos a defender nossos modestos privilégios por meio da violência. Criados na religião do sufrágio universal, as pessoas de Moscou nos acusam de pactuar com a ditadura. Fanáticos da liberdade de consciência, pretendem nos acusar de reabilitar a Inquisição. Fiéis leitores de Eugène Sue, contrataríamos envenenadores, como os jesuítas denunciados por esse grande escritor. Antigos combatentes e patriotas, seríamos capazes de romper a fraternidade sagrada das trincheiras. O que digo, senhores! Nacionalistas, ou melhor ainda, nacionais, nacionais como o palácio de Versalhes ou a Legião de Honra, nós pactuaríamos com o estrangeiro, nós nos armaríamos às suas custas, aceitaríamos lutar a seu lado contra nossos irmãos! Miseráveis chegam até mesmo a difundir o boato de que faríamos de bom grado fuzilar os operários franceses pelos salafrários de Abd el-Krim? Senhores, é tempo de reagir. Comecem imediatamente, em nome das classes dirigentes demissionárias, que tenho a honra de representar, uma campanha de grandes repercussões em favor do general Franco, que faz exatamente o que nos acusam de querer fazer. Uma espada de honra a esse militar não seria demais. Os realistas prometeram nos forjar uma cópia da de Henrique IV, mas esse monarca, Pacificador dos Franceses, poderia não nos comprometer suficientemente. Sabemos, por outro lado, que as polícias espanhola e italiana montam uma gentil iniciativa de provocação chamada CSAR. Quando essas polícias queimarem seus agentes, o que naturalmente não demorará, atenção! Não cometam a gafe de tirar nosso peão do jogo! Afirmem toda manhã que os fascistas não existem, ninguém duvidará que eles sejam dos nossos. Nossas classes dirigentes demissionárias não podem perder uma ocasião tão boa para bater o recorde de impopularidade. Acrescento que uma carta coletiva do episcopado francês em favor do CSAR, baseada naquela dos bispos espanhóis, não seria mau também. Em suma,

PRIMEIRA PARTE

senhores, coragem, vão com firmeza e, uma vez que não constitui hábito, não nos importaremos com o preço".

* * *

As direitas espanholas não foram tão idiotas, justiça lhes seja feita. Vocês me dirão que elas não tiveram tempo de refletir. Será que vocês me tomam por imbecil? Das eleições de março ao *pronunciamiento* de 19 de julho conto três meses e meio. Uma criança compreenderia que doze infelizes semanas não teriam certamente bastado para a organização de uma revolta da guarda civil e do exército. A menos que vocês pensem que o general Franco tenha se contentado em avisar seus cúmplices com um telegrama: "Minha revolta amanhã. O que decidem?". Um telegrama aberto, é claro, com resposta paga. Quanto a Mussolini ou Hitler, sem dúvida eles foram avisados por telefone, das Canárias, sobre o dia do assassinato de Calvo Sotelo![5] Quero crer que o episcopado tenha sido mantido até o último minuto na ignorância do que preparavam tantos personagens que lhes eram familiares, e que parecem decididamente não ter tido muita confiança na discrição de Suas Senhorias. Por que, aliás, elas se defenderiam de ter ajudado de antemão, por meio de seus votos e preces, um empreendimento de guerra santa, *nuestra santa guerra*? Onde estaria o mal?

Não, as direitas espanholas não foram tão idiotas. Até o último minuto, afirmaram-se inimigas de toda violência. Convencida a purgar seus adversários com óleo de rícino, a Falange ainda passava, em 19 de julho de 1936, por tão condenável que, tendo sido morto um jovem falangista de dezessete anos, chamado Barbara, quase sob meus olhos, na manhã mesma do golpe de Estado, o personagem que as convenções me obrigam a chamar de Sua Excelência o bispo de Maiorca, após haver longamente hesitado em conceder as obséquias religiosas a esse

---

[5] José Calvo Sotelo (1893-1936) foi político e jurista espanhol de direita. Ministro das Finanças entre 1925 e 1930, foi assassinado em 1936 por forças socialistas, em episódio apontado como desencadeador da guerra civil espanhola. (N. T.)

violento – quem com a espada fere pela espada perecerá –, contentou--se em proibir a seus padres de se apresentar ao ofício com paramentos. Seis semanas após, levando meu filho, de motocicleta, de volta para o *front*, encontraria o irmão da moça estendido sobre a estrada de Porto--Cristo, já frio, sob uma mortalha de moscas. Na véspera, duzentos habitantes da pequena cidade vizinha de Manacor, considerados suspeitos pelos italianos, tinham sido tirados de seus leitos, em plena noite, conduzidos por fornadas ao cemitério, abatidos com uma bala na cabeça e queimados em um monte um pouco adiante. O personagem que as convenções me obrigam a qualificar de Arcebispo enviara um de seus padres, o qual, os sapatos mergulhados no sangue, distribuía as absolvições entre dois disparos. Não insisto muito sobre os detalhes dessa manifestação religiosa e militar, a fim de poupar, na medida do possível, a suscetibilidade dos heroicos contrarrevolucionários franceses, evidentemente camaradas daqueles que vimos, eu e minha mulher, fugir da ilha desde a primeira ameaça de uma invasão hipotética, como covardes. Observo simplesmente que esse massacre de miseráveis sem defesa não produziu uma palavra de censura, nem mesmo a mais inofensiva reserva das autoridades eclesiásticas, que se contentaram em organizar procissões de ações de graças. Vejam, a mínima alusão ao óleo de rícino teria sido julgada, agora, inoportuna. Fizeram-se obséquias solenes ao segundo da família dos Barbara, e a cidade tendo decidido dar a uma rua o nome dos dois irmãos, a nova placa foi inaugurada e benzida pelo personagem que as convenções continuam me obrigando a chamar de Sua Excelência o arcebispo de Palma.

* * *

É certo que essas verdades escandalizarão um pequeno número de almas sinceras. Porém, as infelicidades que anuncio as escandalizarão cem vezes mais. A Cruzada dura já cerca de dois anos, penso que não me acusarão de ter tido muita pressa em tentar desenhar seu verdadeiro rosto, aquele que vi, não outro. Não foram os apologistas que

PRIMEIRA PARTE

se apressaram? O mero fato de que ela se prolongue não prova que eles ignoraram seu verdadeiro caráter? Há quinze meses, a dar ouvidos ao pobre pau-mandado do jornalismo que é, por exemplo, o Sr. Héricourt, os aviões do Sr. Pierre Cot deteriam sozinhos o extermínio fulminante de um punhado de ladrões de igreja, os quais, aliás, à primeira rajada de metralhadora, fugiam como lebres – *conejos*. De onde se dá que os esforços conjugados da Alemanha e da Itália não tenham ainda obtido esse sucesso decisivo que o general Queipo anunciava toda noite em sua fala? "É então porque a Espanha estava mais gangrenada do que pensávamos. – Seja. Não é a mesma Espanha que, em 1934, concedia à sua Ceda[6] católica uma maioria no Tribunal? Vocês recuam, então, em vez de avançar? – Tememos que sim. – Então os seus métodos não valem grande coisa." Se for verdade que uma operação tão sangrenta ainda não forneceu a este infeliz país um cristão a mais, não teria eu razão em adverti-los contra os escritores italianos de língua francesa que nos incitam a, também nós, iniciarmos uma cruzada, atrás de chefes que se assemelham, como irmãos, aos iniciadores do *Movimiento*? Mas não se trata de um cristão a mais ou a menos. Temo o pior. Temo bem pior. Temo o pior para a Igreja. O episcopado espanhol, evidentemente, acreditou ter levado a melhor após a tomada de Bilbao. Terá ele se enganado, ou não? Se Suas Senhorias tivessem me interrogado, nesse momento, eu lhes teria respondido: "Desconfiem. Sempre haverá tempo. Sempre haverá tempo de aliar-se. Outrora, as pessoas da Igreja temiam se comprometer com as monarquias diante das poderosas repúblicas. Hoje, são as democracias que correm o risco de comprometê-las em face das ditaduras. Os Reis não mostraram, em sua época, muito rancor. Eu me pergunto se as democracias também serão boas filhas. Os povos não compreendem a ironia".

* * *

---

[6] Ceda: Confederação Espanhola de Direitas Autônomas, fundada em 1933 por Ángel Herrera Oria e José María Gil-Robles. (N. T.)

O Terror revolucionário na Espanha não apresenta nenhum novo problema. É claro que na Catalunha, por exemplo, a sublevação da polícia e do exército abriu espaço para os assassinos. Imaginem que o governador militar de Paris assuma a liderança de um movimento insurrecional. Se o Sr. Chautemps, para se defender, cometesse a imprudência de armar os homens de rua, de que forças regulares ele disporia, uma vez reprimida a sedição, contra esses perigosos colaboradores? A canalha é o que é. Nós a conhecemos há muito tempo. "Trata-se de vencê-la." Sem dúvida alguma. Mas vocês não podem reprimi-la como quiserem. Pois vocês representam a Ordem e o Estado. Nem a Ordem nem o Estado pertencem a vocês. Eles são legados daqueles que não estão mais aqui, patrimônio dos que ainda não estão. Não é a casa de vocês que vocês habitam, é a casa comum, abençoada por Cristo. Se vocês a demolirem, sob pretexto de enterrar sob os escombros aqueles que a pilham, onde dormirão suas crianças? Essas considerações parecerão a vocês inspiradas por um idealismo insensato, eu temo. Tanto pior para vocês! Elas deveriam ser familiares aos realistas franceses, se eles não tivessem se tornado intelectuais medíocres, argumentadores insuportáveis. Tanto pior para eles! Esse respeito de nossos Príncipes em relação ao velho domínio dos avós, sua timidez em defendê-lo contra seu povo, esse olhar do dia da abdicação, esse olhar amoroso e calculista, esse olhar do proprietário legítimo lançado no último momento sobre tantas coisas preciosas, frágeis, que se prefere abandonar a correr o risco de vê-las destruídas, foi em Maiorca que compreendi o sentido disso. "Não somos tão idiotas assim!", pensarão os jovens e grosseiros realistas da nova geração maurrassiana.

* * *

A quem me censura questionar as pessoas da Igreja que já pagaram com tanto sangue seus erros e faltas, eu poderia responder que é difícil adverti-los de outro modo contra esses erros e faltas. É fácil dizer hoje que a Santa Inquisição não passava de uma organização política a serviço dos reis da Espanha, mas o mais ousado bem-pensante concordará que os contemporâneos jamais pensaram nisso. Se eu tivesse, no século XVI, sustentado essa tese na ilustre Universidade de Salamanca, por exemplo, teriam me tratado como espírito perigoso, e talvez eu fosse queimado. Suponham que a Cruzada dê errado. Vocês lerão numa futura história da Igreja que a carta coletiva do Episcopado espanhol foi apenas um excesso de zelo de Suas Senhorias, uma lamentável falta de habilidade, que não envolve de modo algum os princípios. Por escrever a mesma coisa no presente vou atrair a desaprovação de Paul Claudel. Pois bem! Estou cheio dessas bobagens. Quem sabe? Talvez o autor da futura história da Igreja utilize um dia estas modestas páginas para apoiar sua argumentação, provar que essas pessoas não tinham a seu favor a opinião católica unânime.

* * *

O que vocês querem que eu diga? O Terror me parece inseparável das revoluções de desordem, pois entre as forças de destruição, é o Terror que vai mais longe, que penetra mais à frente, atinge a raiz da alma. Quando vejo aflorar com esse ácido um membro, mesmo que gangrenado, da Cristandade, tenho o direito de afirmar que vocês a queimarão toda, até a última fibra, até o germe. Ó! Tampouco eu, assim como vocês, estou acima das paixões! Eu as desafio o mínimo possível, com medo de que elas me devorem. Apenas, eu as chamo pelo nome, eu as nomeio. Compreendo muito bem que o espírito do Medo e o espírito da Vingança – mas o que é esta senão a manifestação última do Medo? – inspiram a Contrarrevolução espanhola. Que semelhante espírito tenha me inspirado, isto não me surpreende em absoluto. Que ele a alimente por tanto tempo, eis o problema. Escrevo, em linguagem clara, portanto, que o Terror teria há muito tempo esgotado sua força se a cumplicidade mais ou menos confessa, ou mesmo consciente, dos padres e dos fiéis não tivesse finalmente conseguido lhe conferir um caráter religioso.

* * *

Escrevo estas linhas sem a menor preocupação em maravilhar ou convencer. Não me gabo de modo algum de dar a outrem uma lição de sabedoria, não tendo eu mesmo conseguido conduzir de maneira irretocável minha pobre vida. Não trago um plano de reorganização meditado entre meu cachimbo e meu prato de sopa. É verdade que o espetáculo da injustiça me deprime, e é provavelmente porque ele desperta em mim a consciência da parte de injustiça de que sou capaz. Se fosse de outro modo, eu tentaria atingir a paz, a exemplo dos santos, nossos padres, o advento do reino de Deus. Sim, eu aceitaria a injustiça, toda a injustiça, bastaria que eu tivesse força para isso. Tal como sou, só poderia aceitá-la por covardia, com licença para condecorá-la com um nome vantajoso, o de ceticismo, por exemplo, pois não me acredito capaz de ousar profanar o nome divino de Caridade. Se me ocorrer pôr em questão a Igreja, não é no ridículo desígnio de contribuir para reformá-la. Não acredito que a Igreja seja capaz de se reformar humanamente, pelo menos no sentido que o entendiam Lutero e Lamennais. Eu não a desejo perfeita, ela está viva. Semelhante ao mais humilde, ao mais destituído de seus filhos, ela vai a passos trôpegos deste para o outro mundo; ela comete erros, os expia, e quem quiser desviar um pouco os olhos de suas pompas, a ouvirá orar e soluçar conosco nas trevas. Então, por que colocá-la em questão? É porque ela está sempre em questão. É dela que tenho tudo, nada pode me atingir a não ser por seu intermédio. O escândalo que provém dela me feriu no mais vivo da alma, na raiz mesma da esperança. Ou antes, não há outro escândalo senão aquele que ela oferece ao mundo. Eu me defendo contra esse escândalo pelo único meio de que disponho, esforçando--me para compreender. Vocês me aconselham a virar as costas? Talvez eu pudesse fazê-lo, de fato, mas não falo em nome dos santos, falo em nome das boas pessoas que se assemelham a mim como irmãos. Vocês têm a guarda dos pecadores? Pois bem, o mundo está cheio de miseráveis que vocês decepcionaram. Ninguém pensaria em lançar à face de vocês semelhante verdade, se vocês consentissem em reconhecê-la, humildemente. Eles não censuram as suas faltas. Não é com elas que eles se incomodam, mas com o orgulho que vocês têm. Vocês responderão, sem dúvida, que, orgulhosos ou não, vocês dispõem dos sacramentos por meio dos quais se tem acesso à vida eterna, e que vocês não os recusarão a quem se encontrar em estado de recebê-los. O resto só diz respeito a Deus. O que vocês querem mais? – dirão vocês. – Pois bem, gostaríamos de amar.

4

Sim, se eu tivesse voltado da Espanha com disposições de panfletário, teria me apressado em apresentar ao público uma imagem da guerra civil capaz de revoltar sua sensibilidade, ou talvez sua consciência. Infelizmente, o público ama os horrores, e quando se quer falar à sua alma, é preferível não fornecer o Jardim dos Suplícios como referência para esse encontro, sob pena de ver nascer, aos poucos, nos olhos sonhadores, algo bem diferente de um sentimento de indignação, ou mesmo de um sentimento, simplesmente... Retirem a mão do bolso, meus filhos!

Devo dizer, também, que após três anos passados no exterior, eu encontrava meu país tão profundamente dividido contra si mesmo que, literalmente, não o reconhecia mais. A primavera de 1937 foi sem dúvida uma das mais trágicas primaveras francesas, uma primavera de guerra civil. As rivalidades políticas cediam aos ódios sociais, numa atmosfera intolerável de perplexidade recíproca. O Medo! O Medo! O Medo! Foi a primavera do Medo. É preciso que as forças da vida sejam muito poderosas para que as castanheiras tenham florescido, apesar de tudo, nesse ar nauseabundo. Não reconheço nem mesmo os rostos. "Acabar com isso, e agora!", balbuciavam as pessoas pacíficas. Eu poderia traduzir essa máxima familiar em espanhol. "Eles ou nós!" Assim se desafiavam, por cima das velhas torres de Notre-Dame, o burguês de Auteuil ou de Passy, o proletário de

Ménilmuche, que de resto se acotovelavam todos os dias nos canteiros da Exposição, encharcados pela chuva.

Eu não tinha nada a dizer às pessoas de esquerda. Era às pessoas de direita que eu desejava falar. Acreditei inicialmente que isso fosse fácil. E, de início, eu os julgava mal informados. Ora, eles estavam tão bem informados quanto eu. "Os italianos na Espanha? Tanto melhor! Nunca é demais! – Os alemães também? Perfeito. – As execuções sumárias? Excelente. Sem sentimentalismo! – Mas os jornais de vocês que... – Nossos jornais dizem o que é preciso dizer. Espero que você não vá falar disso, afinal? Você não fará o jogo do Sr. Jouhaux, não? Imaginem que um serralheiro da Exposição recebe mais de cem francos por dia! Sim, senhor." O que eu diria? Não tinha muito a dizer, aliás. Eu gostaria de dizer simplesmente: "Antes vocês detestavam até mesmo a palavra violência. Vocês se preparam para a Revolução. Desconfiem. O fascismo e o hitlerismo propõem a vocês modelos de revolução. Duvido que vocês possam aproveitá-la, pois ela não parece servir muito aos interesses da sua classe, assim como seus hábitos ou preconceitos. Os senhores Mussolini e Hitler são o que são. Mas não são dos seus. Cá entre nós, eles não gostam de vocês. Além disso, eles possuem honra. Duvido que algumas de suas atitudes sociais lhes sejam muito simpáticas, que eles permitiriam aos pequenos comerciantes, por exemplo, elevar continuamente os preços de suas mercadorias, ao mesmo tempo que pretendem, em nome do interesse nacional, condenar o princípio do aumento proporcional dos salários, considerado desastroso para nossas finanças. Duvido que eles deixassem vocês atuarem contra sua própria moeda, enquanto vocês instam o Sr. Jouhaux a manter entre suas tropas o espírito de desinteresse patriótico. Em suma, duvido que os Verdureiros varejistas, cujo banquete corporativo foi presidido outro dia pelo Sr. Gignoux, afirmando que a abnegação desses senhores estava em vias de salvar a Europa, ficariam muito bem diante de uma revolução hitlerista ou fascista. (Que eles vejam por si mesmos! Que se deem conta disso!) – Mas enfim, teria eu prosseguido, ignoro sobre que modelo de revolução vocês fixarão sua escolha. Vi precisamente a espécie de revolução mais perigosa para vocês, aquela que vocês não deveriam fazer. Vocês gostam de dizer, em um tom que eu conheço, diante de certas fraquezas das pessoas da sua classe: "Há coisas que *não se fazem*". Pois bem, a revolução que acabo de ver é uma dessas coisas. O mundo não aceitará um Terror clerical, burguês ou militar. Fosse ele cem vezes justificado, a seus olhos, pela ameaça do outro Terror, não estamos mais aqui no terreno da Moral, o que querem que eu diga? Estamos no terreno da História. Vejo aí uma fatalidade histórica contra a qual vocês irão quebrar a cara.

* * *

Minhas razões valem o que valem. Eu gostaria que elas bastassem por si mesmas. Qualquer um que tenha refletido por um momento sobre a situação atual dos partidos bem-pensantes, tal como os incidentes do processo La Rocque o mostraram, sobre o espírito das tropas, sobre a qualidade de seus chefes, e se recuse a compreender que lhes falta ainda os primeiros elementos necessários para uma verdadeira restauração nacional, que um golpe que se faça em semelhantes condições não resultaria na criação de uma nova ordem, mas na consolidação da ordem atual, com todas as suas taras, graças ao fuzilamento ou à exposição dos "Descontentes", dos "Maus espíritos" – qualquer um que se recuse a admitir que, se não faltam bons franceses, eles não possuem nem quadros nem doutrina, que seu primeiro dever é de se reencontrarem, de se reconhecerem, de romper toda solidariedade com interesses e políticos cuja pressa deveria bastar para assegurar o serviço e que os comprometam tão gravemente em relação a adversários de boa-fé que é preciso esperar, que é preciso tocar, aos quais é preciso se aliar custe o que custe – a todo preço –, custe o que custe, pois senão custaria a França; qualquer um que suporte que miseráveis escritores fracassados deem a nossas lutas sociais o caráter de uma guerra religiosa, de uma guerra da civilização contra a barbárie, acomodam na segunda os proletários que se envenenam no botequim, e na primeira o botequim opulento que os envenena, este, digo eu, não tem o que fazer com as linhas que se seguem. Não apelo à piedade de ninguém. Sei perfeitamente que, no século XVI, que se assemelha ao nosso, eu teria em vão chamado a atenção dos membros da Santa Liga, defensores de Guise,[1] para suas próprias injustiças, certo de antemão de que eles não se oporiam às injustiças huguenotes, suas tratativas com a Espanha, que eles teriam acreditado justificadas por aquelas das pessoas da Reforma com a Inglaterra – e contudo, alguns anos depois, huguenotes e membros da Liga caíam nos braços uns dos outros, e sem Maria de Médicis e o assassino Concini, todos os franceses, atrás de Henrique IV, arrancariam os Países Baixos aos mercenários do Escorial,[2] faziam do nosso país o dono da Europa. Sim, eu me disse isso. Ainda me digo tudo isso. Acredito mesmo que, se as circunstâncias tivessem me conduzido à Península, semelhante ampliação do campo visual talvez tivesse me desencorajado a tirar partido de minhas experiências. Mas a espécie de Terror de que eu falava há pouco, eu o observei numa pequena ilha, que pode ser facilmente percorrida de motocicleta em um só dia, em uma só etapa. É um pouco como se a Espanha nacionalista, apressadamente explorada por repórteres, reduzida a uma escala conveniente, se reunisse ao alcance da mão. Vocês me dirão que o Terror pôde assumir ali um caráter mais cruel. Não creio. Repito uma vez mais que o Terror não era provocado por outro Terror, e o maiorquino jamais passou por cruel, como o andaluz, por exemplo, ou o asturiano. Nesse cenário restrito, pude me aproximar de todos os personagens. No mesmo

---

[1] No original, "*ligueurs guisards*". Trata-se dos membros da Liga Católica, ou Santa Aliança, fundada pela família de Guise, e que influenciou os acontecimentos que resultaram no massacre da Noite de São Bartolomeu (24 de agosto de 1572) e nas guerras de religião contrapondo huguenotes e católicos. (N. T.)

[2] O palácio do Escorial é a residência oficial da família real da Espanha. (N. T.)

olhar, eu via o gesto que comanda e aquele que executa, os chefes e os comparsas. Falei a uns e outros. Ouvi suas justificativas, partilhei às vezes de seu remorso. A ideia que faço deles, passados tantos meses, permanece humana, assim acredito.

* * *

Se a palavra Terror parece muito forte para vocês, procurem outra, o que me importa? É possível que vocês lhe confiram o sentido de cisma, que ela evoque para vocês incêndios, casas desabando, cadáveres lacerados pelo populacho. Ora, o Terror de que falo não poderia fornecer nenhuma dessas imagens, precisamente porque aqueles que o organizam são pessoas para quem a ordem na rua é uma necessidade absoluta. É pueril representar-se um assassino sob o aspecto de um arruaceiro de melodrama. Maximilien Robespierre era um burguês bem apessoado, deísta e moralista. Estejam certos de que ele teria preferido a colaboração de burgueses como ele à dos revolucionários desencavados por Danton. Se ele dispusesse de um exército disciplinado, de uma polícia intacta, de uma magistratura regular, de um clero dócil, de uma administração laboriosa, ele teria matado a mesma quantidade de pessoas, ele teria mesmo matado mais, sem que o serviço das diligências, dos correios ou da prefeitura tivessem sofrido danos. É absolutamente iníquo julgar os rigores da guerra civil, em ambos os campos, pelos mesmos signos exteriores. O Terror dos Reis Católicos em Flandres derramou mais sangue do que qualquer Jacquerie.[3] O saque de uma cidade pela canalha, mesmo que custasse apenas um cadáver, será sempre um espetáculo atroz. Quando os oficiais da Marinha me visitavam em Palma, eles argumentavam com a limpeza das ruas, a organização dos trens, o que mais? "O quê! O comércio funciona, as pessoas passeiam, e você

---

[3] *Jacquerie*: insurreição camponesa no nordeste da França, no século XIV. O nome se deve ao hábito de chamar todos os camponeses pelo nome Jacques. Serve para designar revoltas camponesas em geral, desde essa época. (N. T.)

diz que nós matamos? Ora!" Eles ignoravam que um comerciante não poderia fechar sua loja sem correr risco de morte. Ignoravam também que uma administração ciumenta da moral impedia que os parentes dos executados vestissem roupas de luto. Em que diabos vocês pretendem que o aspecto externo de uma cidade seja modificado, porque o efetivo das prisões dobrou, triplicou, centuplicou, eu pergunto? E se matarem discretamente quinze ou vinte infelizes por dia, os bondes deixarão por isso de circular, os cafés de ficar cheios, e as igrejas de repicar o canto do *Te Deum*?

Quanto a mim, chamo de Terror todo regime no qual os cidadãos, subtraídos à proteção da lei, dependem para a vida ou para a morte da boa graça da polícia do Estado. Chamo ao regime do Terror de regime dos Suspeitos. Foi esse Regime que vi funcionar por oito meses. Ou, mais exatamente, precisei de dez meses para descobrir, engrenagem por engrenagem, seu funcionamento. Eu o digo, afirmo. Não exijo de modo algum que acreditem na minha palavra. Sei que tudo isso será conhecido um dia – amanhã, depois de amanhã, o que importa? O monsenhor bispo de Palma, por exemplo, sabe tanto quanto eu, mais do que eu. Sempre pensei que Nosso Santo Padre, o Papa, torturado, ao que se diz, pelo problema da guerra civil espanhola, teria muito interesse em questionar esse dignitário, submetido à fé do juramento.

O que é o Regime dos Suspeitos? Um regime no qual o poder julga lícito e normal não só agravar desproporcionalmente o caráter de certos delitos, no objetivo de submeter os delinquentes à força da lei marcial (o gesto do punho cerrado punido pela pena de morte), como ainda de exterminar preventivamente os indivíduos perigosos, isto é, suspeitos de tornarem-se tais. Para identificar esses elementos indesejáveis, convém garantir o serviço dos delatores. O regime dos Suspeitos, portanto, é também o regime da delação.

PRIMEIRA PARTE

Tudo isto é escrito branco sobre o preto. É preciso ver. É preciso compreender. Eis uma pequena ilha calma, recolhida a *suas* amendoeiras, laranjeiras, vinhedos. Sua capital não é mais importante do que uma cidadezinha qualquer de uma de nossas províncias francesas. A segunda capital, Soller, não passa de um burgo.

As cidades isoladas umas das outras, incrustadas na montanha ou disseminadas na planície, só se comunicam entre si por meio de estradas precárias, ou raras carroças, com motor rateando. Cada uma dessas aldeias é um mundo fechado, com dois partidos, o dos "Padres" e o dos "Intelectuais", ao qual se associa timidamente o dos operários. Há ainda o castelão, que só se vê nos dias de festa, aliás, mas que conhece suas cabeças, notou há muito tempo as más, em companhia do cura, seu compadre. Não importa! A gentileza dos costumes espanhóis faz que esse mundo viva em acordo, que todos dancem juntos nas noites de festa. De um dia para o outro, praticamente, cada uma dessas aldeias teve criado seu comitê de depuração, um tribunal secreto, benévolo, em geral assim composto: o burguês proprietário, ou seu administrador, o sacristão, a empregada do cura, alguns camponeses bem-pensantes e suas esposas, e enfim os jovens recrutados às pressas pela nova falange, muitas vezes convertidos de véspera, impacientes de fornecer garantias, embriagados pelo pavor que repentinamente inspiram, a pobres-
-diabos, a camisa azul e o boné com pompom vermelho.

Já escrevi, escreverei novamente. Quinhentos falangistas em 17 de julho. Quinze mil algumas semanas depois, depois vinte e dois mil. Bem longe de controlar esse recrutamento vertiginoso, a autoridade militar o favorece com todo seu poder, pois ela tem seu plano. No dia certo, a tarefa realizada, nada será mais fácil do que desarmar uma multidão cujo crescimento rompeu os antigos quadros e forneceu novos, feitos na sua medida, quadros policiais. Depois, eles serão despejados, por fornadas, na tropa. A depuração terá terminado.

Pois a depuração é a última palavra desta guerra, todo mundo sabe, ou começa a sabê-lo, ou saberá. O "*é preciso acabar com isso*" – que abjetos impostores traduzem mais ou menos assim: "*Libertemos o túmulo de Cristo!*" – nunca significou mais do que o extermínio sistemático dos elementos suspeitos. Não há por que se surpreender com isso. Esse era, em 1871, exatamente, o voto unânime da gente de Versalhes. Dois séculos antes do Terror, as mesmas fórmulas serviram para justificar o massacre das prisões depois do São Bartolomeu, que, numa carta ao papa, Catarina de Médicis compara à vitória de Lepanto (à noite, Roma já estava iluminada por fogos de júbilo). Todos os Terrores se assemelham, todos se equivalem, vocês não me farão distinguir entre eles, vi muitas coisas agora, conheço muito bem os homens, sou muito velho. O Medo me enoja em todos, e por trás das belas palavras dos massacradores, só existe ele. Só se massacra por medo, o ódio não passa de um álibi. Não acredito que Hitler ou Mussolini sejam semideuses. Mas presto simplesmente homenagem à verdade quando digo que são homens sem medo. Eles não teriam jamais tolerado organizar massacres entre eles, eles não teriam jamais presidido, em uniforme de soldado, a esses grandes Tribunais do Medo.

A depuração de Maiorca teve três fases, bem diferentes, e um período preparatório. Durante este último, observaram-se, sem dúvida, execuções sumárias, operadas em domicílio, mas que conservavam, ou pareciam conservar, o caráter de vinganças pessoais mais ou menos reprovadas por todos, e cujos detalhes eram relatados em voz baixa. Foi então que surgiu o general conde Rossi.

O recém-chegado não era, naturalmente, nem general, nem conde, nem Rossi, mas um funcionário italiano, pertencente aos camisas-negras. Nós o vimos, uma bela manhã, desembarcar de um trimotor escarlate. Sua primeira visita foi para o governador militar, nomeado pelo general Goded. O governador e seus oficiais o acolheram polidamente.

PRIMEIRA PARTE

Pontuando seu discurso com socos na mesa, ele declarou que trazia o espírito do *fascio*. Alguns dias depois, o general entrava com seu estado-maior na prisão de San-Carlos, e o conde Rossi assumia o comando efetivo da Falange. Vestido na cor negra, com o peito ornamentado por uma enorme cruz branca, ele percorreu as aldeias, pilotando ele mesmo seu carro de corrida, que se esforçavam por alcançar, numa nuvem de poeira, outros veículos repletos de homens, armados até os dentes. Toda manhã os jornais expunham essas incursões oratórias, nas quais, flanqueado pelo alcaide e pelo cura, numa estranha gíria mesclada de maiorquino, italiano e espanhol, ele anunciava a Cruzada. Certo, o governo italiano dispunha, em Palma, de colaboradores menos visíveis que esse bruto gigante, que afirmava, certo dia, à mesa de uma grande dama de Palma, enxugando seus dedos no guardanapo, que precisava de "pelo menos uma mulher por dia". Mas a missão particular que lhe fora confiada estava inteiramente de acordo com seu temperamento. Era a organização do Terror.

Desde aí, a cada noite, equipes recrutadas por ele operaram nas aldeias e até nas cidades de Palma. Onde quer que esses senhores exercessem seu zelo, a cena não mudava. Era a mesma pancada discreta na porta do apartamento confortável, ou na da cabana, o mesmo trote no jardim em sombras ou no pátio, o mesmo sussurro fúnebre, que um miserável escuta do outro lado da muralha, o ouvido colado à fechadura, o coração crispado de angústia. – "Siga-nos!" – ... As mesmas palavras para a mulher assustada, as mãos que reúnem tremendo os trapos da família, jogados algumas horas antes, e o ruído do motor que continua a roncar, na rua. "Não acordem as crianças, para quê? Está me levando para a prisão, não está, *señor?*" – "Perfeitamente", responde o assassino, que às vezes não tem nem vinte anos. Depois, é a escalada do caminhão, onde se encontram dois ou três camaradas, igualmente sombrios, resignados, o olhar vago. *Completo!* A caminhonete range, se mexe. Ainda um momento de esperança, enquanto ela não saiu da estrada. Mas eis que ela já diminui a marcha, toma balançando um caminho de terra. "Desçam." Eles descem, se alinham, beijam uma medalha, ou apenas a unha do polegar. Pan! Pan! Pan! – Os cadáveres são dispostos à beira da vala, onde o coveiro os encontrará amanhã, a cabeça estourada, a nuca repousando sobre um horrendo travesseiro de sangue negro coagulado. Digo o coveiro, porque se tomou o cuidado para fazer o que fosse preciso próximo a um cemitério. O notário escreverá em seu registro: "Fulano, fulano, fulano, mortos de congestão cerebral".

* * *

Creio ouvir uma vez mais o protesto dos leitores bem-pensantes. "Então o quê? Sempre nós? Só os nossos matam?" Não digo que são os seus. Eu os previno, com todas as minhas forças, contra os políticos, e os jornalistas que, após ter vivido por tanto tempo da tolice de vocês, de sua timidez, de sua impotência, puxam o saco do burguês francês e lhe sopram no ouvido que ele é um macho, que pode fazer seu terror como qualquer outro, quando eles sabem perfeitamente que esse Terror, longe de libertar os bem-pensantes, só pode ligar a sorte desses infelizes à escuma das nações, a única realmente capaz de realizar o Terror, seja este de esquerda ou de direita. Se eu acreditava que as pessoas de direita eram capazes de conquistar o poder pela força, não afirmo que eu os encorajaria à guerra civil, mas os políticos de esquerda me enojam há tanto tempo que eu diria, sem dúvida: "Pois bem! Meus filhos, contanto que vocês não se conduzam reciprocamente como porcos, vão!". Mas nem as pessoas de esquerda nem as de direita estão em condições de se enfrentar realmente. Eles só conseguirão encher de trabalho o grande coletor, e o esgoto começará a vomitar seu líquido nauseabundo até que o estrangeiro, julgando ter atingido o nível, envie seus limpadores, camisas amarelas ou negras. Vocês compreenderam, idiotas! Há cinquenta anos, sob os nomes de progressistas, oportunistas, liberais, democratas, patriotas ou nacionais, por trás dos chefes mais diversos, vocês perderam em todos os tabuleiros, falharam miseravelmente em todos os seus empreendimentos – o que vocês conseguiram com o 6 de fevereiro? Com o escândalo Stavisky?[4] Com a Máfia? – e nós os veríamos, sem dizer nada, seguir caminho tão perigoso! Vocês não sabem nem colocar ventosas, e os encarregaram de uma operação cirúrgica que não confere a nosso país uma chance em vinte de se safar!

*   *   *

A primeira fase de depuração durou quatro meses. Ao longo desses quatro meses, o estrangeiro, primeiro responsável por esses morticínios, não deixou de figurar em seu lugar de honra, em todas as manifestações religiosas. Ele era geralmente acompanhado de um monge arrecadador recrutado na hora, todo paramentado, com botas, a cruz branca sobre o peito, pistolas na cintura. (Esse padre, aliás, foi fuzilado depois pelos militares.) Ninguém teria ousado duvidar dos poderes discricionários do general italiano. Sei de um pobre religioso que lhe suplicou humildemente para poupar a vida de três jovens mulheres prisioneiras de origem mexicana, as quais, após ter ouvido sua confissão, ele julgava desprovidas de maldade. "Está bem", respondeu o conde, que se preparava para deitar, "conversarei com meu travesseiro". Na manhã seguinte, ele mandou que seus homens as matassem.

Assim, até dezembro, os caminhos vazios da ilha, nas redondezas dos cemitérios, receberam regularmente sua cota fúnebre de malpensantes. Operários, camponeses, mas também burgueses, farmacêuticos, notários. Como eu pedisse a um médico amigo a chapa feita algum tempo antes por um de seus confrades radiologistas – o único radiologista de Palma – ele me respondeu, sorrindo: "Eu me pergunto

---

[4] Referência ao caso Stavisky, em 1934, envolvendo o golpista Alexander Stavisky e o governo socialista francês. (N. T.)

se esse objeto será encontrado... Esse pobre X... foi levado para passear no outro dia". Esses fatos são conhecidos de todos.

Uma vez que já estava quase terminada a depuração, no local, era preciso pensar nas prisões. Elas estavam cheias, como vocês podem imaginar! Cheios também os campos de concentração. Cheios ainda os barcos desarmados, os sinistros barcos-prisões guardados dia e noite, sobre os quais, por excesso de precaução, desde que a noite caía, passava e repassava o lúgubre facho de um farol, que eu via de minha cama, infelizmente! Então começou a segunda fase, a da depuração das prisões.

Pois um grande número de suspeitos, homens ou mulheres, escapavam à lei marcial por falta do menor delito material suscetível de ser considerado por um Conselho de Guerra. Começou-se então a soltá-los por grupos, segundo seu lugar de origem. Na metade do caminho, esvaziava-se sua carga na vala.

Eu sei... Vocês não me deixam continuar. Quantos mortos? Cinquenta? Cem? Quinhentos? O número que darei foi fornecido por um dos chefes da repressão palmesana. A avaliação popular é bem diferente. Não importa. No início de março de 1937, após sete meses de guerra civil, contavam-se três mil desses assassinatos. Sete meses são 210 dias, ou seja, quinze execuções por dia, em média. Eu me permito recordar que a pequena ilha pode ser facilmente atravessada em duas horas, de uma ponta a outra. Um motorista curioso, ao preço de um pouco de fadiga, pode facilmente passar pela provação de ver explodir quinze cabeças malpensantes por dia. Esses números não são ignorados pelo monsenhor bispo de Palma.

Evidentemente, isso é difícil de ler. Custa-me também escrevê-lo. Custou-me ainda mais ver, ouvir. Menos do que vocês pensam,

PRIMEIRA PARTE

talvez?... Nós ficamos firmes no lugar, minha mulher e eu, não por bravata, nem mesmo na esperança de sermos muito úteis – podíamos fazer tão pouco, em suma –, mas antes por um sentimento de solidariedade profunda em relação a boas pessoas, cujo número aumentava a cada dia, que haviam conhecido nossas esperanças, nossas ilusões, que haviam se defendido contra cada evidência, que partilhavam enfim nossas angústias. Eles não estavam livres, nós estávamos. Penso nesses jovens falangistas ou convocados, nesses velhos padres – um deles, tendo pronunciado palavras imprudentes, teve de engolir um litro de óleo de rícino, sob ameaça de um revólver. Se eu tivesse vivido, lá, na intimidade de homens de esquerda, é provável que sua maneira de protestar houvesse desencadeado em mim certos reflexos de membro da resistência, os quais nem sempre controlo. Mas a decepção, a tristeza, a piedade, a vergonha ligam bem mais estreitamente do que a revolta ou o ódio. Desperta-se de manhã, afobado, parte-se, e eis que se encontra na rua, na mesa do café, na porta da igreja, tal ou qual pessoa que se acreditou então estar do lado dos massacradores, e que diz, de repente, os olhos cheios de lágrimas: "É demais! Não posso mais! Olhe o que eles acabaram de fazer!". Penso nesse prefeito de uma vilinha para o qual sua mulher arrumara um pequeno esconderijo na cisterna. O miserável, a cada alerta, se espremia no fundo de uma espécie de nicho, a alguns centímetros da água parada... Eles o arrancaram de lá, em pleno dezembro, tiritando de febre. Eles o levaram até o cemitério, abateram-no com uma bala no estômago. E como ele demorasse a morrer, os carrascos, que bebiam perto dali, voltaram com a garrafa de aguardente, um pouco embriagados. Eles enfiaram o conteúdo da garrafa na boca do agonizante, depois lhe quebraram a cabeça com a garrafa vazia. Repito que esses fatos são públicos. Não temo ser desmentido. Ah! A atmosfera do Terror não é o que vocês pensam! A impressão inicial é de um enorme mal-entendido, que confunde tudo, mistura de maneira inextricável o bem e o mal, culpados e inocentes, entusiasmo e crueldade. Terei visto bem?... Compreendi bem?...

Afirmam a você que isso vai acabar, que acabou. Respira-se. Respira-se até o próximo massacre, que o deixa sem fala. O tempo passa... passa... E depois, o quê? O que vocês querem que eu diga? Padres, soldados, essa bandeira vermelha e dourada – nem ouro para comprá-la, nem sangue para vendê-la... É duro ver se aviltar sob seus olhos aquilo que se nasceu para amar.

 Admito, aliás, que em semelhantes conjunturas, alguns jornais franceses nos reconfortavam enormemente. Quando se veem multiplicar, de semana em semana, os aviões fascistas, abençoados pelo arcebispo de Palma, a costa, antes desarmada, ficar eriçada de baterias, quando se ouvem os oficiais da marinha italiana se vangloriar publicamente, nos cafés, dos bombardeios de Málaga, é excitante decifrar, em sua própria língua, as monótonas denúncias de uma imprensa acocorada em cada estação da fronteira dos Pireneus, o olho na fechadura dos lavatórios, tomando notas convulsivamente no papel dessas edículas. Durante sete meses, jamais – jamais, em sete meses – a menor alusão às faltas italianas e alemãs, jamais, jamais, jamais. Assim mesmo! São pessoas que não concordam entre si – PPF, PSF, AF, SF, JP, LPF, e depois a campanha da Abissínia, todos unidos, todos solidários, solidários do novo Império! As citações desses patriotas se encaixavam tão exatamente nos artigos dos propagandistas italianos ou espanhóis que se acreditaria que foram feitos sob encomenda, é curioso... Vejamos! Não há um só francês que tenha permanecido mais do que seis meses além dos Pireneus que possa ignorar o ódio secular das direitas espanholas, particularmente do exército e do clero, em relação a nosso país. Esse ódio se afirmou diversas vezes durante a guerra. "Só a canalha e eu amamos a França", dizia Afonso XIII. Não sei o que vale, no interior de nossas próprias fronteiras, o derrotismo nacional dos nacionalistas. Creio que o mais amargo desses senhores teria enrubescido com os comentários desdenhosos com os quais a propaganda condimentava sua prosa... Ainda ouço aquele comandante que, uma noite, em Manacor,

PRIMEIRA PARTE

sob fogo do cruzador republicano *Libertad*, acreditando ingenuamente me agradar, afirmava-me, num francês incerto, mas com o tom de uma máscula e fraterna condescendência: "O que o senhor quer, nossos países são dois famosos crápulas!". (Ele era catalão.)

Permaneci em Maiorca tanto tempo quanto pude, pois eu olhava no rosto os inimigos de meu país. Esse humilde testemunho tinha seu preço, uma vez que não possuía ligação alguma com os vermelhos, seja de lá ou de outros lugares, conhecido por todos como católica e realista, eu afirmava, por menos que eu valha, uma França eterna, que sobreviveu aos Armagnacs e aos Bourguignons, bem como aos membros da Liga e aos huguenotes, como a todas as "Frentes" diversamente corneadas, porque ela é por instinto justa e livre, e só possui um lar, sua casa, a Casa de França na qual, uma vez ultrapassado o umbral, somos todos iguais, filhos da mesma mãe. Por mais que isso desagrade aos imbecis, a França só será desprezada no mundo quando tiver finalmente perdido a estima de si mesma. Quem quer que fale não enquanto político, mas enquanto francês, estará sempre certo de ser compreendido. Ninguém ignorava, em Palma, que meu filho fosse tenente da Falange, viam-me com frequência na missa. Eu estabelecera laços de amizade havia muito tempo com chefes rebelados, temidos como suspeitos. De onde vem que pessoas que mal me conheciam me falassem livremente, quando a menor indiscrição de minha parte poderia lhes custar sua liberdade, ou sua vida? Pois bem! Eu digo como penso a coisa. Ainda se sabe no mundo que um francês não se torna auxiliar da polícia, eis tudo, que um francês é um homem livre. Provavelmente, os turiferários do general Franco jamais pensaram nisso.

* * *

Não se deve pensar que a depuração das prisões tenha posto fim, bruscamente, à atividade das equipes de depuração em domicílio, ela somente diminuiu seu ritmo. As vilas isoladas respiraram, a maior parte do serviço se realizando agora nas redondezas imediatas de Palma. Mas o fim perseguido pela autoridade militar, que era de limitar o escândalo, não foi atingido. Os parentes dos executados só tinham, antes, que dar alguns passos para reconhecer seus mortos. Agora, era preciso uma viagem cara e formalidades que se tornaram penosas pelo grande número de solicitantes de ambos os sexos, os registros das prisões raramente estando de acordo com o caderno do coveiro, motivo de desagradáveis discussões. Em desespero de causa, e como as fossas comuns não revelavam seus segredos, só restou às famílias um recurso. O funcionário benévolo as convidava a remexer no amontoado de pertences pessoais, para tentar descobrir a camisa ou a roupa de baixo do morto.

Eu me esforço para escrever isto sem floreios. Eu não acrescentaria nada à intenção daqueles que me julgariam capaz de apresentar fatos sem provas, ou com base em meros relatos. Eu não denuncio, eu, uma Máfia mais ou menos hipotética. Esses fatos são públicos. Aprovados pela maioria, desaprovados por alguns, eles não eram postos em dúvida por ninguém. Infelizmente, seria preciso muitas páginas para dar a entender que, com o tempo, eles não se revoltavam mais. A razão, a honra os desautorizavam, a sensibilidade permanecia entorpecida, estuporada. Um fatalismo similar reconciliava na mesma perplexidade vítimas e carrascos. Sim, a guerra civil só me deu medo realmente no dia em que percebi que eu respirava, quase sem perceber, sem náusea, seu ar enfermiço e sangrento. Que Deus tenha piedade dos homens!

De semelhante apatia – no sentido exato da palavra – eu poderia fornecer muitos exemplos. Eu reteria somente uma entrevista tomada às religiosas de Porto-Cristo, e que foi publicada *in extenso* em todos os jornais de Palma – *El Dia, El Almudaina* (*diário católico*, diz a manchete), *Ultima Hora*. A minúscula vila de Porto-Cristo foi o ponto de desembarque das forças catalãs em agosto de 1936. Elas não conseguiram, aliás, sair dali, reembarcaram seis semanas depois. Essas religiosas dirigiram um pensionato, deserto então, nessa época de férias. A superior contava ao jornalista, com verve, a entrada dos Vermelhos, o primeiro contato de suas moças apavoradas com os milicianos de Barcelona, que lhes ordenaram brutalmente que preparassem leitos para os feridos. Em meio à desordem, apareceu de repente um sul-americano, uma espécie de gigante, revólver na mão, que se apresentou assim: "Minhas irmãs, sou católico e comunista. Estouro os miolos do primeiro que faltar com o respeito com as senhoras". Durante dois dias ele se multiplicou, renovou os víveres das enfermeiras, ajudou-as a fazer curativos nos feridos, cujo número crescia sem parar, e nos raros momentos de lazer manteve com a superiora uma controvérsia divertida que ela narrou ao jornalista com um tom de humor bastante tocante. Enfim, a aurora do terceiro dia começou a despontar, e a religiosa terminava assim o seu relato: "Ouvimos uma forte fuzilaria, os feridos se inquietaram, os milicianos partiram correndo, nós todas nos ajoelhamos, suplicando ao céu em favor de nossos libertadores. Os gritos de *Viva España! Arriba España!* começaram a vibrar em nossos ouvidos, as portas cederam. O que mais posso dizer? *Os bravos soldados entraram por todos os lados, acertaram contas com os feridos. Nosso sul-americano foi o último a ser morto*".

Como, alguns dias depois, eu exprimisse meu espanto ao jornalista madrilenho, autor do artigo, ele publicou no dia seguinte uma espécie de trabalhosa justificação, da qual retenho isto: "Certas almas generosas acreditam dever se revoltar contra as necessidades da guerra santa. Mas quem faz a guerra deve se conformar a suas leis. E a primeira lei da guerra se enuncia assim: 'Pobres dos vencidos!'".

* * *

Posta sob suspeita pela crescente aversão que ela sentia em torno de si, e que corria o risco de tornar perigoso o descontentamento da Falange, à qual se acabava de retirar bruscamente suas armas e chefes, a autoridade militar adotou um terceiro método de depuração, ainda mais discreto. Ei-lo, em sua simplicidade. Os prisioneiros, considerados indesejáveis, recebiam certa manhã a notícia de sua libertação, consecutiva a uma ordem judicial de improcedência do crime. Eles assinavam o livro de dispensa, o recibo dos objetos confiscados, amarravam sua trouxa, cumpriam, enfim, uma a uma, as formalidades indispensáveis para livrar as autoridades penitenciárias de toda responsabilidade futura. Às duas da manhã, eram libertados em duplas. Em suma, eles se encontravam à porta numa travessa deserta, diante de um caminhão, cercados por homens com revólver em punho. "Silêncio! Nós vamos levá-los em casa." Eles eram conduzidos ao cemitério.

* * *

A pessoa que as convenções me convidam a chamar de monsenhor bispo de Maiorca assinou a carta coletiva do episcopado espanhol. Espero que a pena tenha tremido em suas velhas mãos. Ele não pode ter ignorado esses assassinatos. Eu lhe direi na cara, onde e quando ele quiser. Eu lhe darei ainda este testemunho. Um dos cônegos de sua catedral, que ele conhece bem, pregador afamado, licenciado em Teologia, sempre pareceu aprovar sem restrição a autoridade militar. Esse *parti pris* inquietava uma de suas penitentes, que jamais ousara questioná-lo. Tendo tido conhecimento dos fatos acima relatados, ela julgou que era uma boa ocasião para romper o silêncio. O infeliz a ouviu sem indicar a menor surpresa. "Mas enfim, o senhor não aprova que..." – "Eu não aprovo nem desaprovo", respondeu esse padre sinistro. "Vossa Graça não faz, infelizmente, ideia alguma das dificuldades de nosso ministério nesta ilha. Na última reunião geral dos padres, sob a presidência de monsenhor, tivemos a prova de que, no ano passado, somente 14% dos maiorquinos haviam celebrado a Páscoa. Uma situação tão grave justifica medidas excepcionais."

PRIMEIRA PARTE

Ela as justificava, de fato... Algumas semanas antes da Páscoa, a autoridade religiosa, em acordo com a autoridade militar, efetuou o recenseamento dos fiéis. Distribuiu-se a cada pessoa em idade de cumprir com o dever pascal uma folha impressa. Essa folha trazia na primeira página:

> 1937
>
> *Sr., Sra. ou Srta....*
> *Residente em..., rua..., nº..., andar..., assistiu à cerimônia de Páscoa na igreja de...*

No verso:

> *É recomendado que se cumpra o dever pascal em sua paróquia. Quem o houver cumprido em outra igreja deverá levar sua justificação ao Reitor.*

Um tíquete, facilmente destacável graças a um pontilhado, trazia a seguinte indicação:

> *Para melhor administração, prescreve-se que este tíquete seja destacado e levado devidamente preenchido ao vigário da paróquia. Ele também pode ser depositado na caixa destinada a esse uso.*

Será preciso acrescentar que os confessionários não esvaziaram mais? A afluência dos penitentes sem experiência foi tanta, mesmo, que o padre de Terreno julgou necessário proceder à distribuição de novo folheto. Após efetuar esta observação singular, mas perfeitamente oportuna, que a principal dificuldade no ato da confissão não era tanto admitir seus pecados do que saber o que dizer – *en no saber qué confesar o como expresarse* – ele apresentava em quinze linhas a fórmula de um exame de consciência extremamente reduzido. O folheto ainda trazia este *post-scriptum*:

> N. B. – *No olvides colocar tu billete del cumplimiento en el cajón del cancel para podér formar el censo.*
>
> "Não esqueça de depositar o bilhete na caixa para PODER ESTABELECER O CENSO."

Nenhum padre maiorquino ousaria negar que semelhante medida, adotada em pleno Terror, só poderia multiplicar os sacrilégios. O que mais dizer? Deus sabe os nomes dos irredutíveis, em pequeno número, que, acreditando-se sem dúvida seus inimigos, conservavam nas veias, no entanto, sem que o soubessem, bastante sangue cristão para sentir a injúria feita às suas consciências, responder não! a essas convocações insolentes. Possam eles encontrar Cristo! Possam, quando chegar o dia, julgar seus juízes!

* * *

Esse caráter de vingança exercida em nome do Altíssimo é um tributo, evidentemente, a raças muito ricas em sangue judeu ou mouro. Mas se ele é capaz de exaltar um certo número de fanáticos, creio que presta à imensa maioria dos espanhóis, na verdade, um serviço mais humilde: ele é, para uns, uma desculpa enrustida, pois os dispensa de remorso, permitindo-lhes livrar-se de toda responsabilidade no outro mundo, colocando-a nas costas robustas de seus confessores. Os outros aceitam a fórmula, assim como aceitaram o vocabulário fascista, ou o material de guerra entregue a crédito pelas fábricas italianas. *Hombre!*

* * *

Seria um erro pensar, por exemplo, que os militares se mostram mais ferozes do que os lojistas, dos quais não passam, aliás, de instrumentos, a exemplo dos soldados do general Galliffet. Admito que fiquei surpreso, por um momento, com a tranquilidade com a qual determinado capitão maiorquino, saído das fileiras, já em idade de aposentadoria e já tão fatigado que não o víamos mais no café sem sua "dama" ou "senhorita", aplicava, toda tarde, a pobres-diabos que se assemelhavam a ele como irmãos, uma lei que só tinha de lei o nome. Citarei novamente o caso do antigo prefeito de Palma, velho médico notório, em favor do qual vieram testemunhar espontaneamente superiores de casas religiosas, e de resto, esposo de uma mulher conhecida

PRIMEIRA PARTE

por sua piedade. Só se pôde levantar contra ele sua inscrição no partido radical. Mesmo assim ele foi condenado à morte e fuzilado, numa manhã da última primavera, amarrado a uma cadeira, indo do leito de um hospital para o local de seu sacrifício, depois que as enfermeiras se esforçaram ao longo de toda a noite, sua última noite, em manter seu coração batendo à custa de injeções. Como eu me espantasse que o fizessem esperar por seis meses uma morte inevitável, deram-me esta resposta: "Não foi culpa nossa, nós o conservamos em vida enquanto duraram as formalidades da confiscação". Pois o infeliz era rico.

Mais uma vez, não se trata de um requisitório. Não espero que acreditem apenas em minha palavra. Eu repetirei sem me cansar que Maiorca fica a 24 horas de Marselha. Para que multiplicar os testemunhos, já que num dia próximo os céticos só terão que colhê-los ainda quentes no próprio local? O velho Lenotre, num livro de resto merecedor de elogios, só evoca, do tribunal revolucionário, um fantasma. A sala efervescente, repleta de gritos, de soluços, de gargalhadas, não passa de uma cripta silenciosa povoada de sombras? Mas o velho Lenotre escrevia mais de um século depois dos acontecimentos. A Paris de 1793, aliás, era uma espécie de encruzilhada. Ao passo que esta pequena ilha maiorquina é um vaso fechado. O sangue não secará tão rápido.

Se eu interrogasse, sobre esses fatos, os militares, eles me responderiam que executavam uma ordem, e que a executavam publicamente, como poderão se convencer todos os curiosos, procurando uma coleção de um jornal qualquer de Palma, onde aparecem as prestações de conta. Eu poderia dizer que um julgamento não é uma ordem, os oficiais juízes me ririam na cara.

Eles diriam: "Por que você se mete? Nós temos em Barcelona ou em Valência camaradas de promoção que fazem exatamente o mesmo que nós, embora à custa de outra categoria de cidadãos. Ao sairmos da Escola Militar, somos designados para a Artilharia, a Cavalaria ou a Infantaria, de acordo com o número de nosso alistamento. Somos colocados agora na Justiça. É evidentemente uma arma engraçada, mas enquanto ficarmos entre nós, o mal não é tão grande. Mil civis vermelhos em Valência, mil civis brancos em Sevilha. É isto que se chama, no jogo de damas, de definir o jogo. De resto, com que direito vocês se preocupam com nossas consciências? Como bons espanhóis, nós não nos colocamos, como vocês franceses, questões supérfluas sobre o bem e o mal. Supondo-se que ele exista, supondo-se que haja a menor chance de que ele exista, corremos, sim ou não, o risco de ir para o Inferno? Cabe a nossos padres responder. Que eles estejam certos ou errados, o que isso importa para nós? Para nós, basta estarmos fora do jogo. Se eles interpretaram mal a lei, tanto pior para os Reverendos! Afinal, talvez Deus nos julgue no outro mundo. Estejam certos de que lhes aplicaremos o regulamento, sem fraquejar. E, enquanto isso, cada um por si. Imaginem que o vento mude, compreenderemos então perfeitamente que esses eclesiásticos se proclamarão uma vez mais homens de misericórdia, que jamais desejaram, para os maiores pecadores, outra penitência senão aquela empregada em nossos confessionários, seis *Pater* e seis *Ave*. Julgaremos muito natural que eles nos abandonem ao braço secular, se não encontrarem outro meio de provar sua benevolência em relação aos vencedores. Uma vez estabelecida nossa sorte, receberemos de bom grado o auxílio de seu santo ministério, exatamente no mesmo espírito que o acolhiam, ainda ontem, na expressão do cardeal Goma, os republicanos que enviávamos para o paredão. Nós evitaremos então abordar um tema de conversa embaraçoso para eles e, para nós, sem interesse, pois a expressão de seus lamentos viria demasiado tarde e só nos seria permitido levar o segredo para o túmulo.

– Belo avanço! – Enquanto que, na falta de melhor, sua absolvição poderá sempre servir. Quem está certo ou errado nesse caso, não temos a menor ideia. Vocês, franceses, não separam a ideia de poder da ideia de justiça. Nós temos nas veias demasiado sangue judeu, julgamos, pelo contrário, que uma das maiores vantagens da força é ser justo ou injusto quando quiser. Talvez não tenhamos a mesma imagem de Deus que vocês? Há séculos que pensamos que é melhor estar em dia com sua fé do que com sua consciência. Desejamos que uma perfeita ortodoxia nos assegure os bons ofícios da Igreja, que sempre se arranjará com as obras, contanto que coloquemos um pouco de boa vontade nisso, mesmo que seja no último momento. A ideia de que a fé é um dom de Deus, tão precioso que compromete terrivelmente aquele que a recebeu, faz dele, de maneira sobrenatural, o devedor de tantos miseráveis aos quais ela foi recusada, por meio de uma misteriosa predestinação, da qual sua mera ideia devia nos encher de espanto, não nos ocorre mesmo, confessamos. Preferimos nos servir simplesmente do passaporte de que estamos munidos. Se ele não nos garante absolutamente a entrada nos pátios celestes, ele nos fornece acesso, neste mundo, pelo menos, à imensa basílica na qual seria o diabo se não encontrássemos um dia, entre tantos santos milagrosos, cada um com sua receita, uma devoção apropriada a nosso caso. Semelhante sistema nos poupa de entrar no debate em que vocês querem nos arrastar. Não concebemos de modo algum, por exemplo, a questão da boa-fé. A boa-fé não é, a nossos olhos, uma circunstância mais atenuante do que a embriaguez. Durante séculos vimos ser enforcados ou queimados criminosos que estavam certamente de boa-fé, já que eles ofereciam suas vidas em testemunho. E acreditem que a má-fé não nos preocupa tampouco. Muitos de nós, por exemplo, eram democratas. Detestávamos os filhos dos nobres, os sobrinhos de arcebispos. É duro, no presente, enviar para o patíbulo um companheiro de promoção com o qual brindamos alegremente no passado à saúde do Exército republicano e da nova bandeira tricolor, rimos dos aristocratas e dos padres de batina. Mas nossos camaradas reacionários evitam complicar a situação. Eles sabem administrar nosso amor-próprio. No fundo, eles acham isso muito natural. Vocês, franceses, acabarão por nos desprezar. Vocês prefeririam os refratários aos renegados, pelo menos no segredo de seu coração. Com esses escrúpulos, nossa Santa Inquisição não teria funcionado oito dias. Os segredos de seu longo poder, de um prestígio que só o terror não explica, consiste em ter, em nome de Deus, abençoado juntos, homenageado juntos o covarde que salva sua vida e o homem sincero que proclama livremente a verdade que ele ignorava. Foi preciso que ela reabilitasse o ato que repugna entre todos a nosso cavalheirismo ocidental, a retratação sob ameaça. E, de modo similar, ela reabilitou e homenageou a delação. Homenageado e abençoado o delator. O equívoco grandioso assim entrevisto pôs para sempre a Espanha fora do seu raio de visão. Uma Joana d'Arc espanhola não seria concebível. Assim que as circunstâncias o permitirem, obedeceremos a um hábito secular, remetendo ao poder, mediante recibo, juntamente com o cuidado de nossos interesses terrestres, toda nossa consciência.

segunda parte

1

A tragédia espanhola é uma grande fossa. Todos os erros pelos quais a Europa acaba morrendo e que tenta purgar em horrorosas convulsões vêm nela apodrecer juntos. Impossível pôr a mão sem correr o risco de uma septicemia. Vemos emergir, um a um, à superfície, o pus borbulhante de rostos de antigamente, familiares, agora irreconhecíveis e que se apagam e escoam como cera quando tentamos fixar o olhar neles. Sinceramente, não creio útil extrair dali nenhum desses cadáveres. Para desinfetar semelhante cloaca – imagem do que será o mundo amanhã – seria preciso primeiro agir sobre as causas da fermentação.

Lamento chamar de fossa ou cloaca uma velha terra não carregada, mas sobrecarregada de História, e onde homens vivos sofrem, lutam e morrem. Os mesmos débeis que fingem se indignar teriam podido, em 1915, condenar-me por sacrilégio, pois, como muitos de meus camaradas, eu já julgara a guerra, a famosa guerra do Direito, a guerra contra a guerra. Os morticínios que se preparam não são diferentes, mas como envolvem um número bem maior, ou antes, a totalidade dos valores espirituais indispensáveis, o caos que resultará será ainda mais repugnante, seus lixões mais fedorentos.

* * *

Há os homens? O que importam os homens se seus sacrifícios forem em vão? Há as intenções. O que importa, se as más anulam as boas, e se as boas, divididas entre os dois campos inimigos, opõem-se umas às outras, e finalmente se devoram? A pátria é uma ideia santa. Mas quando vocês tiverem, por muito tempo, em nome da pátria, semeado o mormo[1] e o tifo, o que restará da pátria e do patriotismo, imbecis?... A guerra da Espanha é uma fossa. É a fossa dos verdadeiros e falsos princípios, das boas e das más intenções. Quando elas tiverem cozinhado juntas, no sangue e na lama, vocês verão o que aconteceu com elas, vocês verão que sopa vocês prepararam. Se há um espetáculo digno de compaixão é o desses infelizes reunidos há meses em torno do caldeirão da feiticeira e espetando com seus garfos, cada um gabando o seu pedaço – republicanos, democratas, fascistas ou antifascistas, clericais e anticlericais, pobres pessoas, pobres-diabos! À sua saúde!

* * *

Em minha juventude, os prelados ou acadêmicos liberais replicavam a toda objeção: "A Democracia faz água por todos os lados". É agora que ela faz água. E vocês soçobram com ela. Vemos vocês afundarem. Há talvez mais legitimidade no mundo, à qual, segundo a magnânima expressão dos ancestrais, eu possa esperar "realizar seu Direito". Mas não me farão testemunha de uma exploração cínica, zombeteira dos Princípios ou dos príncipes, aos quais não sei mais como servir. A Cristandade fez a Europa. A Cristandade está morta. A Europa falecerá, o que há de mais simples? A Democracia social explorou a ideia de justiça, e não manteve nenhuma de suas promessas, exceto a do serviço militar obrigatório e da nação em armas. A democracia parlamentar, a ideia de direito. A democracia imperialista dissipa hoje, com toda força, a ideia de grandeza. A democracia guerreira mobiliza as crianças de sete anos, prostitui o heroísmo e a honra. As democracias autoritárias carregarão consigo, no futuro, até a lembrança do que foi a

---

[1] Mormo: doença contagiosa que acomete os equinos e pode, eventualmente, ser transmitida ao homem. (N. T.)

livre Monarquia cristã. O que vocês querem? As pessoas da Igreja dirão o que puderem a respeito. Seus predecessores do século XVI foram igualmente enganados pelos políticos realistas da Renascença, e digo, afirmo, proclamo que eles venderam então a cristandade, pagaram com o sangue cristão seus pintores, escultores, artesãos, seus efebos e prostitutas. O que me dói nos sucessores é que eles são honestos e dão tudo por nada. É verdade que não há mais muita coisa a vender. Só podemos agora ridicularizar até o grotesco nossas decepções e desgraças. Quero que o Sr. B. Mussolini supere Alexandre ou César. Mas, por respeito por sua pessoa e seu gênio, recuso me alinhar entre aqueles que ele despreza secretamente, com seu mestre Sorel, que Proudhon, seu outro mestre, chamava justamente de "feme-linos" [*Femme-lins*].[2] Esse grande homem, no interesse de seu novo Império, pode se servir como quiser de uma tradição cujo sentido ele não entende absolutamente, pois esse sentido é sobrenatural. Jamais duvidei que o Sr. Charles Maurras fosse tão especialista quanto eu em Teologia. É possível, afinal, que Mussolini não lhe ceda em nada sobre esse ponto. Mas eles erram em falar em Cristandade. O Cristianismo reside essencialmente em Cristo. Nem Maurras nem Mussolini são cristãos. É certo que não tenho direito algum de aprovar ou condenar as pessoas da Igreja que acreditam poder escamotear o engodo do Estado totalitário, como antes eles se gabavam de subutilizar o da república democrática. A penúltima aliança não nos enganou. A próxima não nos enganará tampouco. Aliás, sei de antemão o destino dessas combinações úteis na época das chancelarias. Não se brinca de Robert-Houdin quando a opinião pública cai sobre você de todas as partes, com os milhares de aparelhos fotográficos da imprensa universal. Vocês poderão me dizer o que quiserem sobre as mentiras da Imprensa. Sua leitura não deixa de agitar, não sem risco, é verdade, a faculdade de juízo dos

---

[2] No original, "*femme-lins*". Literalmente, "mulheres-linho", mas traduzimos por "feme-linos", ou seja, "homens-mulheres". (N. T.)

pobres-diabos. Para quê, por outro lado, mimar os políticos realistas? Vocês esperam que eles tenham escrúpulos de ordem sentimental? Eles se gabam de sua ingratidão como de uma virtude. Os cabotinos de direita já haviam considerado como triunfo pessoal a farsa do Império etíope. Depois do quê, eles engoliram a farsa da Cruzada espanhola. O Ocidente, do qual até agora o Sr. H. Massis era o defensor mais visível, acaba de descobrir para si outro protetor, que em paga de seus serviços exigirá, respondo por isso, algo mais do que uma cadeira na Academia. É o Japão, a Cristandade japonesa, o cavalheiresco Japão, que ganhou na China suas esporas de ouro. Amanhã vocês contarão com outro cristão totalitário: Stálin, Hitler, Mussolini, o Mikado, serão cinco salvadores totalitários, contanto que não se esqueça o autocrata português, cujo nome me escapa.

Não sou de modo algum inimigo da força nem dos métodos de força. Por quem me tomam? Parti para a guerra livremente, não como um cachorro que chicoteiam. Depois de ter combatido por quatro anos, porque eu faria careta diante de alguns milhares de mortos a mais ou a menos? Em nome de que escrúpulos? Coube à Santa Sé, outrora, autorizar os padres a brincar com as metralhadoras, e eu seria muito imprudente em encontrar algo para criticar nisso, embora os desfiles da Drac, para não esconder nada, deixem-me às vezes um pouco sonhador. Aliás, ninguém pede minha opinião a esse respeito, e talvez ela viesse demasiado tarde. Uma vez que o reverendo padre Janvier está de acordo com Paul Claudel para fornecer como exemplo aos meninos de nosso país a Cruzada do general Franco – após ter emprestado nossos padres à Guerra Laica da Justiça e do Direito – vocês não teriam coragem de recusá-la à Outra, não? Reencontraremos sem dúvida, proximamente, ocasião para voltar a falar disso, entre nós – entre franceses.

Penso que a Cruzada espanhola é uma farsa, que ela ergue uma contra a outra duas mixórdias partidárias que já haviam se enfrentado em vão no plano eleitoral, e que se enfrentarão sempre em vão, pois não sabem o que querem, exploram a força por não saberem se servir dela. Por trás do general Franco encontram-se as mesmas pessoas que se mostraram igualmente incapazes de servir a uma Monarquia, que eles finalmente traíram, ou de organizar uma República, que eles haviam em grande parte ajudado a construir, as mesmas pessoas – isto é, os mesmos interesses inimigos, um instante federados pelo ouro e pelas baionetas estrangeiras. É a isto que vocês chamam de revolução nacional?

* * *

Vocês me dirão, naturalmente, que os Vermelhos não valem muito e que todos os *slogans* são bons. Mil desculpas! Vocês podem dizer que o Mikado é bom católico, que a Itália sempre foi o soldado do Ideal – *gesta Dei* – ou mesmo que o general Queipo de Llano é um tipo no gênero de Bayard ou de Godofredo de Bulhão, isto é assunto de vocês. Mas não falem da Cruzada. É possível que chegue o dia em que os últimos homens livres sejam forçados, com efeito, a defender pela força os restos da Cidade cristã, pois é mil vezes melhor morrer do que viver no mundo que vocês estão em vias de criar. Ora, conhecemos muito bem a grosseria dos seus meios de propaganda. Já se tornou impossível evocar a Guerra do Direito sem fazer rolar de rir até mesmo os dispépticos. Não queremos que vocês se comprometam tão sujamente com a ideia de Cruzada! Por que diabo os políticos realistas pretendem tomar emprestado nosso vocabulário? Será que o deles não basta? E com todo o respeito, por que é que os bispos espanhóis vêm se meter nisso? Quando os cruzados fascistas, tendo assegurado para si sólidas bases navais e aéreas no litoral do Levante, puserem fogo na África francesa na esperança de extrair algum proveito das pilhagens que sempre se seguem às catástrofes, essas Excelências se porão ao lado de Mussolini, como Bispos Protetores do Islã? "Raciocinemos humanamente, mandarão me responder meus contraditores. Nossas Senhorias teriam arbitrado de bom grado e com proveito o conflito espanhol.

Infelizmente, o empreendimento se tornou difícil para nós, pois as circunstâncias nos levaram muito rapidamente e rudemente da Monarquia à República, da democracia à ditadura. Em suma, carecemos do recuo necessário para utilizar uma linguagem conciliatória, com alguma chance de êxito. A prudência nos impõe que nos aliemos ao mais forte, e uma vez que o mais forte é ainda apenas presumido, não devemos lhe oferecer nossos serviços. As reservas virão posteriormente. Afinal, o senhor general Franco nos protege e vinga nossos mortos. É perfeitamente verdadeiro que vejamos, como vocês, por trás desses estandartes e ornamentos, nossas antigas maiorias – bem compostas, infelizmente, e que nos valeram decepções dolorosas. Como todas essas pessoas conseguirão se entender quando tiverem deposto as armas? O futuro dirá. Mas será precisamente então que poderemos retomar pouco a pouco, pé ante pé, um papel que, admitimos, convém melhor a nosso Estado. Agindo de outra forma e na hipótese, infelizmente, desfavorável de uma restauração da Monarquia, correríamos o risco de nos vermos isolados, pois será ainda com o general Franco que o novo rei deverá tratar, não com suas forças eleitorais, que outrora controlamos e que a tormenta momentaneamente desorganizou. Tanto pior para Gil-Robles! Uma vez acalmados os espíritos, não pediríamos mais do que examinar seriamente as chances desse excelente jovem e de sua Ceda[3] reconstituída. Se o Sr. Georges Bernanos não fosse, na qualidade de realista e de francês, um desses energúmenos impossíveis de inscrever em qualquer País Real – Jerusalém terrestre da qual os Reverendos Padres jesuítas guardam as chaves – ele concordaria que, compromisso por compromisso, o general Franco é, entre todos, aquele que menos nos compromete, porque ele não nos comprometerá por muito tempo. Nossas instruções doutrinais sobre o respeito pelo poder estabelecido, as condenações que outrora fizemos contra o uso da força, nossos

---

[3] Ceda: Confederação Espanhola de Direitas Autônomas, conforme nota anterior. (N. T.)

SEGUNDA PARTE

sinais de respeito em relação ao sufrágio universal mais cedo ou mais tarde recuperarão o sentido. Se vocês não acreditam, é que vocês ignoram o traço mais característico do homem moderno, seu desprezo pelas evidências morais, sua imensa capacidade de esquecimento. De resto, república moderada ou monarquia, o próximo regime deverá efetuar o apaziguamento, e ele não poderia prescindir de nós para ter êxito, pois contamos fiéis de direita e de esquerda, dispomos do fiel da balança, podemos inclinar os pratos para o lado que quisermos. Os leigos apalermados e que estragam os melhores jogos com imprevisíveis reações de amor-próprio lamentam nossos aparentes compromissos. Estes últimos, fiquem tranquilos, não são o que se pensa. Quando se houver desmobilizado as classes, dissolvido as Ligas, mandado para casa os italianos, alemães e marroquinos, os generais começarão a tremer em suas grandes botas, pois a Espanha contará seus mortos. Depois de uma guerra civil, a verdadeira pacificação sempre começa pelos cemitérios, é sempre preciso começar pacificando os cemitérios. Isso nos diz respeito. Não se faz abençoar os cemitérios por soldados da tropa. Vocês verão então os generais solicitarem de nós, humildemente, sua parte de esquecimento. Neste momento, a palavra Cruzada está na moda e o Sr. Mussolini gosta de ouvi-la. Quem se preocupa por muito tempo com semelhantes palavras, depois que elas deixaram de servir? E quem ainda se preocupa com os Cruzados? Nossos predecessores tiraram de nossas doces e velhas terras milhões de homens, para lançá-los no turbilhão inflamado da Ásia. Entre todos os dias do ano, haverá um – haverá uma hora do ano consagrado à sua memória? Evidentemente, o fato é antigo. Tem o defeito, também, de pôr em questão personagens lendários, demasiado ilustres para não estarem acima da ingratidão. Escolheremos, por isso, um exemplo bem mais familiar, quase trivial, tomado de empréstimo à história contemporânea. Quando o governo francês decidiu, em 1886, a expulsão dos membros das congregações religiosas, muitos magistrados se recusaram a se associar a uma medida que eles consideravam ilegal, e pediram demissão, sob aplausos da imprensa religiosa. Alguns anos depois, os pobres-diabos tiveram a surpresa de ver o Episcopado se lançar nos braços da República. Não teriam eles sido, segundo seus tolos princípios, autorizados a solicitar aos felizes negociadores da aproximação sua reintegração nos quadros do Judiciário? Eles evitaram fazê-lo, por uma delicadeza peculiar. Eram pessoas que sabiam viver, e se a boa educação pudesse ser comida, eles não teriam jamais passado fome. Matava-se o veado gordo, seja! Eles se abstiveram de vir mergulhar seu último pedaço de pão no molho desse animal. Nossos venerados colegas, aliás, não lhes teriam permitido, pois o êxito da combinação exigia que se pusesse a responsabilidade pelos antigos mal-entendidos nas costas dos opositores irredutíveis, em seu gênero. Além disso, esses senhores só tinham sacrificado a si mesmos. Se eles tivessem sido suficientemente idiotas para se deixar levar pela retórica flamejante dos paladinos da escrita, e desempenhado, em sua época, o papel dos Judas Macabeus, a situação de nossos Venerados Irmãos teria sido bem embaraçosa. Vocês não veem, de qualquer modo, Nosso Santo Padre o Papa celebrando no grande altar de São Pedro uma missa solene em memória dos soldados da guarda pontifícia, no dia da assinatura do tratado de Latrão? Se o Sr. Bernanos não estivesse cego pela paixão, ele julgaria, conosco, que nossos encorajamentos ao general Franco são tão tardios que esse militar só poderia extrair um proveito derrisório deles. Aliás, eles não se dirigem nem a ele nem aos seus: esperamos que esse sinal inofensivo de benevolência enterneça o coração feroz do enigmático Sr. Hitler, sobre o qual nos perguntamos, às vezes, com espanto, se ele não é antes de mais nada um homem sentimental e, talvez, sincero. Com esses alemães de tipo wagneriano, não se sabe jamais se eles mentem ou não. Ao passo que com os homens de Estado de sangue latino se tem certeza. Sua palavra não tem absolutamente nenhum valor, e ambas as partes se acham espontaneamente de acordo em só tratar com dinheiro à vista. Em suma, o general Franco tem hoje em suas mãos um valor dificilmente negociável. É verdade que os maus espíritos lamentam ou criticam nossa prudência. 'O quê! Tínhamos voltado à época das Cruzadas e vocês não sabiam disso? Vocês levaram um ano para se dar conta disso.' Essas pessoas teriam desejado que redigíssemos nossa carta na véspera do golpe de Estado? Responderemos a esses descerebrados que os aviões italianos só surgiram na Espanha uma semana ou duas depois. Parece-me que esse argumento é decisivo."

* * *

É decisivo, com efeito. Escrevo isto sem sorrir. Não tenho de modo algum a intenção de acusar de impostura os bispos espanhóis, por me divertir em lhes fazer falar uma linguagem que me agrada, que me parece exprimir com muita verossimilhança suas hesitações e escrúpulos. Mas não gostaria tampouco que me tomassem por imbecil. Em política, as aprovações episcopais valem o que valem, não comprometem jamais individualmente seus autores. A Igreja se serve de tudo, e não está a serviço de ninguém. Seja. O princípio não deixa de ter grandeza, mas me concederão que ele vale o que valem os homens cuja ação ele inspira. Grande com os grandes, medíocre com os medíocres. É claro se eu dependesse apenas de minha infelicidade neste mundo e meu grave risco no outro, se fosse chefe de um simples partido político, não poderia me dirigir ao general Franco com uma linguagem tão nítida sem me colocar a questão: "De quantas baionetas você dispõe?". Se eu respondesse que meu apoio seria apenas moral, ririam na minha cara. Acrescento que não poderia mudar de ideia sem me desonrar. Ao passo que ninguém me contradirá se eu afirmar que no caso, de resto improvável, de uma vitória dos partidários do governo, o episcopado espanhol pode estar certo de que tratando com Azaña[4] ele não surpreenderia ninguém. Esse formidável

---

[4] Trata-se de Manuel Azaña (1880-1940), político espanhol, último presidente da República antes da ditadura de Franco. (N. T.)

privilégio deve pesar sobre certos ombros. Sei que ele pesaria sobre os meus. Erguer-se acima da honra humana, que silêncio e que solidão! Permanecer fiel a seus aliados apenas no sucesso, só abandoná-los na desgraça, será uma forma mais rigorosa, mas sobrenatural de dever? Vocês poderão dizer que eu dou muita importância a um ato do qual seus autores só esperariam romper um silêncio, que é a cada dia mais difícil de guardar. "Você critica os bispos por falarem, você os teria criticado por se calar: aliás, é verdade que os favores políticos da Igreja são decepcionantes, eles não teriam desta vez decepcionado ninguém, a menos que se sustentasse que os Vermelhos tinham direito de aspirar a eles, o que, cá entre nós, seria bastante paradoxal." Meu Deus, há vermelhos e vermelhos. Suponham que as pessoas de Valência tenham levado a melhor ao final de dez meses. O papel de refém e de intermediário junto ao governo futuro, hoje mantido pelo general Franco, teria sido o dos católicos bascos. Disto, entendo o seguinte:

"*Admirável povinho que, em meio à tormenta, soube permanecer fiel à palavra dada ao poder legítimo (legítimo a despeito de seus erros, pois os cristãos não admitem a rebelião), e não deixou de manter alto e firme o estandarte da fé, impondo a seus poderosos aliados, com o respeito de sua tradição e de sua língua, a liberdade absoluta de culto, a proteção de seus padres. A nós, católica Euskádia![5] Você era, antes da guerra civil, de todas as províncias da Espanha, a mais social e a mais cristã. Os reverendos padres jesuítas haviam prodigalizado aí os sinais de seu zelo, investido enormes capitais. Compete a vocês, hoje, fazer cessar o mal-entendido que afastou de Nós, por um tempo, as massas operárias de esquerda. Vocês acabam de demonstrar que se pode ser ao mesmo tempo fiel à Igreja e à Democracia. Conhecemos o coração de vocês, católicos euskadianos, e a República recebeu de vocês testemunho de sua fidelidade. Cabe a vocês, mais uma vez, afirmar que, se deploramos excessos muitas vezes explicáveis,*

---

[5] Euskádia: referência à região basca. (N. T.)

SEGUNDA PARTE

senão justificados pelo egoísmo dos maus ricos, não partilhamos de modo algum os preconceitos dos partidos retrógrados que, aliás, sempre fizeram pagar caro à Igreja seus cuidados e suas esmolas. Aqueles que querem associar o destino do episcopado da Espanha ao de uma rebelião militar hoje vencida esquecem que nós sacrificamos alegremente, outrora, a Monarquia Católica à Democracia. Certo, nossos padres pereceram às centenas, desta vez, mas os mártires pertencem à Igreja e só a Ela. Eles pagaram pelos erros de todos, e se todos podem participar dos méritos de seu sacrifício, que homem, que partido teria o desfaçamento de pretender assumir sua honra? Católicos bascos, digam aos irmãos perdidos, junto aos quais vocês combateram, que se Nossa Paternidade abarca o conjunto dos fiéis, sua solicitude se dirige primeiramente às classes laboriosas, e especialmente à classe operária.

Não protestamos outrora contra a repressão das Astúrias? E, contudo, o homem de Estado responsável por essa repressão era um dos nossos, o Sr. Gil-Robles. Como nunca nos consideraram capazes de aprovar e abençoar um terror militar que, a exemplo do outro, confundia no mesmo castigo os chefes e a tropa, os maus e os desviados, culpados e suspeitos? Certo, o exército rebelde contava com certo número de bem--pensantes, mas não era comandado por generais franco-maçons? Só a má-fé de certos escritores católicos pode ousar sustentar que, se o general Franco tivesse forçado as fronteiras da livre Euskádia, teríamos abençoado juntos os navarrenos cristãos, os mouros e os hitlerianos pagãos do Dr. Rosenberg. Sem dúvida, é difícil refutar semelhantes calúnias, uma vez que a derrota do general rebelde não nos permitiu provar, por meio de atos, nossa dedicação e nossa admiração por seu povo. Mas estamos dispostos a nos associarmos solenemente aos regozijos legítimos pelos quais todos os bascos reunidos na cidade santa de Guernica, milagrosamente preservada das bombas, por trás dos padres que compartilharam heroicamente suas provações, festejarão sua libertação por meio dos gritos mil vezes repetidos de: viva a Euskádia!... Viva a Democracia cristã!... Viva a Universidade de Santander!..."

Mais uma vez, não acho isso engraçado. Tento compreender. Evidentemente, para os bispos espanhóis, assim como para mim, suponho que os acontecimentos humanos possuam um sentido sobrenatural, mas só santos ou inspirados podem interpretar o caos. Na falta de melhor, é legítimo seguir seu caminho entre esses animais selvagens, assim como um homem prudente atravessa uma pradaria onde touros ruminam tranquilamente ao sol, cheios de impenetráveis desígnios. Aliás, em face de uma situação perigosa, pode-se sempre fingir de cego ou imbecil. Eu certamente não perderia meu tempo qualificando a atitude dos prelados italianos durante a guerra da Etiópia. Suas concepções pessoais do respeito pelo tratado, pelas leis da guerra não poderiam me engajar, seja como cristão, seja como soldado. Isto basta. Graças às difusões de gás mostarda para destruir os roedores na Austrália, a aviação fascista pôde privar de sua pele populações inteiras de pobres negros que brotavam e apodreciam aos montes diante de suas casas, misturados com os animais; se os prelados italianos declaram que semelhante guerra lhes parece cavalheiresca, que diabos vocês querem que eu faça? Creio saber o que é ou não cavalheiresco, mas em caso de dúvida, eu não teria jamais a ideia de ter por árbitro um eclesiástico italiano. Até o presente, pelo menos, o episcopado desse país não apresentou a conquista do famoso Império como uma guerra santa, como luta do Bem contra o Mal. Nem tudo está perdido. Pois devo dizer, do fundo do meu pensamento. Acredito na guerra santa, eu a julgo inevitável, julgo inevitável, num mundo saturado de mentira, a revolta dos últimos homens livres. Para mim, a expressão guerra santa não é inteiramente adequada: os verdadeiros santos raramente fazem a guerra, e, quanto aos outros – quero dizer, aqueles que se gabam de sê-lo –, Deus me salve de ter minha última chance em meio a semelhantes companheiros. Acredito na guerra dos homens livres, na guerra dos homens de boa vontade. "O que é isso?", perguntarão vocês, "quem são esses bichos?".

Chamarei de homens livres as pessoas que só pediriam para viver e morrer tranquilas, mas que censuram à civilização colossal de vocês de blefar sobre a vida e a morte, de fazer disso objeto de riso. Se vocês não compreendem isso, o que importa? Vocês podem igualmente não levar a sério adversários dispersos aqui e ali, ao acaso da vontade do bom Deus, e que nem mesmo pareçam, à primeira vista, se assemelhar, pois certamente não pertencem à mesma classe, aos mesmos partidos, e nem todos compareçam à Páscoa. Homens de boa vontade! Por que não Suaves, Pacíficos? Pois bem, sim, eu temo. Temo por vocês que justamente não sejam Suaves, Pacíficos, para os quais o seu mundo sagrado não vale nada. O que vocês querem? Os pobres-diabos nasceram na atmosfera das Bem-aventuranças, e não respiram bem na de vocês. Eles farão o que puderem para se adaptar, pois sentem sua solidão, não sabem como explicá-la e estão sempre prontos a se entregar erradamente, a entrar, na falta de melhor, de outro asilo, nas palavras que vocês roubaram, as palavras mágicas – justiça, honra, pátria –, como os touros na célula tenebrosa, figuração derrisória do estábulo escuro e fresco, mas que só abrirá para eles na direção da arena sangrenta. As palavras que vocês roubaram também resultam na guerra. Pois bem, morrer por morrer, não acredito seriamente que morramos nas suas fileiras. Morreremos com nossa própria pele, nossa verdadeira pele, e não com os seus hábitos sinistros. Apodreceremos tranquilamente em nossa pele, a nossa, sob a terra – nossa terra –, a terra que suas imundices de químicos ainda não tiveram tempo de sofisticar – contanto, é verdade, que os serviços de higiene não nos tenham previamente encharcado de gasolina e transformado em piche ou carvão.

2

Sem dúvida, os bispos espanhóis, se perderem seu tempo me lendo, irão tomar-me por um descontente. Eles creem, de maneira bem equivocada, desempenhar o papel do espectador que, de sua janela, contempla uma rixa e, em toda sinceridade, com benevolência e cortesia, dão sua opinião sobre os adversários ao policial que, naturalmente, chegou atrasado e nada viu. Em geral, o policial não atribui muita importância ao discurso moderado dessa testemunha imponente, ele se contenta em levar os delinquentes ao posto de polícia. Infelizmente, não há comissário de polícia capaz de decidir, desta vez, entre os beligerantes, e muito menos juiz de paz. A intervenção do episcopado espanhol assume assim uma importância na qual não havia pensado. A Europa está cheia de guerras, eu repito. Suas Senhorias, seja da Espanha, seja de outros lugares, não perdem jamais a ocasião de deplorá-lo. Elas têm conhecimento da coisa, assim como vocês e eu. A Europa está cheia de guerras, mas até o mais tolo começa a se dar conta de que essas guerras são o pretexto e o álibi de uma guerra, que será a Guerra, a Guerra absoluta, nem política, nem social, nem religiosa no estrito sentido da palavra, a Guerra que não ousa pronunciar seu nome talvez porque não possui nenhum, que é simplesmente o estado natural de uma sociedade humana cuja extraordinária complexidade não tem absolutamente proporção com os sentimentos elementares que a anima, e que exprimem as mais baixas formas da vida coletiva: vaidade, cupidez, inveja. Felizmente, esses brancos primitivos vivem ainda na casa dos avós. Até mesmo, sob pretexto de melhorá-la, mas na verdade por desconfiança recíproca, eles multiplicaram de tal modo as paredes e portas blindadas que não sabem mais, literalmente, como fazer para se lançarem uns sobre os outros, à maneira dos selvagens. E, por exemplo, ninguém mais acredita nos nacionalismos, pelo menos, ninguém ignora que eles não passam da decomposição do sentimento da Pátria. Não é menos verdade que as sociedades rivais não sabem como se livrar desses cadáveres incômodos, nem conhecem o meio de passar por cima deles sem morrer junto, antes de terem tido o tempo de se associar e cortar as cabeças uns dos outros. Já escrevi, escreverei de novo: a guerra que se avizinha será uma anarquia generalizada. Uma vez que se trata simplesmente de despovoar um continente que possui excesso de mão de obra, mãos demais para a perfeição de seu maquinário, nada obriga a usar mais meios tão caros como a artilharia. Quando um pequeno número de espiões, abastecido pelos laboratórios e levando confortável existência de turistas em cada cidade, bastar para reduzir em 50% a população, desenvolvendo a peste bubônica, generalizando o câncer e envenenando as fontes, vocês também chamarão isso de guerra, seus hipócritas? Vocês os condecorarão com a Cruz de São Luís ou a Legião de Honra, os seus especialistas em tifo e cólera? Não há nem como festejar o Armistício, pois não haverá mais armistício, pois não haverá declaração de guerra, os governos afirmando, a mão sobre o coração, sua vontade pacífica, e jurando por seus grandes deuses que eles não têm absolutamente nenhuma participação nessa curiosa sucessão de epidemias. Sem dúvida, traduzo seus pensamentos íntimos em imagens cuja brutalidade os irrita e contra as quais vocês não podem se defender. Mas o quê! Não penso que Nosso Santo Padre o Papa esteja mais tranquilo do que eu sobre o futuro do Ocidente cristão. Não é de modo algum exagerado, portanto, concluir que nada poderá justificar as imensas fossas do futuro, nenhum desses *casus belli*, antes amorosamente acalentados pelas chancelarias. E contudo é necessário que estes ossuários se preencham. Vocês mesmos, vocês que dão de

SEGUNDA PARTE

ombros, vocês sabem – vocês sabem – que eles se encherão, que vocês os verão cheios, a menos, meu caro senhor, que você esteja dentro deles. Para tais fins delirantes, só se pode razoavelmente utilizar o fanatismo religioso que sobrevive à fé, a fúria religiosa consubstancial à parte mais obscura, mas venenosa da alma humana. Quem o utilizará? Que monstros? Infelizmente, talvez não haja monstros. Aqueles que sonham em utilizar essas perversões como o fariam com um *slogan* qualquer são infelizes incapazes de avaliar o pavoroso, demoníaco poder. De resto, eles não creem no diabo. Eles poriam fogo aos homens por um lance da Bolsa, sem se preocupar um instante com os meios de apagá-lo, não sabem absolutamente nada do homem, que eles definem como uma máquina de perder ou ganhar dinheiro, uma máquina de dinheiro. – E os outros? Os outros se desesperam, desesperam sem que o saibam, dessa espécie de desespero torpe, sempre cômico, que se chama perplexidade – o desespero ao alcance dos imbecis. Infelizmente, não querem se dar conta! Não sou propriamente velho e, no entanto, conheci a época em que os imbecis acreditavam viver num mundo sólido, bem fechado, o Mundo Moderno, superior a todos aqueles que o precederam, embora necessariamente inferior àquele que viria depois dele. Conheci o tempo em que a palavra moderno tinha o sentido de melhor. Ora, a amargura escancarada dos grandes espíritos do último século – sentimento tão estranho ao francês médio contemporâneo da Exposição de 1900 quanto a economia de Karl Marx ou a estética de Ruskin – fornece agora – ainda que traduzida em linguagem barroca à grande imprensa popular seus temas preferidos. O que importa, dirão vocês, essas pessoas precisam de certo número de lugares-comuns que elas repetem umas para as outras como papagaios, inclinando-se uns para os outros, com ruídos e piscares de olhos típicos dessa ave. Mas não se alimentam os papagaios com vinho perfumado do Livro de Jó ou do Eclesiastes. É nisso que deviam pensar tantos tolos cheios de espírito de moderação, a ponto de não estarem mais à altura de si mesmos, que citam La Fontaine a propósito de tudo, como se o perfeito poeta jamais tivesse ido além na vida do que no amor, tendo apenas brincado, com suas velhas mãos astutas, que ainda vigiava, sempre em vão, Mme. de La Sablière. A sabedoria do Velho, com efeito, é uma sabedoria de ancião, dir-se-ia que ela tem o seu cheiro. Não desprezo suas máximas, elas servirão, dez vezes em nove, para poupá-lo de dizer besteiras. Mas uma existência humana conta um número muito pequeno de conjunturas decisivas que lhe confere sentido, e em tais momentos a sabedoria sorridente do bom homem só serve para perder por um minuto o chamado imperioso do risco ou da glória – ou mesmo, simplesmente, da Sorte. Na juventude ou na Prosperidade – que é outra juventude – dá-se ouvidos, de bom grado, às afirmações docemente tranquilizadoras desses céticos que pretendem ter visto de tudo. E depois, com a idade, nós nos perguntamos até onde eles terão realmente ido. Suponham, por exemplo, que o delicioso Jacques Bainville tivesse vivido tanto tempo quanto Matusalém. Durante novecentos anos, teria ele feito outra coisa do que emprestar seu espírito aos imbecis? Esse demônio de finura era, sobretudo, um mercador de ilusões, um tipo do gênero do vidraceiro de Baudelaire. Ele prodigalizava aos medíocres, com um sorriso amarelo cuja amargura era sua vingança e seu segredo, a única ilusão que a Natureza normalmente lhes recusa, a ilusão de ter compreendido. Essas experiências de biblioteca são exatamente equivalentes à rotina dos velhos libertinos. La Fontaine, em seu tempo, deve ter feito mais de um rapazinho ficar boquiaberto de admiração e de inveja – pois os libertinos adoram se gabar. Mas muitos desses rapazes devem ter percebido bem rapidamente que a estratégia do bom homem convinha no máximo para os gentis animais amorosos de que ele povoou seus *Contos*. Posto na presença de uma verdadeira mulher, daquelas que ou se possui ou não se possui de todo, o pobre velho discípulo de Horácio, sempre um pouco embriagado como seu mestre, não imaginava sem dúvida nada melhor do que perder sob as saias uma mão frágil, mesmo ao custo de receber no mesmo momento, sobre seu rosto, a de sua divindade. Assim se vê, na face dos doutores em realismo, quando eles se exaltam, o rubor da bofetada do real.

* * *

É um grande equívoco crer que o homem médio só é suscetível de paixões médias. Com frequência, ele só parece médio porque se acomoda suavemente à opinião média, assim como o animal de sangue-frio ao meio ambiente. A ampla leitura dos jornais prova que a opinião média é o luxo dos períodos prósperos da história, que ela cede, hoje, em toda parte, ao trágico do cotidiano. Para formar um julgamento médio sobre os acontecimentos atuais seria preciso a iluminação do gênio. É com acontecimentos médios que o homem médio faz seu mel, esse elixir adocicado ao qual André Tardieu quis um dia atribuir propriedades arrebatadoras. É claro que, se você sentar o homem médio sobre um fogão aceso, você curará ao mesmo tempo sua secreção. Com o fogo no traseiro, ele correrá para se refugiar em qualquer das ideologias das quais, outrora, fugiria assustado. O desaparecimento das classes médias pode se explicar muito bem pela lenta e progressiva destruição dos homens médios. A classe média não pode ser recrutada. As ditaduras exploram esse fenômeno, não são suas autoras.

Parece-me vão contar com os homens médios para uma política média. Eles têm os nervos fracos, seria extremamente perigoso agitá-los. Sem pretender me fazer crítico de certa eloquência clerical, tenho o direito de dizer que, inofensiva na época de Jacques Piou, ou sobre os lábios do pranteado conde Albert de Mun, ela se dirige hoje a imaginações desequilibradas pela angústia. Os contemporâneos de Jacques Piou ficavam evidentemente indignados pela política do Sr. Combes, mas eles não se acreditaram, por um instante, capazes de rebelião aberta contra esse minúsculo político com cabeça de rato. Por um motivo que devo formular exatamente como penso: os negócios então iam bem. Não há nessa observação nenhuma intenção ofensiva. O mais otimista dos bispos espanhóis não ousaria sustentar que se encontrem muitos cristãos capazes de se sentirem tão perturbados pela votação de uma lei desfavorável à liberdade de ensino quanto pela notícia de sua própria ruína, sobretudo quando esta ruína é irremediável, uma vez que ela é função, como dizem os matemáticos, da ruína universal. Uma coisa era falar dos heróis da Vendeia aos pacíficos súditos de Armand Fallières, outra é dar como exemplo a guerra civil espanhola a pobres tipos que duvidam de tudo, da própria sociedade, e estão dispostos a afirmar: "A Cruzada? Que seja a Cruzada!...", assim como pensavam, cinco minutos antes: "O Comunismo? Por que não?"

Repito às Excelências que Suas Senhorias não parecem ter plena consciência da responsabilidade que elas assumem. "A guerra civil espanhola dura há quinze meses", pensam elas. "Louvá-la hoje não compromete em nada." Mil perdões! A ideia de Cruzada está no ar – a das Forças de Deus contra as Forças do Mal. Não faltarei ao respeito que devo ao Episcopado declarando que esse empreendimento tem consequência, e já que Suas Senhorias o aprovam, elas devem organizá--lo. Não é porque acredito estar pessoalmente em questão: sou realista, e quando se tratar de lutar, não será Delas que receberei ordens, nem chefe. Mas Elas não podem assim mesmo deixar a ideia de Cruzada na primeira esquina, sem examinar por quem ela será recolhida. "Em frente pelo Bem contra o Mal!" E eis que o Japão responde: "Presente!", com sua impagável voz de clarinete. A ardente caridade do novo campeão flameja nos quatro cantos de Xangai. Será que Vossas Senhorias não julgam estar fazendo pouco caso de suas mitras?

*   *   *

Podem responder à vontade que falo em meu nome, o mesmo que dizer em nome de ninguém. Mas suponham que falo em nome de cem mil homens prestes a se enfrentar. Os senhores me julgariam realmente ingênuo a ponto de lançar o meu pessoal na batalha com base em uma ordem tão vaga quanto esta: exterminem os maus? Para começar, que maus? – Aqueles que os homens da ordem indicarão como tais. – Desconfio daqueles que os senhores chamam de homens da ordem. Por que Vossas Senhorias não desejariam por si mesmas censurá-los? Pois está bem claro que iniciamos a cruzada contra os inimigos de Deus, aqueles que Deus mesmo indica para receberem nossos golpes. – Os inimigos da Sociedade desejada por Deus são os inimigos de Deus. – Certo. Mas em boa justiça, consideramos que a Sociedade possui duas espécies de inimigos, aqueles que exploram de dentro, por egoísmo e injustiça, e aqueles que, de fora, propuseram-se a demoli-la. Se o Anjo do Senhor atravessasse hoje os Pireneus para atingir, com a espada flamejante, ambos os campos, essas duas espécies de anarquistas, no sentido exato da palavra, não veriam os senhores se dissipar os efetivos, Excelências? Deveremos nós, mais simplesmente, considerar como inimigo todo cismático, herético, agnóstico, incapaz de recitar sem errar o Símbolo de Niceia? – Não façam nada, infelizes! Heréticos e agnósticos há um pouco em toda parte. Há também infiéis. Não nos questionem mais. Não somos homens carnais, abençoamos ou amaldiçoamos as intenções, pelo menos tais como são expressas. Deus julgará o resto. – Sem dúvida. São as intenções que os senhores amaldiçoam, mas não são elas que são fuziladas. Se os senhores só querem lidar com as intenções, por que se intrometem em batalhas de homens? Os homens têm muitos pretextos para rachar a cabeça uns dos outros. Ficaríamos vexados, Excelências, não se ponham no campo de tiro! Na primeira ocasião que parecer favorável a Vossas Excelências, voltarao a ser homens de paz e nos deixarão entre dois fogos, como Luís XVI fez outrora com os suíços. Só voltaremos a ouvir falar dos senhores no dia que um bravo homem vestido de padre, um pouco pálido e balbuciante, numa aurora fria que conheço, vier nos exortar ao ruído dos martelos que fecharão alguma coisa, por trás da parede. É por isso que meu requisitório não tem de modo algum o caráter que podem supor. Uma guerra civil é desejada por um pequeno número, mas é antes de tudo a resolução de um complexo psicológico: "Terminemos com isso de uma vez por todas!". O adversário não é um homem que deve ser reduzido, mas suprimido, a sociedade se declarando decididamente incapaz de fazê-lo se reintegrar. Trata-se de um fora da lei, a lei não o protege mais. Ele só pode esperar piedade. Ora, em guerra civil, todo ato de piedade seria um exemplo lamentável para a tropa. Não pensem os senhores que os combatentes do general Franco teriam suportado ver empalar, por mouros esfarrapados, espanhóis que pediam perdão em sua própria língua, se não acreditassem na palavra de seus chefes, que lhes diziam que esses compatriotas eram monstros. Não existe piedade na guerra civil, não há justiça, tampouco. Os Vermelhos de Palma, só pertencendo em sua maioria a partidos moderados de esquerda, não tiveram participação alguma nos assassinatos de Madri ou Barcelona: mesmo assim, foram abatidos como cães. Não se parte para a guerra civil com advogados, juízes e códigos de instrução criminal nos furgões. Não tenho gosto algum por esse tipo de iniciativa, mas é possível que me imponham isso um dia. Então, tenho a impressão de que procurarei encarar a tarefa de frente, antes de arregaçar as mangas. Critico nos seus homens da ordem cometer injustiça exatamente como vão ao bordel, derrubando as paredes, quando não sentem a necessidade, uma vez satisfeitos, de dar paternalmente lições de moral à pobre moça que, vestida com um par de meias, os escuta bocejando, sentada na beira da cama. A lei dos suspeitos, por exemplo, não se inscreve com todas as letras em qualquer roteiro de guerra civil? Para que fazer careta? – Fogo em quem se mexer! – Admitam que não há muito a extrair de semelhante máxima por parte de um grave jurisconsulto. Quem se mexer pode ser o ferido agonizante, o que importa? Nenhum dos feridos ou doentes feitos prisioneiros durante operações de guerra, entre agosto e setembro de 1936, contra os catalães, em Maiorca, foi poupado pelos nacionalistas. A que título teriam sido, pergunto eu? Foras da lei, eles se encontravam também fora da humanidade, dos animais ferozes – *feras* – das bestas. Isso não bastou? Os senhores ainda reprovarão a esses

SEGUNDA PARTE

miseráveis? Até então, a Igreja tolerava que eles fossem suprimidos. Convém agora dar a essa supressão o caráter de um ato meritório, justificado por motivos sobrenaturais? Ignoro. Gostaria que fossem mais precisos. É difícil tratar os soldados do Exército do Mal como beligerantes comuns. Não pertenceriam eles, por isso, à jurisdição eclesiástica? Seu crime é precisamente aquele que os tribunais do Santo Ofício castigavam com maior severidade, e a história nos ensina que esses tribunais não poupavam nem mulheres nem crianças. O que fazer com mulheres e crianças? Eu me pergunto por que julgariam ridícula a questão que coloco. Pois é inútil considerar como responsáveis pela Inquisição a Igreja ou os Reis católicos – foram os costumes que a fizeram. Afinal, quando ela acendia suas fogueiras através da Espanha, esse país contava com um número bem maior de teólogos eminentes do que hoje e, o Evangelho já sendo pregado havia 1.500 anos, cabe acreditar que não aprendemos grande coisa desde então. Os usos evoluem mais lentamente do que os costumes, ou antes, os costumes não evoluem, parecem sujeitos às bruscas e profundas mutações que marcam a origem e o declínio dos períodos históricos, como também das espécies animais ou vegetais. O mundo está maduro para toda forma de crueldade, assim como para toda forma de fanatismo ou superstição. Bastaria que se respeitassem certos usos e, por exemplo, que se abstivessem de violentar seu curioso sentimento de solidariedade em relação aos animais, uma das raras aquisições, talvez, da sensibilidade moderna ocidental. Creio que os alemães se habituariam rapidamente a queimar publicamente seus judeus, e os stalinistas seus trotskistas. Vi, com meus próprios olhos, eu que lhes falo, vi certo povo cristão, de tradição pacífica, de extrema e quase excessiva sociabilidade, endurecer-se de repente, vi se endurecerem seus rostos, e até o rosto das crianças. É inútil pretender conservar o controle de certas paixões, uma vez desencadeadas. Nós as utilizaremos como são? Correremos esse risco? Deveremos sufocar no sangue, a exemplo dos contemporâneos de Filipe II, essas grandes heresias recém-formadas, mas que já se sente remexer debaixo da terra? Durante meses, em Maiorca, as equipes de matadores, rapidamente transportadas de aldeia em aldeia por caminhões requisitados para esse fim, abateram friamente, à vista de todos, milhares de indivíduos julgados suspeitos, mas contra os quais o tribunal militar teve de renunciar a invocar o menor pretexto legal. O monsenhor bispo de Palma estava ciente desse fato, como todos. Ele não deixou de se mostrar, sempre que pôde, ao lado desses executores, dos quais alguns tinham notoriamente sobre as mãos a breve agonia de uma centena de homens. Será esta a atitude futura da Igreja? A questão agora tem bem menos importância para os espanhóis do que para nós. Parece verossímil, com efeito, que os generais do *pronunciamiento*, para salvar sua cabeça, deixassem se reestabelecer a Monarquia que eles destruíram seis anos antes. A façanha só terá custado um milhão de homens. Evidentemente, esse custo parece enorme. Ela vale para a Espanha, pelo menos, estar sem condições, por muito tempo, de participar de qualquer Cruzada que seja. Por trás destas montanhas ela permanece, como no passado, à margem da Europa. Lá, a depuração terminou. Penso na depuração de meu país, que não começou ainda. Penso na depuração dos franceses. Para nos aliarmos a certa parte da classe operária, o tempo é bem curto. Se a luta das Forças do Bem contra as Forças do Mal estiver tão próxima quanto dizem, impõe-se a necessidade de agir rápido e com força. Não podem assumir suas responsabilidades como nós as nossas, quando chegar a hora? Pois não é com o Sr. Paul Claudel ou com o reverendo padre Janvier que terminarão sua Cruzada, será conosco. Eis por que tenho perfeitamente o direito de me dirigir diretamente aos senhores, como faço. Se infelizes pensarem que ironizo, lamento por eles. A Rússia não é mais a única a desejar uma revolução na França. Os dois outros Estados totalitários não tirariam menor proveito disso, e a de esquerda deve ter logicamente suas preferências, pois ela abalaria mais profundamente a estrutura do país, acabaria com seus quadros, nos afastaria das democracias capitalistas e permitiria aos ditadores acordos mais frutíferos. É possível, portanto, que sejamos forçados a atirar primeiro. Isso poderá gerar mal-entendidos. Qualquer que seja seu topete, os pregadores da Boa Guerra não ousariam sustentar que as Forças do Mal se encontram tão claramente limitadas que só golpearíamos com certeza. Vinte por cento de saqueadores, de incendiários, de carrascos é muito, e sou benevolente, digamos. Infelizmente, a canalha raramente se encontra sob o fogo da metralha. Estejam certos de que a nossa também dará toda a atenção à retaguarda, ao moral da retaguarda, aos traidores, aos espiões, aos derrotistas da retaguarda. Só restarão diante de nós bravos operários franceses, bastante idiotas, por exemplo, para me acreditarem amigo de André Tardieu, e prestes a me fuzilar como tal, pobres-diabos! Seria preciso tratar como animais ferozes pessoas que estimo? – Pois bem, tratem-nos como quiserem! – Perdão. A vergonha das guerras civis é que elas são, no início, essencialmente operações policiais. A polícia serve de inspiração e organiza tudo. Combatendo na Espanha, se eu tivesse ousado me opor às execuções sumárias, eu mesmo teria sido fuzilado. Não se faz guerra civil com luvas brancas. O Terror é sua lei, e vocês o sabem. Os bispos espanhóis o sabem tão bem que tiveram de aludir aos excessos lamentáveis, aos abusos inevitáveis, em um tom que não tem nada de militar. Lamento admiti-lo: suas fórmulas de absolvição geral não contam nada a meus olhos. O desprezo de Suas Senhorias é sempre o mesmo. Os senhores têm o ar de imaginar que a guerra se assemelha à terça-feira gorda, que é uma espécie de alegre trégua para a moral comum, e que, nela, é possível se entregar à crueldade como os foliões do carnaval ao jogo de beliscar nádegas. Uma vez apagados os últimos lampiões, convém acolher a querida criança com um sorriso compreensivo e paternal. "Vamos, vamos, acalmem-se. Há momentos em que não é possível se recusar um pequeno prazer. Não pensemos mais nisso!" – Mas, Excelências, não são de modo algum pequenos prazeres! – Admitam, então, que no fogo da ação, os militares se tornem ferozes, eles se assemelhem ao cavalo da Escritura que bufa e bate o solo. Sabemos isso por intermédio do Sr. Claudel, que sabe o que é a guerra, que até mesmo escreveu poemas de guerra. Afinal, quando nos encontramos diante de um homem que quis nos matar um minuto antes, está-se desculpado, mesmo que ele fosse seu prisioneiro, de espicaçá-lo um pouco com a baioneta, que os valentes soldados franceses da Grande Guerra chamavam, não é, de Rosália? – Mas não! Mas não: Vossas Senhorias se enganam. Os guerreiros, com exceção de Mme. Chenal ou de Paul Claudel, sempre ignoraram até mesmo o nome Rosália. Penso que Rosália deve ser o nome de uma baioneta manchada de sangue. Essa brincadeira feroz e grosseira não tem, eu asseguro, nada de militar. Com todo o respeito, ela deve traduzir, em linguagem poética, os deleites amorosos de algumas damas carentes de ternura, ou atormentadas pela idade. Excelências, muitas damas fazem do guerreiro imaginário a ideia mais própria a estimular suas faculdades amorosas. Não caiam inocentemente na mesma ilusão. As velhas inglesas também se persuadem de que o *aficionado* só frequenta a Plaza na esperança de ver os cavalos serem estropiados, mas são elas – pobres queridinhas! – que só têm olhos para essas torpezas. Sem dúvida, é possível que a guerra outrora tenha formado gladiadores e beluários. Pelo menos entre os povos com sangue de bode. Mas quando um homem enfrentou uma vez o paredão laranja e negro do tiro de barragem, no trovoar de mil sirenes de aço, depois administrando seu fôlego, suas grossas botas colantes de lama, alinhando-se o melhor que pôde ao que restava da seção, ele não tem mais tempo de pensar em bobagens – quero dizer, no ódio do inimigo... Mas não, Excelências, os senhores se enganam novamente, ele não bebeu. Ele só se embriagará depois. Ele está às portas da morte, ou certamente um pouco além delas, mas não sabe disso, não sabe nada dessa separação essencial, fundamental, que não possui mais as cores da vida, atingido por uma espécie de transparência sobre-humana. As forças ululantes que ele enfrenta não têm absolutamente nenhuma proporção com a revolta ou a cólera de um pobre-diabo como ele; e ainda que ele se acredite com frequência muito ocupado para não deixar sua roupa de baixo no arame farpado, afirmo

SEGUNDA PARTE

a Vossas Senhorias que ele marcha nu sob o olhar de Deus. São confidências que os senhores recebem raramente, pelo motivo de que as portas da morte não são encontradas em nenhuma placa de ferrovia. Aqueles que, em sua ingenuidade, escolheram eles mesmos o nome engraçado de Antigos Combatentes, poderiam retornar com a família ao lugar exato em que estiveram sob fogo, eles não se recordarão de nada e, na falta de algo melhor, contarão histórias. Pois as lembranças de guerra se assemelham às recordações de infância.

* * *

Vossas Senhorias devem compreender que seria muito fácil definir o heroísmo se existissem no mundo heróis patenteados, capazes de fornecer consultas sobre o assunto aos curiosos. Os heróis não se acreditam mais heróis do que os santos, santos. Aguardando a decisão às vezes tardia da Igreja, e mesmo depois, os senhores sabem que estes últimos precisam remeter o cuidado de sua glória a cônegos letrados, que os refazem naturalmente à sua imagem e semelhança. Mesmo na guerra, tem-se mais raramente do que pensam ocasião de ser heroico, mesmo que por um só instante. Pode-se ter feito prisioneira toda uma seção de metralhadoras, e conservar desse feito de armas uma impressão algo confusa, que um elogio excessivo rapidamente torna desagradável. Ao passo que não se duvida de modo algum desta ou daquela conjuntura, tão humilde que não poderia fazer parte de um relato, na qual, da fadiga, do desgosto, da angústia, da revolta mesma de sua carne extenuada surge repentinamente a aceitação da morte, não deliberada nem alegre, porém mais íntima, mais profunda – a reconciliação pacífica entre vida e morte, assim como um milagre de luz. – Excelências, não me sirvo de tais palavras por sua intenção, compreendo muito bem que tenham dos soldados de meu país uma ideia bem diferente. Escrevo, neste instante, para libertar minha alma, porque estou cheio de ouvir alternadamente se rebaixar a guerra, depois exaltá-la, sem jamais compreendê-la. Esses momentos foram nossos, de ninguém mais, de tal modo nosso que a memória é com frequência impotente para nos devolver novamente a trama da vida. Foram o que foram, foram uma vez, só se ligam aparentemente a certas imagens, de resto banais, comuns a todos, de modo que o mecanismo da memória, para substituí-las, gira em falso. Vossas Senhorias interrogariam em vão meus companheiros: "É verdade", talvez admitam eles. "Há dias em que não ligávamos para nada. Não há nenhum mistério nisso." Eles teriam respondido do mesmo modo vinte anos antes, ao voltar, com a canção sobre os lábios, em direção às luminosas aldeias, para as pequenas praças ensolaradas, o capote ainda duro de lama, e suas indefectíveis bolsas a tiracolo. "Vamos nos vestir de preto? Vamos!" – Eles tentavam sorrir, com suas barbas de três semanas e os rostos tão cavados que sorriam atravessado – rosto, ó, queridos rostos, ó, rostos de meu país! Sei que não fica bem vestir-se de preto. Mas o que querem? Eles acreditavam se afogar em um vinho ilusório, uma beberagem ácida, o medo de ontem e o de amanhã. Mas não era o medo, era a lembrança da graça recebida, pois eles tinham pressa em se tornar homens como os outros, de voltar a vestir suas pobres peles de eleitores mobilizados, como antes tiravam a roupa de domingo, enfiavam a calça de veludo, enfiavam os dedos nos sapatos de dias de festa.

– Graça recebida? Que graça? – Pois bem! Não consigo encontrar outra palavra: uma graça, um dom. Que fossem incapazes de apreciar seu preço, isso nada tem a ver com o caso, me parece. Muitos deles acreditavam mesmo ver nisso um mau presságio. "Há dias em que não se liga mais para a vida", eles diziam. Sem dúvida, eles temiam que a vida, por um justo retorno das coisas, não se apegasse mais a eles, os esquecesse. E deliberavam tranquilamente se vestir de negro, por um preço justo. Eles se vestiam de negro, de fato, voltavam a ser pobres-diabos. É isso que chamam, creio, de abuso da graça? Eles ignoravam, felizmente, a natureza dessa falta e sua gravidade. Ignoravam, em sua maioria, até o nome graça. Discutiremos, em outra ocasião – quando quiserem – se se tratava de ignorância ou de esquecimento, pois muitas dessas pessoas foram batizadas. Quero dizer simplesmente que elas talvez tivessem sido dignas dessa graça, desse sorriso de Deus. Pois elas viviam, sem saber, no fundo de seus buracos lamacentos, uma vida fraternal. Não que fossem, entre si, irretocáveis, nem que se chamassem de irmãos, à maneira dos monges, uma palavra de cinco letras,[1] que não ouso escrever, bastando em geral para sua cordialidade. Assumir o turno de guarda do camarada fatigado, na hora em que o ruído surdo do morteiro aumenta no dia que cai, não é nada! Eles faziam isso, e muito mais. Partilhavam sua última crosta de pão, bebiam juntos o último cantil de café gosmento, e com suas grandes mãos inábeis, pronunciando "É uma desgraça, de qualquer modo!" e "Miséria!" despejavam seu pacote de medicamento inteiro sobre o antro aberto de um ventre, para onde escorria o suor de suas testas. Isso não é nada quando as balas das metralhadoras estouram na altura dos ombros! Chamo novamente a atenção das Senhorias espanholas para esse ponto. Quando se vive semelhante vida, é difícil odiar o inimigo. A doação cotidiana de si mesmo não inclina a nenhum dos sentimentos – ódio, inveja, avareza – que fecham o homem sobre si mesmo, fazem dele seu próprio fim. Nós nos habituamos rapidamente aos mortos, à visão, ao odor dos mortos, mas valas são valas. Um bruto se torna covarde, um covarde apodrece no lugar, torna-se líquido. Enquanto houver soldados no mundo, os senhores não os impedirão de prestar homenagens a seu risco, e quem homenageia seu risco homenageia o inimigo. Esta é a lei do esporte e da guerra. – Mas quem os impede de homenagear? – Ilustrarei essa afirmação com um exemplo. Ignoro o que fizeram ou deixaram de fazer os Cruzados da Península. Sei somente que os Cruzados de Maiorca executaram, numa noite, todos os prisioneiros apanhados nas trincheiras catalãs. Conduziu-se o rebanho até o lugar onde foram fuzilados sem pressa, animal por animal. Mas não, Excelências, não questiono de modo algum seu venerado Irmão, o arcebispo de Maiorca! Ele se

---

[1] No original, palavra de três letras. Provavelmente, "ami"; em português, "amigo". (N. T.)

fez representar na cerimônia, como de hábito, por certo número de padres que, sob a vigilância dos militares, ofereceram seus serviços a esses infelizes. Podemos fazer uma ideia da cena: "Vamos, Padre, esse aí tá pronto?" – "Um minuto, senhor capitão, eu o entregarei em um instante." Suas Excelências afirmam ter obtido, em conjunturas similares, resultados satisfatórios, o que me importa? Com um pouco mais de tempo diante deles e, por exemplo, dando-se ao trabalho de sentar os pacientes sobre uma panela de água fervente, esses eclesiásticos teriam sem dúvida tido mais êxito ainda. Eles os teriam até mesmo feito cantar as Vésperas, por que não? Não dou a mínima. O trabalho terminado, os Cruzados amontoaram a animália – gado absolvido e não absolvido –, depois os regaram com gasolina. É bem possível que essa purificação pelo fogo tenha se revestido, então, devido à presença de padres em serviço, de significação litúrgica. Infelizmente, só vi no dia seguinte esses homens negros e lustrosos, torcidos pelas chamas, e alguns dos quais, na morte, ofereciam poses obscenas, capazes de entristecer as damas de Palma, e seus distintos confessores. Uma fumaça negra saía deles às golfadas, e subia sob o sol de agosto. Precisamente, creio que o Sr. Bailby, diretor do *Jour*, é alguma coisa do sindicato dos jornalistas? Informo então, de passagem, que o barão Guy de Traversay, secretário-geral do *L'Intransigeant*, estava entre esses mortos.

* * *

Será preciso repetir, ainda, que essas imagens não perturbam o meu sono? São imagens de guerra civil, bem monótonas, com o tempo. Em 1914, um alemão, por exemplo, era logicamente tido por indesejável enquanto pisasse armado no solo de nosso país. Prisioneiro, ferido ou doente, ele era imediatamente considerado parte estimável da humanidade, os idiotas da retaguarda não tendo jamais ousado afirmar, pelo menos publicamente, que os exércitos alemães, austríacos ou búlgaros eram os Exércitos do Mal. Mas os Vermelhos são os Vermelhos. Sempre tomando por exemplo a vítima outrora reservada aos inquisidores, os homens da desordem são menos temidos por suas armas do que por sua língua. Esses perversores da consciência pertencem mesmo a uma espécie tão venenosa que seu mero contato já torna alguém merecedor de morte. Para voltar ao secretário-geral do *L'Intransigeant*, foi em vão que ele justificou sua qualidade de jornalista francês. Não temo ser desmentido quando afirmo que, após um breve debate entre dois oficiais espanhóis, ele foi executado por ter sido encontrada entre seus papéis uma miserável folhinha datilografada, assinada pelos funcionários da *Generalidad*, recomendando-o aos cuidados do capitão Bayo. É perfeitamente possível que uma folha semelhante, assinada pelas autoridades nacionalistas de Palma, tivesse me valido, entre os republicanos, a mesma sorte. Eu poderia responder, no entanto, que não sei de nada, pois, pelo meu conhecimento, ao menos, nenhum jornalista francês foi fuzilado pelas pessoas de Valença. Parece-me bem mais simples escrever que os anarquistas da FAI [Federação Anarquista Ibérica], professando não terem nem Deus nem Senhor, esse fato os teria dispensado de buscar, para meu assassinato, qualquer outra justificação além da vontade de cometê-lo. Quanto a mim, tenho uma longa, antiquíssima prática da consciência das pessoas de bem, conheço seus corações. Se elas matam, ou admitem matar, é que, suponho, se colocaram antes em dia com Deus e seus mestres, com a Lei e, sobretudo, com a opinião das pessoas de bem, pois têm filhos a estabelecer e filhas a casar. É certo que o capitão-cruzado que teve em suas mãos a sorte de nosso compatriota não o acreditava de modo algum culpado dos assassinatos dos padres catalães ou pela pilhagem das igrejas de Málaga. Não culpado, nem mesmo cúmplice, mas moralmente responsável, talvez? Como eram responsáveis, no passado, pelo massacre de reféns, executados por uma centena de bandidos, os vinte mil membros da Comuna abatidos pelos soldados do general Galliffet, embora os bispos franceses não tenham julgado indispensável, nessa época, solidarizar-se, em nome de Deus, com esse militar.

* * *

Sem dúvida, Suas Excelências espanholas julgarão que eu argumento muito lentamente, a pequenos passos. Que elas tenham paciência! Só discutimos sobre o passado por legítima preocupação com um futuro próximo. Não me cansarei de repetir que podemos empreender, de um dia para o outro, a depuração dos franceses, com base no modelo da depuração espanhola, abençoada pelo episcopado. "Não te inquiete", me assopram no ouvido Suas Senhorias. "Uma vez começada a coisa, fecharemos os olhos." Mas, justamente, não quero que fechem os olhos, Excelências! Se fecharem os olhos, eu me conheço, pararei imediatamente de fuzilar a canalha. Para executar adequadamente essa tarefa, não é de indulgência, mas de encorajamento que precisarei. Mesmo a ameaça do inferno, em caso de negligência, não bastaria. Sou tentado de muitas maneiras, infelizmente, e todavia não ocorre, mesmo após um jantar farto, de dizer a mim mesmo: "Que pena que a prudência de meu diretor me impeça de depurar!". É um trabalho difícil, uma tarefa extenuante, depurar! Se eu precisar empreendê-la, um dia, a quem diabos Vossas Senhorias querem que eu me dirija? – Nossas Senhorias não compreendem muitas dessas coisas bizarras. Você só é bom como soldado da Cruzada, ou talvez um cabo, já que nos dizem que você obteve esse modesto grau, durante a última guerra. Seria estranho que devêssemos encorajá-lo a matar. Não é sua tarefa de soldado? O Mal já possui prestígio demais, e correríamos o risco de escandalizar os fracos por meio de um dom-quixotismo que não se coaduna em absoluto com a santidade de nosso ministério. A ideia de homenagear os inimigos da Igreja jamais nos ocorreu. Importa, pelo contrário, rebaixar inicialmente a soberba deles, sua pequena vanglória, humilhá-los. O aguilhão de certa injustiça facilita sua expiação neste mundo, poupar-lhes-á suplícios maiores no outro. O que eles têm a perder? Afinal, a chama das fogueiras lhes prestava outrora o mesmo serviço. O pecado consistiria em agir assim por ódio. Basta, portanto, que desejemos sua salvação, e que nossos teólogos afirmem possível essa salvação, pois Deus morreu por todos, esse ponto doutrinal deve ser mantido. A indulgência dos doutores só daria a pensar à minoria de fiéis que leem seus livros. A maior parte de nossos paroquianos sempre preferirá simplesmente crer, de uma vez por todas, que foi apenas a rudeza que danou Lutero e que os distintos colaboradores do *Ami du Clergé*[2] esgotaram em vão, em relação ao pobre Lamennais, as últimas reservas de caridade. É menos útil refutar os falsos profetas do que desviar deles nossos cordeiros. Do mesmo modo, não pensávamos em sustentar que os milhares de espanhóis fuzilados por nossos Cruzados fossem assassinos de padres ou de freiras. Não é melhor colocar pessoas honestas desviadas no nível de assassinos do que correr o risco de fazer passar assassinos por pessoas honestas? Não há, neste mundo, erros judiciais irreparáveis, uma vez que todos os julgamentos podem ser corrigidos no outro mundo. – Mas, Excelência, o erro irreparável não seria talvez, justamente, fuzilar inocentes? – Eis por que, não podendo, nós, gente da Igreja, príncipes da Paz, servidores dos servidores de um Deus servidor de todos, assumir o controle de uma repressão laica, forçosamente brutal, preferimos deixar nossos filhos militares em boa-fé. Para que perturbar suas consciências, uma vez que seus chefes lhes ordenam, e que eles devem obedecer sob pena de morte? Com suas teorias, a Cruzada teria finalmente resultado na execução legal, por indisciplina, de nossos fiéis mais escrupulosos, nos quais a caridade de Cristo teria se comovido alguns meses ou semanas mais cedo. Deixá-los ainda por um tempo sob o signo da justiça, onde está o mal nisso? Após ter evitado desse modo as cortes marciais, pouco receptivas aos objetores de consciência, eles voltarão a encontrar misericórdia no dia em que tivermos necessidade deles, eles facilitarão muito nossa tarefa quando os Reverendos Padres jesuítas democratas julgarem que chegou o momento de se aproximarem das massas operárias. Essa política empírica parece destituída de nobreza.

---

[2] *Ami du Clergé*: publicação fundada por leigos, que circulou na França entre 1878 e 1969 e se destinava a discutir questões relativas ao clero, na forma de orientação. (N. T.)

Ela não é nobre, de fato. Nós nos comprometemos a segui-la, valha o que valha, assim e assim, até o último de nossos dias, pois acreditamos o mundo incurável, embora evitemos admiti-lo francamente. Se o mundo pudesse se curar, nós o saberíamos há dois mil anos. O mundo pagão era duro, mas tinha nele um princípio de submissão timorata às forças da natureza, a suas Leis, ao Destino. A esperança cristã fez explodir a severa muralha. Para vencer as antigas muralhas não bastam algumas flores do campo, inserindo suas raízes em cada fissura, com a umidade da terra? E eis que a Esperança, desviada de seus fins sobrenaturais, lança o homem à conquista da Felicidade, enche nossa espécie de uma espécie de orgulho coletivo, que tornará seu coração mais duro do que o aço de suas máquinas. Não somos apenas os pregadores do Evangelho, somos também seus ministros. À medida que o seu espírito se enfraquece, nós nos assemelhamos a esses embaixadores de países muito vulneráveis que não ousam jamais pedir seus passaportes, com temor de que os levem demasiado ao pé da letra. Contra nós, os escritores católicos fazem o que querem, infelizmente! Nós não fazemos nem desfazemos mais os Reinos. Entramos pela porta que se quer deixar aberta, mas entramos com toda nossa pompa, e se nossos anfitriões não tomarem cuidado, nós lhes fazemos as honras de sua própria mesa. Os escritores católicos conhecem o Evangelho melhor do que nós? Eles ridicularizam nossa Cruzada. Eles nos instam a que coloquemos à sua frente um chefe irretocável. Que eles o busquem, e tendo-o encontrado, que o empossem eles mesmos! Até lá, nós nos contentaremos com aquele que nos serve habitualmente, sem que tenhamos o trabalho de nomeá-lo. Quer saber o seu nome? Chama-se general Mal-Menor. Nós o preferimos ainda ao general Melhor, que a sabedoria das nações denunciou há muito tempo como inimigo do Bem. O que você quer? A sociedade humana é repleta de contradições que não se resolverão jamais. Assim, a Revolução sempre se fez com os pobres, embora estes raramente tenham se aproveitado muito dela. A contrarrevolução sempre se fará contra eles, porque eles são insatisfeitos, e às vezes até mesmo desesperados. Ora, o desespero é contagioso. A Sociedade se acomoda muito bem com seus pobres, enquanto puder absorver os descontentes, seja nos asilos, seja nas prisões. Quando a proporção de descontentes aumenta perigosamente, ela chama seus policiais e abre seus cemitérios de par em par. Você responderá que hoje não há mais sociedade – aquilo que chamamos por esse nome não passa, na verdade, de uma espécie de compromisso –, ordem estabelecida – um estado de coisas. Um estado de coisas só subsiste graças a certo otimismo. Na falta de melhor, restabelece-se o otimismo diminuindo o número de descontentes. São verdades amargas, admitimos, e é preferível para nós deixá-las na sombra. Elas não são nossas, aliás. Que se refaça uma sociedade cristã, e nossa política será bem diferente! A Igreja também é uma sociedade. Enquanto tal, é com as sociedades humanas que ela trata. Você queria que ficássemos sempre do lado dos descontentes? Nosso crédito temporal se esgotaria então rapidamente! Certo, nós jamais deixamos de respeitar a pobreza, nem de ensinar que ela merece ser honrada e reverenciada. Mas não há somente a pobreza, há os pobres. Os únicos pobres verdadeiros que podemos garantir são os pobres voluntários, nossos monges e monjas. Estes usam o uniforme do exército regular. Os outros pertencem às formações irregulares, um pouco como esses corsários portadores de cartas de recomendação e que os poderes legítimos sempre se reservavam o direito de desautorizar. É perfeitamente exato que o mundo moderno, ao multiplicar as necessidades, multiplica os miseráveis, torna cada vez mais difícil o pacífico exercício da pobreza. Os papas despertaram, por meio das encíclicas, para o problema capital da atenção aos governos. O que mais podemos fazer? O número de miseráveis aumenta, e vemos crescer proporcionalmente os gastos de guerra. Há aí uma coincidência perturbadora. Afinal, destruir a tiros de canhão o excesso de miseráveis, ou consumir por meio de fogo colheitas inteiras de trigo, lançar no rio toneladas de leite, são medidas absolutamente idênticas. Se a sociedade materialista nos pedisse para aprovar solenemente, por exemplo, o extermínio dos grevistas, nós certamente lhe responderíamos com uma recusa. Observe que esse procedimento teria, todavia, consequências menos inumanas do que uma abstenção impotente, pois ao deixar se multiplicarem os miseráveis, isto é, os elementos antissociais inassimiláveis, chega-se fatalmente a repressões sangrentas que sempre ultrapassam o objetivo, enchem os cemitérios, esvaziam os cofres do Estado, são causa de crises econômicas, geradoras de novos miseráveis – assim se fecha o ciclo infernal. Não importa! O extermínio dos grevistas incorre por si mesmo sob nossa censura. Mas não poderíamos impedir a Sociedade de se defender contra os elementos da desordem. Ainda mais que somos, dessas desordens, as primeiras vítimas. Esta última consideração parecerá, também, pouco nobre ao Sr. Bernanos. Nós lhe observaremos, então, que na medida mesmo em que a sociedade se endurece, nossas obras são cada vez mais preciosas, indispensáveis. Há miseráveis cristãos, há outros ímpios. Que se fuzilem estes últimos, nós não nos regozijaremos com isso, mas, enfim, não ficamos bravos por nossas igrejas e nossos padres. O que você quer que respondamos a pessoas que pretendem assumir sua defesa contra os carrascos e incendiários? Fazemos de conta que acreditamos neles, pois esta época infeliz abunda em paradoxos, equívocos e contradições. Ganhar mais alguns anos, mesmo, não é nada! Pois virá a hora, a hora virá em que nos porão, como se diz, de frente para o muro. A sociedade materialista ainda nos respeita. Ela se batizou realista. O realismo é um nome honroso, um belo nome que nos lembra as controvérsias da boa época, a querela dos universais. Não desencorajemos essa benevolência. É claro que, após haver exterminado os miseráveis, ela pedirá a autorização para dizimar, em nome dos mesmos princípios realistas, os incuráveis, os enfermos, os tarados, ou supostamente tais – no interesse da raça. Devemos nos opor necessariamente a essa prática lamentável. Nós nos oporemos a isso com o mínimo risco, sustentados por uma parte da opinião universal. Essa categoria de miseráveis não poderia, com efeito, ser inteiramente assimilada aos outros elementos da desordem. Assim, assumimos, contra

Hitler, a defesa dos judeus. Os judeus evitaram pegar em armas. O Sr. Hitler não pode representá-los como revoltados! Assim, eles se tornaram para nós mais preciosos do que os católicos bascos, cuja teimosia heroica compromete gravemente nossa política. Além disso, os judeus são poderosos no mundo e valem ser poupados. Nós o dizemos sem vergonha. Semelhante atitude seria censurável se esperássemos que esses judeus servissem a nossos interesses temporais. Mas nós os poupamos para que eles nos poupem, por sua vez, isto é, que eles poupem a Igreja, e talvez mesmo, que eles despendam um dia uma parte de seu supérfluo para os miseráveis escapados dos massacres. Pois tudo provém do pobre e tudo retorna ao pobre. A pobreza é um abismo, engole tudo, consome pacientemente as riquezas do universo. Nós o sabemos. Sabemos que a paciência do pobre não se esgotará. *Patienta pauperum non peribit in aeternum.* A paciência do pobre vencerá tudo. É assim que se deve entender o mistério de seu advento. O cetro do pobre é a paciência. São verdades que os homens de governo, mesmo que da Igreja, devem evitar pregar tanto aos ricos como aos pobres. Deus sabe para onde caminha seu coração, mas eles não podem tomar sobre si as maldições de Léon Bloy. Continuamos preferindo Charles Maurras a Péguy. Viu-se jamais uma cidade opulenta onde os pobres-diabos tenham comido à saciedade? As mais altas flores da civilização humana floresceram sobre as fossas da miséria. Não deveria ser assim, seja! Eis por que Nosso Senhor Jesus Cristo amaldiçoou o mundo, e devemos, todavia, lidar com o mundo. O hábito assumido não vem sem certo endurecimento do coração. Se a Igreja fosse governada pelas Irmãs de caridade, seus negócios temporais não iriam melhor. Acredite. Iriam mesmo bem mal. O que você quer? Damos aos senhores uma obrigação de justiça, e aos escravos um dever de resignação. Quando um escravo atira com o fuzil, como considerá-lo resignado? Ao passo que a justiça do senhor está sujeita a exame. Não negamos em absoluto que a injustiça do senhor custe muito mais caro à sociedade do que certas violências. Contudo, mesmo com dano igual, a sanção seria bem diferente, pois a justiça confere a seus tribunais a injustiça do senhor, a revolta dos outros sendo da competência da guarda civil. Ora, o julgamento das metralhadoras é infelizmente inapelável. Nós não tínhamos problema algum em admitir que há hoje maus patrões. Já houve piores, no passado. Para conceder algo a nossos contraditores, aceitaremos mesmo nos reportarmos ao século passado,[3] quando não existia a legislação operária. Pensamos num desses pequenos potentados de província, cujas cupidez, inconsciência e avareza dizimavam gerações de mulheres e crianças, esmagados por um trabalho que ultrapassava suas frágeis forças, e aos quais um salário derrisório permitia, no limite, não morrer de fome. Se o quadro não parece ainda suficientemente negro, gostaríamos de acrescentar que, desprezando o sexto mandamento, esse mau rico dispunha de suas mais belas operárias para práticas repreensíveis. Isso se viu. Isso se viu com frequência, aliás. Suponha, agora, que em dia de pagamento, após terem se tornado culpados de embriaguez – o maior dos pecados de gula, e o único ao alcance das pessoas que morrem de fome –, os operários tenham se reunido na intenção de quebrar, com pedras, as janelas de seu patrão. O prefeito – não falaremos do administrador municipal, presumindo que, sob o reinado de Luís Filipe, nosso industrial teria certamente exercido ele mesmo esse cargo –, o prefeito, como dizíamos, não deixaria de intervir com seus policiais. Em semelhante conjuntura, que um pequeno livro de Édouard Drumont tornou tristemente famosa, os amotinados, acompanhados de suas famílias, tendo se recusado a obedecer às injunções, o agente responsável deu a ordem de atirar sobre a multidão. Houve um número lamentável de vítimas. Ora, com exceção do cônego Lemire e do conde Albert le Mun, os deputados bem-pensantes aprovaram de maneira unânime esse funcionário. Por legítima que possa ser a indignação desses trabalhadores, ela não poderia naturalmente se traduzir em desordem. Qualquer prefeito

---

[3] Século XIX, bem entendido. (N. T.)

teria agido da mesma forma, mesmo que fosse bom católico e membro da Sociedade de São Vicente de Paula. Não partilho de modo algum a opinião de Vossas Senhorias. Poderíamos prosseguir na discussão. Seria fácil, por exemplo, imaginar que o industrial-administrador recebesse precisamente, em sua mesa, nesse dia, o pároco local. Não há duvida de que, aguardando a chegada, sempre um pouco tardia, dos policiais, esse eclesiástico tivesse dado a seu anfitrião a autorização para abater a canalha que ameaçava sua propriedade. – Sua ironia não nos desconcerta, de modo algum. O exercício do direito de legítima defesa não poderia ser recusado a ninguém. – Seja. Em que medida os senhores teriam reconhecido aos pobres-diabos de que acabamos de falar? – Na mesma medida, exatamente. Pois se o mau rico, acompanhado por domésticos, fosse atacar as modestas e respeitáveis cabanas, quebrar seus vidros... – Excelências, raramente havia vidros nas cabanas, nessa época. Sua hipótese, além de tudo, permitam-me dizer, é inverossímil. Mas deixemos dormir os mortos. Sim ou não, pelo testemunho dos Reverendos Padres jesuítas-sociais, não existiam, na Espanha, numerosos enclaves em que a incúria e a avareza dos proprietários de terras reduziam à fome miseráveis há séculos subnutridos? O ditador Primo de Rivera chamava esses curiosos centros de despovoamento de vergonha da Espanha. – Nossas Senhorias lamentam. Elas se ergueram várias vezes, se erguem ainda contra... – Que Vossas Senhorias se sentem novamente. Vossa ginástica não serve de nada. Teriam aprovado, sim ou não, a revolta desses infelizes? Teriam invocado em seu favor o legítimo direito de defesa? – A revolta deles não teria mais utilidade do que nossa ginástica. – Sem dúvida. E vou até mesmo dizer por que: é que ao chamado dos proprietários causadores da fome teria imediatamente respondido a totalidade das pessoas da ordem, entre as quais se contariam boas pessoas, muitas delas quase tão magras e não menos exploradas que nossos esfomeados. Existe uma solidariedade entre os homens da ordem. Eu não a deploro. Deploro que ela tenha se constituído com base em um equívoco inumano, sobre uma concepção odiosa da ordem – a ordem na rua. Conhecemos desde crianças essa espécie de ordem. É a ordem dos peões. Dois diabinhos espetam sua caneta nas coxas do aluno Gribouille. Este grita. "Aluno Gribouille, cem linhas." – "Mas, senhor!" – "Aluno Gribouille, duzentas linhas; e se continuar a perturbar seus camaradas estudantes, eu o ponho pra fora." – Nós e nossos venerados Irmãos escrevemos muitas vezes... – Excelências, Vossas Senhorias definiram perfeitamente as condições da Ordem Cristã. E ao lê-las, compreende-se muito bem que as pessoas pobres se tornam comunistas. Pois é a maneira que elas têm para exprimir sua desaprovação da falsa ordem. A sua, evidentemente, possui um caráter mais grave, mais objetivo. É talvez porque a desordem só revolte seu zelo ou razão. Os miseráveis seriam incapazes de defini-la, eles a experimentam ao vivo. Um médico pode muito bem lamentar sinceramente que uma má política de higiene destine jovens inocentes à sífilis, outra coisa é contrair varíola. – Você pretende acusar Nossas Senhorias de impostura? – Certamente não. Quero dizer somente que não sofram em sua carne, e muito menos na carne de sua carne. Mesmo então, aliás, seus sentimentos religiosos lhes tornariam mais fácil o exercício da santa paciência. – Somos homens de paz, com efeito.

Certo. Ocorre, contudo, que a desordem os pressiona. Sua atitude, então, não é muito diferente daquela dos violentos que matam para não morrer. Nós os vemos, em nome do Pai, do Filho e do Espírito Santo abençoar argumentos automáticos, que saem todos lustrosos, bem engraxados, das célebres bibliotecas do Sr. Hotchkiss. Vi, por exemplo, o monsenhor arcebispo de Palma agitar suas veneráveis mãos por cima das metralhadoras italianas – vi isto ou não? – Os senhores o viram. Precisávamos então nos deixar matar, privar a católica Espanha de seus pastores? A vida de nossos assassinos era mais preciosa do que a nossa? Era preciso poupá-los em detrimento de nossa própria existência?

Eu responderei de uma vez por todas a Vossas Senhorias que matar, para um homem de honra, é uma necessidade dolorosa. Sempre me parecerá preferível fazê-lo eu mesmo. Mas, uma vez que Vossas Excelências se resignaram a só exercer indiretamente, por meio de pessoa interposta, seu legítimo direito de defesa – esse direito que me parece cada vez mais reservado a certa categoria de cidadãos, e como que inseparável do direito de propriedade, a ponto de que é possível defender com fuzil sua casa, mesmo que se tenha várias, ao passo que não se pode defender da mesma maneira seu salário, mesmo que não se possua nada além disso –, teria sido melhor, após tantos discursos sobre a infeliz condição dos camponeses e operários espanhóis, o egoísmo dos ricos, o pretenso caráter antissocial da monarquia Bourbon, esperar um pouco antes de denunciar solenemente ao mundo, como únicos responsáveis por tão grande variedade de desgraças, homens dos quais o mínimo que se pode dizer é que eles sofriam mais do que outros pelos erros e desgraças que os senhores passavam seu tempo a deplorar. Se não dispõem, contra os maus ricos, de nenhuma outra sanção além de seus inofensivos mandamentos de quaresma, é um triste espetáculo ver suas velhas mãos, suas veneráveis mãos nas quais brilha o anel do Pastor designar, tremendo, aos justiceiros, o peito dos maus pobres. Mesmo maus, os pobres não podem ser considerados responsáveis, por exemplo, pela crise econômica e pela fúria dos armamentos. Eles perderam Deus, seja. Os senhores lhes deram Deus para guardar, por acaso? Temos, nós que somos pais, uma ideia, acredito, bastante adequada dos cuidados proporcionados por sua paternidade. Quando suas crianças seguem o mau caminho, por que diabos se recusariam a partilhar a angústia dos pais naturais? Essa espécie de angústia possui um nome, nós a chamamos de vergonha. Não é verdade que a falta dos filhos sempre se estendeu aos pais? Esse risco é pesado, assegura também a dignidade de nosso humilde ministério temporal. Se os filhos não fossem capazes de desonrar os pais, como seriam capazes de honrá-los? Ao falar isso, não temo causar qualquer surpresa a Vossas Senhorias, pois seus pregadores não perdem ocasião alguma para nos lembrar de nossas responsabilidades sobre esse ponto capital. Aliás, é por essa responsabilidade que somos pais. Sem ela, seríamos apenas tutores e nutridores. Certo, não duvido em absoluto que, no segredo de seus oratórios, os bispos espanhóis interroguem severamente sua consciência. Eles aliviariam enormemente a nossa deixando ver alguma coisa, em seus discursos, dessa louvável ansiedade. Nós não pediríamos mais do que partilhar finalmente sua amargura. Pois, no final das contas, se Deus se retira do mundo é que ele se retira primeiramente de nós, cristãos. Não sou de modo algum especialista em teologia, falo aqui como de hábito, segundo a letra e o espírito do catecismo elementar, o único que estou certo de conhecer. Desde os primeiros séculos, a Espanha é um país cristão. Para preservá-lo dos mouros, judeus e da maior heresia do Ocidente, os homens da Igreja não pouparam a carne e o sangue daqueles. Encontraram nos Reis Católicos colaboradores tão zelosos que os próprios papas precisavam às vezes se assegurar o fanatismo desconfiado desses grandiosos maníacos, cujos embaixadores, a ler alguns de seus relatórios, publicados pelo Sr. Champion, espionavam a corte da França em nome do monsenhor arcebispo de Toledo, os esbirros da Santa Inquisição recolhendo os suspeitos na passagem da fronteira. Em suma, seria impossível citar, na Europa, um país no qual a Igreja tenha encontrado maior quantidade de aliados ou, se fosse o caso, de cúmplices. Em pleno século XIX, quando nosso pobre clero, arruinado pela Revolução, era recrutado com muita dificuldade, Suas Senhorias espanholas não sabiam, literalmente, o que fazer com seus padres e monges. Conceder-me-ão mesmo que jamais lhes faltaram recursos, nem – exceto em breves eclipses – favores do governo. Então o quê? Não é inacreditável que semelhante nação conte hoje com um número tão grande de fanáticos da impiedade?! O exemplo de meu próprio país não poderia me ensinar nada. O racionalismo da Renascença precisou de dois séculos para infectar nossas classes dirigentes, e é da burguesia voltairiana que nosso povo deriva seu anticlericalismo. Este, como a varíola, foi inicialmente, entre nós, uma doença burguesa. Em 1789, o campesinato francês permaneceu fiel a seus padres. Ele o era ainda em

1875. Logo, Suas Senhorias espanholas não poderiam, como as nossas, acusar a escola laica. – Evidentemente, o diabo tem parte nisso.

* * *

O argumento não me parece desprezível. Sempre me reportando ao catecismo elementar, direi, no entanto, que seria perigoso admitir que um país, que dispõe de tantas reservas espirituais, possa ser dizimado, repentinamente, tanto pelo ódio de Deus como pela peste. Sei muito bem que a Providência às vezes se diverte em desconcertar nossa lógica, mas ela raramente permite que se coloque aos homens de boa vontade a questão sem resposta, pela qual se exprime a espécie mais insidiosa e mais temível de desespero: "Para quê?". Contra o diabo, a Igreja dispõe de poderosos meios sobrenaturais. É verdade, não ignoro, que Deus possa por um tempo torná-los ineficazes. Mas, enfim, os senhores, pessoas da Igreja, falam o tempo todo das necessidades de sua política temporal. Cabe aos senhores entender, nós não apreciamos de modo algum sua importância e seus efeitos felizes no mundo. Não há sacrifício de dinheiro, de convicção ou de amor-próprio que não seja pedido de nós no interesse dessas infalíveis combinações. Quando lhes ocorria de concluírem, na época dos diplomatas, uma concordata vantajosa, os senhores não pediam sua parte de elogios e, na sua falta, sem censura, Excelências, não a faziam os senhores mesmos, graças à imprensa religiosa, especialista em hipérboles? Se, como os Reverendos Padres jesuítas esperavam, Suas Senhorias tivessem conseguido fundar do outro lado dos Pireneus uma república bem-pensante, essa democracia clerical, fruto de um feliz compromisso entre o espírito conservador e o vocabulário de esquerda, Deus!... que bando de turiferários, que revoada de incensórios! Já que sua política temporal possui tão altos desígnios, por que nos seria proibido avaliar seus fracassos? Não sou absolutamente um fanfarrão da sinceridade. Pelo que me resta a dizer, gostaria muito que outra pessoa se encarregasse. O que tenho a ganhar nesta empreitada? Eu não poderia me classificar entre esses homens perigosos aos quais se perdoam facilmente excessos de linguagem, porque são temidos. Suas Senhorias da Espanha ou de outros lugares não têm nada a temer de mim. Infelizmente, pode ocorrer a qualquer um de nós, fosse ele príncipe ou bispo, encontrar-se bruscamente face a face com a Santa Humanidade de Cristo, pois Cristo não está acima de nossas miseráveis querelas – a exemplo do Deus geômetra ou físico –, está dentro, ele se revestiu de nossas misérias, não estamos certos de reconhecê-lo de imediato. Mas, enfim, Suas Senhorias brincam comigo sem correr risco algum. Elas sabem que, sob qualquer pretexto, eu gostaria de escrever algo contra a Igreja. Admito que o que digo não convenha a todos, mas quem pode falar sem risco de escândalo? A própria expressão de nosso pensamento por meio da palavra é no mundo um escândalo permanente. E o que dizer da palavra escrita? Boa hoje, não pode ela ser má no futuro? Algumas obras benéficas, libertadoras, da época em que batia o pobre coração que as concebeu, parecem-nos hoje fixas numa imobilidade temível, uma espécie de careta inumana – como fantasmas. Infelizmente, o último privilégio do pobre era não saber ler! Este lhe foi retirado junto com os outros, ele não é mais analfabeto, é hoje apenas ignorante. O mundo vive de ilusão, ou seja, de prestígio, e é uma grande infelicidade para muitos que se substitua o prestígio das pessoas, ou mesmo dos uniformes, pelo prestígio mais medíocre ainda das palavras. Sei disso, sei disso tudo tão bem quanto qualquer uma das Excelências que me acusam de atentar contra o seu prestígio. Mas o quê? Não me pregaram que eu precisava viver de acordo com meu tempo? O silêncio pode bastar para manter os prestígios em um mundo entregue aos tagarelas? Não me compete pronunciar-me sobre o princípio mesmo do prestígio, mas tenho o direito de apreciar os métodos, uma vez que faço parte do público que se pretende seduzir. Serei proibido de defender os sinceros? Sem dúvida, o dever de sinceridade não se impõe tão estreitamente aos homens públicos, mesmo que sejam da Igreja. Admito de bom grado que eles mentem, na falta de melhor. Resta que a mentira é o menor dos males:

ela deve servir para alguma coisa. Ora, a experiência da vida nos ensina de pronto que as mentiras mais inúteis são aquelas que pretendem mascarar, *a posteriori*, os erros ou faltas, as mentiras de desculpas, que poderíamos chamar de mentiras casuais. Afinal, os pais de família também possuem sua política temporal, e esta é, por mais de um aspecto, uma política de prestígio. Raramente ganhamos ao apoiar com uma mentira um erro ou fracasso. Não se escapa ao ridículo por meio de uma afetação de gravidade. Conheço uma Dama, uma grande Dama, uma das maiores do mundo que, em presença de seu bom primo rei da Espanha, durante um jantar íntimo, deixou cair sua dentadura. Ela a apanhou discretamente, levou por um segundo o guardanapo à boca, olhou os convivas à sua volta, percebeu os sorrisos furtivos, e vendo no final da mesa o preceptor eclesiástico, pálido por uma emoção de compaixão: "Senhor padre", disse ela, "eu gostaria de torná-lo arcebispo, só nós dois não rimos".

* * *

Podem me responder que não sou bom juiz da política temporal das pessoas da Igreja. Deus me livre, de fato, de imitar os insuportáveis polígrafos de direita que, há trinta anos, a maioria com sotaque de Marselha, cobiçam a Europa, decidem gravemente sobre a Paz ou a Guerra, sonham fabulosas alianças latinas, sob controle, é claro, de uma Internacional de professores, e para resolver o problema alemão declaram diante de certo número de velhas damas admiradoras e aterrorizadas: "Nada mais simples. Segundo o método cartesiano, dividamos a dificuldade, isto é, a Alemanha, em tantos pequenos Estados quanto necessário".[4] Nesse momento, chamam o secretário de redação, que lhes traz a cola e as tesouras.

* * *

---

[4] Alusão à segunda regra do método de Descartes, exposta no *Discurso sobre o Método*. (N. T.)

Não sou bom juiz da política temporal das pessoas da Igreja, não conheço seus dossiês. Mas sou juiz, como todos, de suas manifestações públicas. Suas Senhorias sabem melhor do que eu o que eles desejam de prestígio. A questão não é desejar, mas obter. Ora, se o amor-próprio basta para nos informar o grau de prestígio proporcionado à opinião geralmente favorável que temos de nós mesmos, ele não poderia, pelo mesmo motivo, advertir-nos do ridículo. É o próximo que nos adverte, somente ele. Eu desafiarei esse ridículo, portanto, permitindo-me denunciar as omissões ou mentiras agora inúteis, pois só satisfazem a uma pequena tropa de fanáticos respeitosos, aos quais provavelmente a verdade também contentaria, já que eles se contentam com qualquer coisa. Para um paroquiano que raciocina como se as pessoas da Igreja sempre jogassem a melhor carta e só perdessem no jogo graças ao charme mágico de um diabinho dissimulado em seu barrete, cem mil pessoas boas de inteligência média, para os quais se gaba o lendário espírito de finura dos dignitários eclesiásticos, e que de resto sabem perfeitamente que a Igreja não escolhe estes últimos entre os religiosos contemplativos favorecidos por espalhafatosos favores místicos, diz-se que em todos os empreendimentos humanos ou todos pelo menos nos quais participa o engenho humano, os chefes são tidos por responsáveis pelos fracassos. Devo repetir uma vez mais que errariam em me tomar por um zelote, por um sectário. Seria provavelmente perigoso pretender demitir de uma vez todos os bispos e chefes de ordens espanholas, acusados de incapacidade. Mas enfim, suponhamos por um minuto que a Santa Sé tivesse me posto à frente, por uma década, da Ação Católica espanhola, tendo me garantido dispor do orçamento dessa poderosa sociedade, eu acharia natural, hoje, ser destituído de minhas funções. A propaganda religiosa seria o único empreendimento que não é julgado por seus resultados? Se falta esse controle, eu aconselharia então pôr os nomes dos sucessores eventuais em um chapéu, e tirar o eleito na sorte, após uma prece ao bom Deus. Esse procedimento não me parece menos válido do que qualquer outro, longe disso. Duvido, somente, que as autoridades competentes concordem com ele. Então? É certo que as pessoas da Igreja raciocinam de maneira bem diferente. As pessoas da direita não perdem para elas em otimismo. Se a *Action Française* contasse amanhã três milhões de assinantes, o Sr. Pujo certamente se felicitaria por sua boa sorte. Mas se esse jornal contar, um dia, apenas com duzentos, seu redator-chefe escreverá que são as minorias que fazem a história e que semelhante fracasso traz nova prova do encarniçamento dos inimigos do interior e, por conseguinte, da necessidade mais imperativa do que nunca de manter o único jornal que jamais se enganou. De modo similar, quando a influência dos jesuítas aumenta, os bons padres exaltam seus métodos. Isto se chama de triunfo. Quando são expulsos por todos os governos, ou mesmo proibidos pelo papa, como no século XVIII, isto se chama de provação, e eles declaram que o caráter opiniático de seus adversários é o suficiente para designar sua companhia como a melhor. Eu acho bom. Acho que, se a Espanha formiga hoje de quebra-cruzes, é que o diabo exerce mais particularmente suas diabruras sobre um país rico de excesso de padres virtuosos, de edificantes devotos, de zeladores e zeladoras. Por esse motivo, os monastérios onde pululassem religiosos bêbados ou vagabundos deveriam ser considerados como respeitáveis fortalezas contra as quais se encarniçam os demônios. É uma interessante visão sobrenatural. Não creio que a Congregação do Index me permita desenvolvê-lo em um romance.

* * *

Minha opinião só tem importância para alguns amigos. É por isso que me exprimo tão livremente. Acredito ter herdado de meus modestos ancestrais, na falta de suas virtudes, certo sentido da vida cristã, que não faltava outrora a nenhum homem batizado de nosso velho povo. Reconheço que é possível imaginar, seguindo Auguste Comte, uma nação positivista, tão respeitosa das forças espirituais quanto o autor da *Política Positiva*. Eu morreria entre essas pessoas, por mais indulgentes que fossem em relação a mim, na falta de um indispensável ar familiar. Eu preferiria a eles, cem vezes, baderneiros iconoclastas, cujo furor sacrílego me é certamente mais concebível do que o orgulho dos filósofos. Há entre nós, em todas as classes, muitos cristãos que se assemelham a mim? Ignoramos se as pesquisas e estatísticas confirmariam ou não as reações espontâneas de nosso instinto. Mas o testemunho do melhor perito em química não poderia prevalecer contra o do infeliz que experimenta, sufocando, a medíocre qualidade do ar que respiram seus pulmões. O ar da Espanha não é favorável a pulmões cristãos. A angústia da sufocação ali parece tão mais intolerável que nada a explica, pois o poder católico se afirma em toda parte. Após uma estadia do outro lado dos Pireneus, o ilustre arcebispo de Malinas, o cardeal Mercier, felicitado pela testemunha mesma à qual devo o fato de ter podido admirar de perto a Espanha cristã, respondeu, após longo silêncio: "Cristã, a Espanha? Vocês acham?...". Assegurado por semelhante caução, eu me permitira escrever, então, que antes de buscar em um fato histórico explicações inacessíveis às inteligências médias, conviria se colocar uma simples questão: "A instrução, ou antes, a educação cristã não foi sabotada, na Espanha, em favor de um punhado de pretensos beneficiários da devoção?".

Se assim fosse, seriam consideradas derrisórias tanto a condenação solene de todos os adversários do *pronunciamiento*, mesmo que católicos, quanto a aprovação mal matizada dos métodos militares aplicados à conversão dos ímpios. O que importa, dirão vocês, uma aprovação a mais ou a menos? Vou responder, peso minhas palavras, não atribuo aos bispos da Espanha, nem a seus aprovadores franceses, gosto pelo sangue. "Esse Sr. Bernanos", pensam eles, "julga-se muito esperto, ele nos julga com base em nossas escrituras. Será que ele nos toma por simples homens de letras? Com todas essas belas frases, ele provavelmente não salvará do patíbulo um só católico basco. Ao passo que nossa insistência discreta obteve várias vezes, do general Franco, a promessa formal de certo arrefecimento da repressão." O argumento não é desprezível. Acrescento mesmo que Suas Senhorias têm sem dúvida uma ideia demasiado modesta de seu augusto crédito junto ao público católico – modéstia justificada, infelizmente, por grande número de experiências anteriores. Infelizmente, o realismo político, seja de direita, seja de esquerda, acaba de se dar conta de que a opinião pública, há dois séculos impossível de conquistar, torna-se uma força considerável, pode-se dizer mesmo momentaneamente indispensável aos que empreenderem as próximas carnificinas. O realismo stalinista a poupa – pelo menos na França –, o realismo fascista lhe oferece, na Cidade antiga reconstituída, uma espécie de honorificência, um privilégio análogo ao dos Príncipes Consortes. O realismo hitlerista recebe garantias, cuja negociação facilitará, certamente, os acordos futuros, segundo a pura tradição da diplomacia bismarckiana. Em suma, o mundo que se forma sofre de extrema carência de valores espirituais, e deseja ardentemente dispor dos nossos. Ele está pronto, como todas as tesourarias em dificuldades, em aumentar a taxa de juros. Não pretendemos, nós, simples leigos, dispor de enormes capitais espirituais e, em certa medida, nós os poríamos de bom grado à disposição de nossos pastores. Não é legítimo, todavia, exigir algumas garantias antes de lançar na especulação das ditaduras a humilde poupança dos avós? Pois essa poupança não é um bem abstrato, nossa herança espiritual se encarnou, nós não prestaríamos contas a Deus por uma biblioteca – nossos filhos são parte dessa herança, a parte viva. Ora, o mandamento de Suas Senhorias espanholas é apenas um mandamento entre muitos outros, mas não é um mandamento como os outros. Não é possível esconder de Suas Senhorias que nossa geração não foi precisamente presenteada por elas com grandeza, heroísmo. Cada vez que elas intervieram, em nome do Mal Menor, foi para nos pedir para abandonar alguma coisa. Elas só nos pregaram resignação, aceitação, obediência ao poder estabelecido. A fidelidade da antiga França era ainda hoje tida por lamentável ato de insubordinação, e os pavorosos pequenos padres democratas, amarelos com toda a inveja dos arrivistas da

Inteligência, espécie, aliás, felizmente abolida, assim como outra que mal se distingue desta, a dos diretores do Sr. Jules Ferry, que nos riam na face quando lhes falávamos de honra, da velha honra considerada reacionária. Vinda a guerra, após haver tolerado que se enriquecesse o catecismo com um oitavo pecado capital, o do Derrotismo, elas praticamente deixaram a Poincaré ou Clemenceau o cuidado de resolver nossos pequenos casos de consciência, de nossas consciências militares, de nossas consciências mobilizadas. Alguns anos depois, a necessidade se impondo de preparar uma política prática da Paz – aquela que o mundo aguardava, que ele esperava de nós, da França – as mesmas Senhorias encarregaram oficiosamente desse cuidado o Sr. Aristide Briand. Época famosa em que o pai da Brière era observador da Companhia na Sociedade das Nações – ó época famosa, época pretérita! A voz desse reverendo deve ter tombado junto com Adis-Abeba, e seu ardor deve ter se extinguido com a última bomba de Guernica. A menos que, tendo terminado de desempenhar seu papel, ele espere que seus superiores lhe atribuam outro. O que querem? Talvez eu não tenha da obediência uma ideia muito ortodoxa. Dócil como um cadáver, seja. Mas ninguém pode forçar um cadáver a falar!...

* * *

Se hoje desperto lembranças é a fim de melhor compreender que a nova linguagem das Senhorias repercutiu como o apelo das trombetas no coração de nossos filhos. A Santa Escritura não diz que os pais comeram os frutos verdes, e que seus filhos têm os dentes estragados? Nós bebemos a humilhação como água. É natural que nossos sucessores sintam a necessidade de aquecer o estômago. Mas é natural também que eles estejam expostos a se enganar sobre a qualidade do vinho que lhes é servido. Continuo a pesar minhas palavras. Quando os homens de Igreja praticavam a política das concessões e falavam sua linguagem, eles se congraçavam com os duques liberais da Academia francesa, uma série de pessoas de bem cujas reações eram tão pouco temíveis que

SEGUNDA PARTE

eles declaravam detestar até a palavra reacionário. Nessas condições, é evidente que os estados-maiores eclesiásticos não corriam grande risco. Porém, fazendo apelo às armas, mesmo em voz baixa, creio que eles despertarão um povo que conhecem mal, e cuja língua até agora eles mal falaram, esse povo da juventude que, todavia, fez a Idade Média e a cristandade, nas épocas abençoadas em que o mundo não estava abarrotado de velhos, em que um homem da minha idade, graças à ignorância dos médicos, ao abuso de carnes e dos robustos vinhos do *terroir*, já devia pensar em logo ceder lugar a outros. Desde o século XVII, a Igreja suspeita da juventude. Ó! Podem sorrir! Seu sistema de educação indica mais solicitude do que confiança. É muito bonito proteger os rapazes contra os perigos da adolescência, mas os bons jovens que os senhores expõem nos concursos carecem um tanto quanto de têmpera, não pensam assim? Serão eles mais castos do que seus ancestrais do século XIII, eu ignoro. Cá entre nós, eu me pergunto isso. Eu me pergunto ainda se esses produtos selecionados da formação humanista e moralista posta em moda pelos jesuítas da época clássica não absorvem sua atenção, a ponto de os fazer perder o contato com uma juventude bem diferente, e que, de resto, raramente ultrapassa o umbral de suas casas. Sim, chamem essa juventude às armas, chamem-na, e verão fervilhar a cristandade como a superfície de uma água prestes a ferver. É mais fácil para nossas antigas raças militares combater e morrer do que praticar a virtude da castidade. Seu erro não foi exigir demais, mas não exigir de todo, a própria vida. No fundo, seus métodos engenhosos parecem inspirados menos pelo Evangelho do que pelos moralistas, o Evangelho sendo tão mais novo do que os senhores! A ouvi-los, acreditaríamos às vezes que a juventude é uma crise infelizmente inevitável, uma provação a superar. Os senhores têm o ar de vigiar as complicações, termômetro à mão, como se se tratasse de escarlatina ou rubéola. Uma vez abaixada a temperatura, soltam um suspiro de alívio, como se o doente estivesse fora de perigo, quando ele em geral não faz mais do que tomar seu lugar entre os medíocres, que se qualificam entre eles de homens graves, ou práticos, ou dignos. Infelizmente, é a febre da juventude que mantém o resto do mundo em temperatura normal. Quando a juventude se resfria, o resto do mundo bate os dentes. Oh, sei bem que o problema não é simples. Reconciliar, em nome do humanismo, a moral do Evangelho com a de La Fontaine não parece um empreendimento de pequena monta. Quando um ministro, um banqueiro, coloca sua progênie entre suas mãos, ele espera que a moldem à sua imagem e semelhança, e os senhores não podem desapontar inteiramente sua expectativa. Não a enganam sempre. A fina flor do ateísmo enciclopédico saiu de suas casas. "Nós os tratávamos bem", dizem, "nós os protegíamos contra o mal, eles não tinham nada a temer junto a nós". Sim, é uma pena que o barco tenha se lançado ao mar! Se ele não tivesse jamais saído do cais, nós o veríamos ainda, de pintura nova, recém-lavado, ornado de lindas bandeiras. "Ei, não os tínhamos prevenido contra o mundo?" Sem dúvida, eles sabiam mais ou menos todas as concessões que um cristão pode fazer ao espírito do mundo sem correr o risco do inferno eterno. Com semelhantes campeões da Beatitude, o mundo não tem muito a temer, pode tranquilamente esperar que a maldição lançada contra ele se concretize... "Não podeis servir a Deus e ao Mundo, não podeis servir a Deus e ao Dinheiro..." Tranquilizem-se, não comentarei esse texto, já que me proibem. Direi simplesmente que se os senhores tivessem empregado há vinte séculos tanto esforço para justificá-lo quanto dispensaram de engenho, finura e psicologia, não para desviar seu sentido – Deus não o teria permitido –, mas para advertir seus paroquianos contra uma interpretação demasiado literal, a Cristandade talvez estivesse mais viva. Não importa que moldem jovens cristãos médios, pois o mundo moderno se rebaixou tanto que "cristão médio" não possui mais a significação de homem honesto. É inútil os senhores formarem cristãos médios, eles se tornarão assim com a idade. Certo, somente Deus sonda os corações. Mas, enfim, medíocre por medíocre, considerando apenas o rendimento, qualquer chefe responsável lhes dirá que um cristão médio possui todos os defeitos de espécie comum, com uma dose suplementar de orgulho, de hipocrisia, sem falar de uma lamentável aptidão a resolver favoravelmente os casos de consciência. "Não podíamos fazer melhor do que isso", responderão. Sem dúvida. Teme-se, todavia, que tenham incorrido outrora na mesma ilusão que os autores de programas universitários. Querendo um pouco de tudo, não quiseram o suficiente. Seus produtos, infelizmente, respondem à ideia que os professores de Letras têm do gênio francês: ponderado, equilibrado, moderado.

Entendo muito bem que seria perigoso explorar a revolta natural da juventude, diante de uma sociedade organizada externamente a ela e que não poderia ainda admiti-la em lugar nenhum. Precisam educar cidadãos que darão a César o que é de César, e mesmo um pouco mais.

Esse suplemento, aliás, possui importância variável, é um número a ser debatido, um trunfo precioso, base para proveitosas negociações com o poder estabelecido. Se acreditam que esse comércio me escandaliza, os senhores se enganam enormemente. Uma vez que César dispõe de seus estabelecimentos, os abre ou fecha à vontade, por que não negociariam com ele? A desgraça é que reavivarão, com dificuldade, muito tarde, a chama que sua prudência manteve coberta.

* * *

Peço desculpas por remexer nessas cinzas. Elas já estão tão frias que não seria possível deitar-se sobre elas sem morrer. Nossa geração não foi estragada por esplendor, não! O campo de nossas fidelidades temporais se estreitava cada vez mais, para se tornar apenas um ponto no mapa, como os Estados da Igreja, essa famosa herança de Carlos Magno, pela qual nossos avós acreditaram morrer. Duvidávamos de tudo, duvidávamos ainda mais de nós mesmos. Os moralistas julgam a juventude presunçosa. Sua presunção e insolência não passam, porém, de expressões que mal se diferenciam de uma timidez profunda, pois ela teme mais o ridículo do que a morte, e os homens maduros que a manobram sabem bem disso. Suponhamos que, por volta de 1905, eu tenha visitado, com alguns camaradas, cada bispo da França, e tenhamos nos dirigido a eles nesta linguagem: "Excelência, o senhor nos comunica, todos os anos, por ocasião da quaresma, a angústia que o assalta diante do espetáculo da moribunda Cristandade. A audácia dos maus cresce incessantemente. A era das perseguições se iniciará, muitos de vós a declaram aberta. Estamos decididos a resistir por meio das armas. Não pedimos a Vossa Excelência que nos lidere, bem entendido. Mas, caso precisemos, imploramos simplesmente sua benção." Suas Excelências teriam paternalmente rido em nossas faces. A ocasião não se apresentou a nós, é claro, mas conservamos esse sorriso no coração. O quê! Aquilo que os senhores teriam então qualificado de criancice, de molecagem, não era tão louco assim? Quando pensávamos sacrificar aos demônios do romanesco, dávamos prova de clarividência política? Não temos, em virtude disso, algum direito de discutir hoje suas iniciativas? Entre os senhores e nós, quem merece, sobre esse ponto, a confiança de nossos filhos? Pelo amargor de nossas decepções passadas, julgamos melhor do que ninguém o fervor do entusiasmo de nossos rapazes que, na idade em que convidavam a pacíficas tarefas – jardins operários, círculos de estudos, orientações ou divulgação de *La Croix* e do *Pèlerin* – são convocados a defender bandeiras. Quanto a mim, uma vez mais, falo do que sei. O que exprimo, eu o experimento ou experimentei. Se esse fato não fosse público – na medida em que evento tão fútil possa merecer esse epíteto – eu não me permitiria lembrar que meu filho serviu sob o uniforme da Falange. Falarei dele tanto mais livremente porque ele está, no momento em que traço estas linhas – uma melancólica noite de Natal – em algum lugar sobre o mar, ao largo das costas do Daomé – o que prova, ao final das contas, que ele não pertence à espécie dos sedentários. Certo, declino em seu nome o elogio excessivo que outrora lhe foi feito, do púlpito, por S.E.M. cardeal Baudrillart, pois não mais do que eu mesmo em minha época, ele mereceu jamais ser proposto em exemplo à juventude francesa. Mas, enfim, ele combateu. Combateu em nossa pequena ilha e também nas trincheiras de Madri.

SEGUNDA PARTE

Sem dúvida, considero a antiga Falange como perfeitamente honrada, e não me viria ao espírito comparar um magnífico chefe como Primo de Rivera com os generais bandidos que patinam há dezoito meses, com suas grandes botas, em um dos mais hediondos matadouros da História. Fosse minha opinião diferente, e eu jamais teria sonhado em criticar a fidelidade de Yves a seus companheiros, à sua bandeira. A honra de um rapaz de dezessete anos é algo demasiado frágil, demasiado perigoso para ser manejado por velhas mãos. É precisamente por isso que lhes pedimos para refletir antes de aprovar ou reprovar, pois é mais fácil fazer, por algum tipo de mandamento solene, de um general qualquer uma espécie de Godofredo de Bulhão[5] que de refazer de um Godofredo de Bulhão fracassado um general qualquer. Quando nossa juventude estiver erguida, seus conselhos virão muito tarde, e não somos pessoas, nós – não realmente nós, seus pais – de atirar pela traseira dos caminhões bravos rapazes já enfrentando o fogo do inimigo. Não censurem nossa desconfiança. Ela não tem nada de desrespeitoso. Não desconfiamos, em absoluto, de Claudel, o encorajamento deste último não valendo nada a nossos olhos.

* * *

Solicitamos para nossos filhos outro general que o general Mal--Menor. Mesmo que a sociedade atual esteja a tal ponto mergulhada na injustiça que até os homens de paz pensam em andar armados, ainda assim seria preciso haver um entendimento. Nossos filhos deverão morrer para retardar sua inevitável dissolução? Anarquistas, comunistas, socialistas, radicais, parlamentares, de Prieto a Robles, há, entre os vermelhos da Espanha, uma amostra bem expressiva. Mas os brancos não lhes cedem de modo algum sobre esse ponto. Quem acreditaria que o milionário Juan March, enriquecido, como toda a Espanha

---

[5] Godofredo de Bulhão (c. 1058-1100): cavaleiro franco, primeiro rei de Jerusalém, após a primeira cruzada. (N. T.)

sabe, por meio da fraude e da corrupção, preso pela Monarquia, hoje grande financiador do Movimento, tenha os mesmos objetivos políticos ou sociais que o chefe da Falange, que jurara publicamente, em 1936, conduzi-lo ao patíbulo? Que diabos podem ter em comum os camponeses de Fal Conde com esses aristocratas matizados de judeus, que devem à sua dupla origem as formas mais requintadas da lepra ou da epilepsia, e cujo absurdo egoísmo perdeu a Realeza? A tragédia espanhola, prefiguração da tragédia universal, põe em evidência a miserável condição do homem de boa vontade na sociedade moderna, que o elimina pouco a pouco, como se fosse um subproduto inútil. O homem de boa vontade não possui mais partido, eu me pergunto se ele terá amanhã uma pátria. Julgo certamente pouco desejável uma colaboração entre católicos e comunistas, mas tinha a aliança dos antigos combatentes de Cathelineau[6] e dos emigrados voltairianos muito mais chances de fundar uma nova sociedade, ou mesmo de restaurar a antiga? Quem parte de um equívoco só pode chegar a um compromisso. No mundo moderno, o bom ainda importa bem mais do que o mau, para que devamos nos considerar solidários a todos aqueles que o defendem, mesmo se eles são seus injustos beneficiários? Vejo, por exemplo, o auxílio que levam, em tempos de guerra civil, os homens de boa vontade aos homens de dinheiro. Eles põem o heroísmo a serviço destes últimos. Mas, restabelecida a paz – ou pelo menos, aquilo que a polícia chama assim – é infinitamente provável que o homem de dinheiro faça o homem de boa vontade ser recebido por seu secretário. "A ordem não está salva? O que vocês querem mais?" Se o outro insistir, o chamarão de indisciplinado. Enquanto pôs sua violência a serviço dos senhores, teve a seu favor a magistratura e a polícia. Se lhe ocorresse, mais tarde, dispor destes em prol de outra categoria de cidadãos, deixaria de ser um homem de boa vontade, para se tornar um

---

[6] Jacques Cathelineau (1759-1793): apelidado de "Santo de Anjou", um dos líderes da Vendeia. (N. T.)

homem da desordem, que pode ser justiçado por tribunais militares. Não ousaria lhe prometer, nessas condições, o apoio do Episcopado.

* * *

Os jornais publicam hoje mesmo um protesto da Santa Sé. É difícil permanecer insensível ao espetáculo desse ancião quase agonizante que, reunindo suas forças, recorre a Deus de uma injusta acusação, defende até o último suspiro a honra de seu pontificado. Mas, enfim, ponham-se no lugar de um jovem Cruzado italiano. O cruzaram contra os negros, contra os vermelhos, irão cruzá-lo contra os Vermelhos e Negros do Sr. Hitler, proclamado perseguidor da Igreja a mesmo título que o Sr. Prieto? É verdade que, para se desincumbir desta última depuração, ele não terá que empreender uma viagem custosa às margens do Spree. Se ele conduz na Espanha a guerra santa, seu zelo será bem empregado combatendo em casa os nazistas voluntários do exército do general Franco. Permaneço perplexo.

* * *

Nós nunca fizemos mais do que ação religiosa, proclama Pio XI. Ater-se a essa ação é fácil ao papa. Mas um propagandista armado de fuzil-metralhadora terá muita dificuldade em distinguir, nele, o partidário do missionário. No campo de batalha, ambos são o mesmo. A confusão me parece inevitável, e não terei a hipocrisia de denunciar o escândalo. Não me cansarei, todavia, de repetir que essa espécie de apostolado nem sempre pode se exercer em perfeita segurança de consciência. O dever das autoridades religiosas não é de definir claramente o objetivo, já que elas julgam impossível, infelizmente, nomear os chefes responsáveis? Os Cruzados eram cruzados para libertar o túmulo de Cristo. Henri Massis assegura que defendemos o essencial da civilização ocidental. É uma fórmula bem vaga, e que se assemelha à da guerra do Direito. Afirma-se também que há liberdades indispensáveis. Nós chegamos a um acordo sobre essas liberdades? Como cristão, só conheço uma: a de praticar sua fé. Nenhuma sociedade humana, a julgar pelas lutas seculares da Igreja e do poder civil, deixou aos católicos o uso absoluto dessa liberdade tão preciosa. Trata-se, portanto, de uma questão a mais ou a menos. Como a colocam? A meu ver, para praticar livremente minha fé, segundo o espírito do Evangelho – desculpem-me – não é necessário apenas permitir-me praticá-la, é preciso ainda não me forçar a isso. Não seria possível amar a Deus sob ameaça. As pessoas da Igreja às vezes se esquecem disso. Será que me faço compreender? O que dizer dos policiais da Igreja? Faz dois mil anos que foi pronunciada contra os fariseus a palavra mais dura do Evangelho, de uma dureza que espanta o coração, e essa raça não dá mostras de se extinguir? Qual de nós pode se gabar de não possuir nas veias nem uma só gota dessas víboras? Se os senhores não souberam defender suas paróquias – nem mesmo seus conventos e monastérios – podemos temer que eles estabeleçam a lei em seus exércitos. Tanto para ele como para os senhores, é melhor que não haja nada. A liberdade de Cristo está intacta em nós, e salva também está nossa honra. Eu gostaria de dizê-lo mais simplesmente, com palavras mais simples. Não abandonaremos a espada da França cristã entre semelhantes mãos. Nós os enfrentaremos, seja ao lado das mulheres perdidas, dos samaritanos, dos publicanos, dos ladrões e dos adúlteros, como nos forneceu o exemplo, outrora, o Mestre a que servimos.

* * *

Não creio que os especialistas tenham se preocupado muito com esse problema. Os mesmos padres que passam seu tempo demonstrando através de pequenos livros ineptos a sua tranquila ignorância do coração sofredor dos homens, do homem – pois enfraqueceram ainda mais a imagem convencional herdada dos humanistas insípidos do século XVIII –, não terão dificuldade em condenar os meus devaneios. Não dariam a Deus, nem a seu próprio sacerdócio, a honra de supor que o sacramento do batismo, por exemplo, deve marcar um ser de maneira bastante profunda para dar à sua perversão, se for o caso, um nível de malícia compatível com a graça recebida. Evidentemente, essas não são boas verdades que paroquianos apressados tenham que ouvir do alto do púlpito, cinco minutos antes da coleta das oferendas. "O que o senhor tem a ver com isso? – esses pastores me dirão uma vez mais. Há algo de verdadeiro no que o senhor escreve. Mas ao propagar essas ideias, o senhor não favorece muito os infiéis? Não concluirão a partir dos seus discursos sobre a corrupção dos melhores – *corruptio optimi* – que somos nós que os corrompemos, que eles são as primeiras vítimas da nossa infidelidade?". Meu Deus, a tese pode ser defendida. Aliás, ela não tem muito valor para os ímpios que tiram vantagem disso, pois ela manifesta contra eles um certo aprofundamento das próprias fontes do sobrenatural que também é uma graça de Deus que esses polemistas usam abusivamente. Mas ela vale certamente para aqueles que nunca pensaram numa interpretação tão sutil. Eles a ouvirão um dia, creio, creio com todas as forças da minha alma, eles a ouvirão uma vez, surpresos, sair dos lábios do Juiz Justo, com a sentença da piedade.

A teologia moral tem em relação às outras ciências conjecturais uma vantagem flagrante, as verdades que afirma são menos controladas pela razão do que pela consciência. Além disso, reduzidas ao essencial, creio que elas estão ao alcance de qualquer um. Raramente elas nos justificam, elas nos justificam cada vez menos, à medida que nos aprofundamos mais. As que tento expressar me condenam, eu sei. Sempre soube. Quem foi o primeiro a me ensinar que a Fé é um dom de Deus? Não sei. Minha mãe, sem dúvida. Isso poderia ser retirado de mim?... Nesse mesmo instante conheci a angústia da morte, pois, depois de tantos anos, não pude separar uma angústia da outra, o duplo horror penetrou pela mesma brecha no meu coração de criança. A fé nunca se mostrou a mim como uma obrigação. Não me ocorre a ideia de ter que defendê-la contra mim mesmo. É ela que garante a minha defesa, ela é essa parte de liberdade que não poderei ceder sem morrer. Para que nós nos encontremos um dia um diante do outro como dois estranhos, seria preciso esse mesmo desdobramento misterioso, incompreensível, que deve anteceder o ato do suicídio, e só ele pode explicá-lo. Não se suicida quem quer. Penso que a morte só atrai um certo número de predestinados em quem o reflexo do horror me parece agir no sentido contrário, por uma esquisitice vagamente semelhante a certas aberrações sexuais. Não me sinto mais tentado ao suicídio do que à dúvida. Mais precisamente, o mesmo instinto me protege tanto de uma coisa quanto de outra, é o mais poderoso de todos, é o instinto de conservação. Contudo, vocês não querem que, vivendo assim dentro de uma espécie de universo espiritual de cuja existência tantos homens nem suspeitam, eu me veja como culpado dos mesmos erros destes últimos, com a desculpa de que eles têm o mesmo nome no dicionário? A terrível e suplicante confissão do salmo, "Fiz o mal em tua Presença", evidentemente não tem grande significado aos olhos de uma multidão de homens bons que prefeririam mil vezes, num caso delicado, a presença de Deus à do policial. Não é preciso ser doutor em teologia para compreender que o mal feito diante dessa Presença deve atingir um certo nível de concentração suscetível de torná-lo mortal não somente para nós, mas para o próximo, mesmo numa dose extremamente fraca. Dar mau exemplo está ao alcance de qualquer um. O mau exemplo dos cristãos se chama escândalo. Somos nós que espalhamos pelo mundo esse veneno, ele é destilado nos nossos alambiques. Sei que os bons padres cartuxos, que prudentemente aconselham o uso e não o abuso do seu licor, embora não possam ignorar que não estimula somente as inocentes funções digestivas, ficariam muito espantados de saber que oferece aos sedutores, no segredo dos seus aposentos particulares, uma ajuda preciosa, às vezes decisiva. Mas, enfim, esses religiosos poderiam me responder que também reconfortam os doentes e aflitos. Ao passo que o escândalo não poderia resolver nenhuma dessas situações.

* * *

Meu Deus, gostaríamos de expressar essas verdades tão simples na linguagem da infância. Elas serão. Vão ser. Não existe aí nenhum motivo para júbilo. Os devotos e as devotas que fazem a viagem de Lisieux em geral voltam muito tranquilos. Lá só viram uma basílica como tantas outras, só um pouco mais feia, e uma bela boneca de cera coberta por um veludo de seda. Na ausência de ideias precisas, trazem pelo menos uma fotografia inocentemente retocada pelas boas irmãs e absolutamente de acordo com o tipo de beleza padrão, popularizado pelo cinema. Não dou nenhuma importância a essa tapeação. Independentemente do confeiteiro a quem devemos essa efígie, ela se propagou em milhares de exemplares, não pertence mais há muito tempo às pobres mãos que a modelaram, que se ressecam hoje sob a terra ou que nela se ressecarão amanhã. Penso somente nos infelizes que lhe confiaram a sua pena, nos agonizantes cujo último olhar ela terá refrescado. Afinal, talvez fizesse parte do desejo dessa menina misteriosa dar a essas pobres pessoas uma pausa suprema, deixá-las respirar um pouco à sombra de sua mediocridade familiar, pois ela semeou neste mundo, com suas pequenas mãos inocentes, com suas terríveis pequenas mãos especializadas no corte das flores de papel, mas também corroídas pelo cloro dos detergentes e queimaduras do frio, uma semente cuja germinação não será mais interrompida por nada. Ela está presente sob a terra e os curiosos devotos olham com ternura a haste minúscula, que mal está verde, cor de mel. "O espírito da infância, dizem entre si, sim, senhora. Parece uma planta, mas não é uma planta, é uma ideia, senhora, uma ideia encantadora, poética, uma ideia feminina, ora, meu marido achou a palavra. Pois afora o trabalho e as coisas sérias, é preciso ter poesia na vida. Os jovens não sabem mais se divertir com gentileza. Quando falo disso para a minha filha, ela me responde que comeu no jantar a florzinha azul, que ela só é comida na salada, etc., etc. Mesmo assim, a Santa nos dá razão, não é verdade? Aliás, ela é nossa contemporânea, ela teria somente dez anos mais do que eu, eu poderia muito bem tê-la conhecido."

* * *

Só se fala da vitória dos santos, do seu triunfo. Pertencendo à Igreja triunfante, o único que podem fazer é triunfar, isso é certo. Um dia por ano, a Igreja militante me convida a alegrar-me com esse triunfo ou até a associar-me humildemente a ele. Obedeço. Em seguida, restam-me 364 dias para pensar nos fracassos, neste mundo, de cada um desses capitães de aventuras. Em 1207, por exemplo, um pequeno homem começou a percorrer as estradas da Úmbria. Ele anunciava aos homens uma notícia surpreendente, o surgimento da Pobreza. Era o seu surgimento, *poverello*, que anunciava sem saber. Os devotos são pessoas astuciosas. Enquanto o Santo percorreu o mundo, ao lado da Santa Pobreza que chamava de sua Dama, não ousavam dizer muita coisa. Mas quando o Santo morreu, o que aconteceu? Ficaram tão ocupados honrando-o que a Pobreza se perdeu no meio da multidão em festa. Ela chegou a esquecer sua coroa, a coroa destinada à consagração, que foi solenemente colocada na cabeça do Santo, aos aplausos dos ricos, estupefatos de se virarem tão bem. Acho que o mais estupefato de todos ainda era o Santo que não havia pedido nada, nem cetro, nem coroa, e provavelmente não sabia o que fazer com seus atributos. Pouco importa! A massa dourada ou purpúrea ficara com calor. Ufa!... Em seguida, houve, como se diz, uma famosa retomada dos negócios! Jamais a venda das indulgências fora tão rentável. De fato, isso não chama a sua atenção, esse bacanal do Renascimento, os rufiões coloridos, príncipes, ministros, astrólogos, cardeais, pintores e poetas, cobertos de ouro ou de armas, todos corroídos pelo mal napolitano, fazendo a sua ronda infernal, com relinchos, ao redor do túmulo do pobre dos pobres, descobridor de Américas invisíveis, moribundo no limiar desses jardins encantados?

(É verdade que por uma delicada atenção o superior dos franciscanos, que se tornou o Grande da Espanha pelos Reis Católicos, recebeu como refúgio um dos palácios mais magníficos de Madri).

E depois? E depois, nada. Foi preciso tentar a experiência, e que ela fracassasse. Ninguém, salvo esse santo, jamais acreditou seriamente no surgimento da Pobreza, ninguém, a não ser esse seráfico, jamais esperou homenageá-lo diante das Nações. Sei perfeitamente que minha insistência nesse ponto tem algo de insuportável. "Um grande número de santos serviram os pobres. Honramos esses santos. A honra prestada aos servidores não repercute suficientemente nos pobres que serviram? Pode-se e deve-se inclusive deplorar que os pobres não tenham pão, mas honra? É literatura." Há uma maneira de solucionar tudo: organizem o culto do Pobre Desconhecido. Enterrem-no na praça da Bolsa, e não haverá mais em Paris um rei do aço, do carvão ou do petróleo que não verá como dever colocar uma coroa numa lápide sagrada.

* * *

Compreendo que estejam cansados da minha literatura, vocês têm esse direito. Estou cansado da sua. Cada vez que a ocasião se apresenta, vocês escrevem páginas e páginas sobre o movimento franciscano, e o mais descarado não ousaria afirmar sem rir que o destino dos Pobres – considerando o grande progresso material realizado no mundo desde a morte do *Poverello* – melhorou muito. É culpa do Santo? Não. Então é de vocês; de vocês e minha, enfim, nossa. Não é preciso ser um grande especialista para compreender que seria impossível eliminar a história de São Francisco sem mutilar ao mesmo tempo a história da Igreja, isso salta aos olhos de qualquer um. Bem, tenho o maior respeito pelos franciscanos, quero que sejam ótimos religiosos. Mas, cá entre nós, sinceramente, suponham que amanhã todas essas pessoas simples coloquem sapatos, se tornem jesuítas, dominicanos, redentoristas, até mesmo coristas, vocês acham que esse evento ainda poderia abalar o Cristianismo? As pessoas ficariam de luto nas cabanas? Não? Bem, trégua de eloquência, deixem-nos respirar um pouco, é possível?

3

O mundo será julgado pelas crianças. O espírito da infância vai julgar o mundo. Evidentemente, a santa de Lisieux não escreveu nada semelhante a isso, talvez ela não tenha jamais se proposto uma imagem muito precisa da maravilhosa primavera, da qual era a mensageira. Quero dizer que ela não esperava, sem dúvida, que tal primavera se estendesse um dia sobre toda a Terra, recobrisse com seu fluxo de bálsamo, com branca espuma, as cidades de aço, as carapaças de betume, os campos inocentes aterrorizados pelos monstros mecânicos, e até o solo negro dos matadouros. "Farei cair uma chuva de rosas", dizia ela vinte anos antes de 1914. Ela ignorava que rosas eram essas.

* * *

O mundo será julgado pelas crianças. Não pretendo conferir a essas palavras nenhum significado propriamente místico. Paul Claudel possui suas *Vacquerie*, como seu velho mestre Hugo.[1] As *Vacquerie* de Paul Claudel me fizeram perder o gosto se não pela mística, pelo menos por Paul Claudel, pois não basta mais do que plágio ingênuo e ardoroso para mostrar que um prodigioso dom de invenção verbal sempre vem acompanhado de alguma idiotice fundamental. Aplicada ao visionário

---

[1] Provável referência aos irmãos Auguste Vacquerie (1819-1895) e Charles Vacquerie (1817-1843). O primeiro era poeta e se tornou amigo de Victor Hugo. Seu irmão, Charles, tornou-se genro de Victor Hugo, mas faleceu precocemente, em acidente envolvendo sua esposa, filha de Hugo, e outros familiares. As *Vacquerie* aludem, provavelmente, a poemas de Hugo relacionados a eles. (N. T.)

de *La Légende des Siècles* [A Lenda dos Séculos], essa palavra, idiotice, talvez não choque mais ninguém desde a morte do pranteado Paul Souday. Ao pronunciá-la pela primeira vez, Barbey d'Aurevilly só colheu vaias. Possa eu, por mais indigno que seja do mestre de minha juventude, recolher, por minha vez, segurar no côncavo de minhas mãos a indignação dos imbecis. Sem dúvida, as circunstâncias não favoreceram ao profeta de Guernesey. Ele só conseguiu pôr em versos imensos a filosofia do *Constitutionnel*, a ciência de Raspail; Paul Claudel busca os seus em *La Revue Thomiste*.

* * *

A Vacquerie presente em Paul Claudel não seria suficiente para me afastar de toda vulgarização poética de São João da Cruz. Felizmente, a grosseria de meu humor me bloqueava naturalmente leituras, para mim, fora de propósito. Se existisse um dicionário de mística – talvez exista uma suma – eu evitaria abri-lo, como evito abrir os dicionários de medicina ou de arqueologia, pois respeito demais a pequena parte de saber que possuo, que me custou tanto adquirir, para nela introduzir elementos duvidosos. De todas as anfibologias, o sublime *coq-à--l'âne*[2] me parece o mais ridículo. Para que correr o risco de quebrar a cara procurando no alto evidências que estão ao alcance da mão? Parece-me que, mesmo incrédulo, a vida profunda da Igreja me parecerá sempre como singularmente reveladora de suas secretas deficiências, dessas alterações da substância moral que transformam lentamente e quase de maneira insensível os povos, a ponto de passarem despercebidas, até que a crise estoure de repente, por meio do jogo fortuito de circunstâncias favoráveis, que o historiador tomará gravemente por causas. Qualquer observador de boa-fé me concederá de bom grado que a Igreja é uma sociedade espiritual, da qual ainda pareceria legítimo esperar, na falta de uma clarividência sobre-humana, reações bem

---

[2] *Coq-à-l'âne*: passagem sem transição de um assunto a outro, *non sequitur*. (N. T.)

mais vivas e sensíveis. Essa visão é incompleta, admito, mas não é falsa. Tem também a vantagem de se prestar mal aos desenvolvimentos oratórios dos Bourdaloue[3] de subprefeituras, cujo estilo nobre é o único capaz de inflar o redingote e que teriam a função de, à revelia de um auditório sonolento, colocar no lugar da palavra a modulação, como se possuíssem um acordeão na barriga. Imagino muito bem a linguagem do bravo agnóstico, de inteligência média, ao qual, por impossibilidade, no dia do ano consagrado a Santa Tereza de Lisieux, um desses insuportáveis tagarelas cederia por um momento seu lugar no púlpito.

* * *

Devotos e devotas, ele começaria, não partilho de suas crenças, mas provavelmente conheço mais a história da Igreja do que vocês, pois eu a li, e não há muitos paroquianos que possam dizer o mesmo. Se me engano, que os interessados levantem a mão! Devotos e devotas, eu aprovo sua adoração dos santos, e fico feliz que o padre me permita unir meus louvores ao de vocês. Eles são mais seus do que meus, já que vocês adoram o mesmo Mestre. Eu julgo muito natural, portanto, que vocês os felicitem juntos pela glória que eles adquiriram por meio de uma vida sublime, mas – desculpem o que digo – eu teria dificuldade em acreditar que eles só sofreram e combateram tanto para permitir a vocês regozijos aos quais não poderiam se associar milhares de pobres-diabos, que jamais ouviram falar desses heróis e que, para conhecê-los, só podem contar com vocês. É verdade que a administração dos Correios põe em circulação, todo ano, calendários em que seus nomes se acham inscritos, juntamente com as fases da Lua. Mas esses magníficos pródigos deram tudo, até seus nomes, que outra administração vigilante, a do Estado Civil, põe à disposição de qualquer um, crente ou não crente, a fim de servir de número de ordem aos cidadãos recém-nascidos. Nós não conhecemos os santos, nós, e parece

---

[3] Louis Bourdaloue (1632-1704): jesuíta, pregador de Bourges. (N. T.)

que vocês não os conhecem tampouco. Qual de vocês seria capaz de escrever vinte linhas sobre seu Patrono ou Patrona? Houve um tempo em que essa ignorância me deixaria perplexo, ela me parece agora quase tão natural quanto a vocês. Sei que vocês não se preocupam em absoluto com pessoas da minha condição. Os mais piedosos de seus irmãos evitam mesmo qualquer discussão com os ímpios, por temor, dizem eles, de perder sua fé. Não podemos evitar concluir que essa fé é bem titubeante. Nós nos perguntarmos o que pode ser a fé dos fracos, dos medíocres. Não temos dificuldade em tratar esses infelizes de simuladores, hipócritas. Essa constatação não vem desacompanhada de certa tristeza. Vocês não se interessam pelos incrédulos, mas estes se interessam por vocês. São poucos os incrédulos que, em certa época de sua vida, não tenham se aproximado de vocês, sorrateiramente, mesmo que fosse com a injúria sobre a boca. Ponham-se no nosso lugar. Tivessem vocês uma pequena chance, uma chance bem pequena de ter razão, a morte nos reservaria uma pavorosa surpresa. Não é tentador observar vocês de perto, sondá-los? Pois, enfim, supõe-se que vocês creiam no Inferno. O olhar que vocês lançam sobre nós, enquanto camaradas, não trairia alguma coisa dessa piedade que vocês certamente não recusariam a um condenado? Oh, é claro, não esperamos demonstrações ridículas, mas enfim, no fim dos fins, poder apenas imaginar que certo número de companheiros com os quais se dançou, esquiou, jogou bridge, talvez ranjam os dentes por toda a eternidade, amaldiçoando Deus, isso deveria de qualquer forma mudar um homem! Em suma, nós julgamos vocês interessantes. Pois bem, vocês não são nada interessantes, e sofremos com nossa decepção. Sofremos, sobretudo, pela humilhação por ter esperado algo de vocês, ou seja, por havermos duvidado de nós, de nossa incredulidade. A maioria de meus pares se contenta com essa primeira experiência. Ela não resolve nada, porém, pois há evidentemente entre vocês certo número de falsos devotos, cujo interesse é o que os move. Mas há os outros. Quem os considera não pode deixar de observar que, se a fé que eles professam não muda muita coisa em sua vida, já que eles a praticam como vocês, em doses médias, seis dos pecados capitais, ela envenena seus tristes prazeres pela extrema importância que ela confere ao sétimo, tido por mortal. Meus caros irmãos, na falta desse heroísmo sem o qual Léon Bloy afirmava que um cristão não passa de um porco, o caráter ansioso da luxúria de vocês os distingue entre todos. É verdade, por conseguinte, que vocês realmente acreditam no Inferno. Vocês o temem por vocês, fiéis. Vocês esperam que ele seja para nós. É inacreditável que, nessas condições, vocês também careçam completamente do sentido do patético!

* * *

Devotos e devotas, se forem fotografados, ficarão estupefatos por descobrir no retrato um personagem bem diferente daquele cuja imagem o espelho reflete, uma imagem móvel. É possível que o exame de consciência tenha feito com que vocês descubram, pouco a pouco, qualidades que se tornaram, com o tempo, tão familiares, que vocês acreditam facilmente serem perceptíveis por todos. Mas não vemos suas consciências! Em contrapartida, o vocabulário de vocês, cujo uso fez com que seu sentido fosse enfraquecido, é-nos mais acessível do que vocês, faz com que pensemos a respeito. Ele não possui, em especial, esta frase misteriosa: *o estado de graça?* Quando vocês saem do confessionário vocês estão "em estado de graça". O estado de graça... Pois bem, o que vocês querem, ele não parece grande coisa. Nós nos perguntamos o que vocês fazem com a graça de Deus. Ela não deveria brilhar entre vocês? Onde vocês escondem sua alegria?

Vocês responderão que isso não é de minha conta. Mesmo que eu a encontrasse, essa alegria, eu não poderia me servir dela. Sem dúvida. Vocês nos falam, em geral, em um tom de amargura ou vingança, como se vocês nos invejassem prazeres dos quais vocês se privam. Possuem eles tanto valor a seus olhos? Infelizmente, eles não possuem nenhum aos nossos. Vocês têm o jeito de nos tomar por animais, que encontram no exercício de suas funções digestivas ou reprodutoras uma fonte inesgotável de delícias, sempre novas, sempre frescas, porque são esquecidas assim que são experimentadas. Mas a *vaidade das vaidades* não possui mais segredos para nós!... As passagens mais amargas do Livro de Jó ou do Eclesiastes não nos ensinam nada de novo, elas inspiraram nossos pintores e poetas. Se vocês quiserem refletir, convirão que nós nos assemelhamos bastante, nós, aos homens do Antigo Testamento. O mundo moderno é tão duro quanto o mundo judeu, e o incessante clamor que sai dele é aquele ouvido pelos Profetas, que lançavam ao Céu as cidades enormes agrupadas em volta das águas. O silêncio da morte nos assombra como elas, e nós respondemos, como elas, por meio de gritos de ódio ou de pavor. Enfim, adoramos o mesmo Velo. Adorar um velo não é de modo algum, para os povos, acreditem, sinal de otimismo. Somos corroídos pela mesma lepra, da qual a imaginação semita, através dos séculos, carrega a horrenda ferida, a obsessão pelo nada, a impotência, por assim dizer física, em conceber a ressurreição. Mesmo na época de Nosso Senhor, com exceção da pequena comunidade farisaica, os judeus não acreditavam na vida futura. Suponho que eles a desejassem muito, com um desejo vindo das entranhas e que também devora os nossos. A esperança cristã não estanca esse tipo de sede, nós o sabemos. A esperança passa em nós como através de um alvo. Vocês me dirão que Israel aguardava o Messias. Nós esperamos o nosso. A seu exemplo, ainda, não estamos bem certos de que ele venha e, por temer que evapore a última ilusão que nos resta, nós o ligamos fortemente à terra, sonhamos com um Messias carnal: a Ciência, o Progresso, que nos fariam donos do Planeta. Sim, somos homens do Antigo Testamento. Vocês nos responderão que nossa cegueira é então mais culpada do que a dos judeus contemporâneos de Tibério. Perdão. Para começar, não é certo que teríamos crucificado o Salvador. Virem a coisa do jeito que quiserem, os deicidas pertenciam à classe edificadora. Vocês podem dizer e fazer o que quiserem, o deicida não poderia se inscrever na rubrica dos crimes crapulosos. É um crime distinto, o mais distinto dos crimes, um crime raro cometido por padres opulentos, aprovados pela grande burguesia e pelos intelectuais dessa época, chamados de escribas. Vocês podem rir, caros irmãos, não foram os comunistas nem os sacrílegos que crucificaram o Senhor. Aliás, permitam que eu ria também. Vocês naturalmente consideram o Evangelho como inspirado, vocês atribuem uma propriedade a cada parágrafo desse livro divino, e não chama sua atenção a insistência do bom Deus em colocar geralmente fora de questão uma espécie de pessoas das quais o mínimo que se possa dizer é que eles não formam a sociedade habitual de policiais, notários, generais de reserva, assim como tampouco a de suas virtuosas esposas, nem, cá entre nós, os padres? Não chama sua atenção que o bom Deus tenha reservado suas maldições mais duras para personagens bem-vistos, cumpridores dos ofícios, rigorosos observadores do jejum, e bem mais instruídos de sua religião – isto não é uma crítica – do que a maioria dos paroquianos de hoje? Essa enormidade não atrai os olhares de vocês? Ela atrai os nossos, o que vocês querem que eu diga? Não basta me responder que Deus se colocou entre as mãos de vocês. As mãos às quais Cristo se entregou outrora não eram mãos amigas, eram mãos consagradas. Que vocês tenham sucedido à Sinagoga, e que essa sucessão seja legítima, o que importa? Para nós, que só esperamos de vocês a partilha de um dom que vocês proclamam inefável, não importa saber se Deus se entregou às suas mãos, mas o que vocês fazem com isso.

* * *

Vejo aqui, caros irmãos, o perfil imperioso do coronel Romorantin. Ele troca com o conservador das hipotecas e com alguns negociantes conhecidos na paróquia olhares indignados: "Estamos em nosso ambiente, bolas! Não só esse senhor jamais me foi apresentado, como não o conheço, e ele se aproveita para nos dizer coisas desagradáveis". Mas, caro coronel, sua Igreja não é, apesar de tudo, o círculo militar! Desejo que um dia o senhor tenha assento debaixo da cúpula da Igreja triunfante, hoje o senhor é apenas um candidato, como todo mundo.

Nós celebramos a festa de Santa Tereza ou a de nossos paroquianos? Ao vê-los tomar lugar no coro, eu acreditaria estar assistindo à recepção de um novo acadêmico por seus colegas em uniforme. Dir-se-ia que esse grande dogma da Comunhão dos Santos, cuja majestade nos espanta, só concede a vocês uma prerrogativa a mais, entre muitas outras. A da reversibilidade dos méritos não constitui seu complemento? Nós só respondemos por nossos atos ou por suas consequências materiais. A solidariedade que os liga aos outros homens é de uma espécie bem superior. Parece-me que esse dom da fé que é conferido a vocês, longe de emancipá-los, os liga a eles por meio de laços bem mais estreitos do que os do sangue e da raça. Vocês são o sal da terra. Quando o mundo se esboroa, a quem vocês querem que eu me dirija? É inútil lançarem mão do mérito de seus santos, uma vez que vocês não passam de supervisores desses bens. Ouvimos com frequência os melhores entre vocês proclamar, com orgulho, que não "devem nada a ninguém". Semelhantes palavras não possuem absolutamente nenhum sentido na boca de vocês, pois vocês devem literalmente a todo mundo, a cada um de nós, a mim mesmo. Coronel, é impossível que vocês esteja mais sobrecarregado de dívidas do que um subtenente! Só Deus tem o conhecimento de nossas tesourarias. Se for verdade, como afirmam seus padres, que a sorte de um poderoso da Terra depende, talvez, no minuto em que falo, da vontade de uma criança dividida entre o bem e o mal e que resiste à graça com todas suas fracas forças, nada é mais aborrecido do que ouvi-los falar dos assuntos deste mundo no tom mais banal. Ah, vocês são engraçados! O coronel Romorantin dirá esta noite, sem dúvida, ao bater as cartas na mesa: "O que são essas histórias? Na família, diacho, temos todos a fé do carvoeiro!". Pois a moral de vocês é a moral de todos, com uma pequena diferença: vocês chamam de pecado o que os moralistas designam por outro nome. Ah, sim, vocês são personagens curiosos! Se vocês ouvem proclamar que uma pequena carmelita tuberculosa, pela observação heroica de deveres tão humildes quanto ela mesma, pôde obter a conversão de milhares de homens, ou mesmo – por que não? – a vitória de 1918, vocês não experimentam emoção alguma. Pelo contrário, se afirmarem polidamente, para vocês, segundo a lógica particular de vocês, que a corrupção do clero mexicano, por exemplo, é a causa sobrenatural das perseguições nesse desgraçado país, vocês darão de ombros. "Qual a medida comum entre a rapacidade, avareza ou concubinato desses pobres padres e os crimes de sangue perpetrados por brutos?" Esse raciocínio vale para mim, não para vocês. É o raciocínio dos juízes deste mundo, que punem o adúltero com uma multa de 25 francos e mantêm na prisão por seis meses um mendigo culpado de consumir sem pagar. De modo similar, vocês consideram verossímil que um padre de Ars tenha conduzido seus seguidores à missa graças a um gênero de vida tão miserável que seus confrades deliberavam trancafiar esse infeliz. Mas se eu tivesse a má sorte de insinuar que determinado padre da Espanha, ainda que perfeitamente em dia com os tribunais de seu país, possa ser tido como genitor espiritual de uma paróquia de assassinos e sacrílegos, eu seria certamente considerado bolchevique. Vocês são imbecis, ou apenas fingem sê-lo? Sua fé poderia ser perfeitamente aceita sem suas obras. Já que não acreditamos na eficácia de seus sacramentos, não poderíamos sem malícia censurá-los por não valer mais do que nós. O que ultrapassa o entendimento é que vocês raciocinam habitualmente sobre os assuntos deste mundo exatamente como nós. Pois, enfim, nada os força! Que vocês ajam segundo nossos princípios, ou antes, segundo a dura experiência de homens que, não tendo qualquer esperança no outro mundo, conduzem neste uma luta comparável à dos animais ou vegetais, segundo as leis da concorrência vital, seja. Mas quando seus pais professavam a economia sem entraves de Adam Smith, ou quando vocês prestam gravemente homenagem a Maquiavel, permitam que o diga, vocês não causam nenhuma surpresa, vocês nos aparecem como singulares, incompreensíveis cabeças de vento.

Essa declaração bem sincera não abalará, sei, o sólido otimismo ao qual vocês dão, sem dúvida por analogia, o nome de esperança.

O problema das virtudes sublimes é que elas devem ser praticadas com heroísmo. Ocorre com elas o mesmo que com esses homens exaltados por toda resistência, mas que são os mais fáceis de seduzir. A humildade tempera os fortes. Habilmente circunscrita, ocorre de poupar aos medíocres as agruras da humildade, ou pelo menos suaviza seu amargor. Quando as circunstâncias nos forçam a admitir que não valemos grande coisa, que outro recurso temos senão fechar os olhos para essa dolorosa evidência? Nem sempre conseguimos. Admitir para si mesmo que se é um covarde, um mentiroso ou uma excrescência não reconforta pessoas de nosso tipo. Ao passo que, após terem se entregado a semelhante exercício, alguns de vocês manifestam uma espécie de satisfação que nos parece um pouco cômica. Na falta da graça de Deus, o ato de humildade que eles acabam de ler em seu paroquiano lhes elevou a autoestima. A operação me parece demasiado vantajosa para ser realmente sobrenatural.

* * *

Julgam, caros amigos, que meu exórdio é muito lento. Mas a má opinião que vocês tem de mim me aflige, e tento reformá-la. Não creio que essa opinião seja refletida ou voluntária. Vocês veem os ímpios tais como são, e os cristãos tais como deveriam ser, lamentável mal-entendido! Ou antes, vocês nos veem tais como seríamos, com efeito, se fôssemos cristãos segundo o espírito do Evangelho e o coração de Deus. Pois seria legítimo, então, falar de nosso endurecimento. Acreditam que seja agradável ouvir-se tratar cotidianamente de inimigos de Deus por personagens tão sobrenaturais como Bailby ou Doriot? Semelhante qualificativo não apresentava nada de muito perigoso para nossos pais ou avós na época em que seus oradores invocavam contra nós os sagrados direitos da liberdade de consciência. Pode nos valer amanhã a deplorável solicitude de um general da Cruzada. Não, caros irmãos, muitos incrédulos não estão tão endurecidos quanto se pensa. Devo lembrá-los de que Deus veio Ele próprio se revelar ao povo judeu? Eles o viram. Eles o ouviram. Eles o tocaram com suas mãos. Eles lhe pediram sinais. Ele lhes deu esses sinais. Ele curou os doentes, ressuscitou os mortos. Depois, Ele ascendeu ao céu. Se o buscamos neste mundo, são agora vocês que encontramos, somente vocês! Oh, eu presto homenagem à Igreja – mas enfim, a história da Igreja não revela seu segredo ao primeiro que vier. Há Roma – mas vocês sabem que a majestade do Catolicismo não se revela desde o início, há muitos dos seus que retornam decepcionados. O que será dos nossos? São vocês, cristãos, que a liturgia da Missa declara participantes da divindade, são vocês, homens divinos, que desde a Ascensão de Cristo são aqui na Terra sua pessoa visível. Admitam que vocês não são reconhecíveis de imediato.

* * *

Julgam minhas observações deslocadas neste recinto. Não o são mais do que a presença da maioria de vocês. Possam elas chamar sua atenção para os perigos que os ameaçam. Elas são certamente indignas da santa cuja festa celebramos, mas possuem o mérito de ser simples; e mesmo pueris; o sorriso do conservador das hipotecas é um testemunho seguro disso. Nossa celeste amiga não me quererá mal por falar como criança. Não passo, infelizmente, de uma velha criança repleta de inexperiência, e vocês não têm muito a temer de mim. Temam os que virão, que os julgarão, temam as crianças inocentes, pois elas são também crianças terríveis. O único partido que lhes resta tomar é aquele proposto pela santa: voltem a ser crianças, reencontrem o espírito da infância. Pois é chegada a hora em que as questões que lhes serão postas de todos os pontos da Terra serão tão urgentes e tão simples que não poderão responder por meios sim ou não. A sociedade na qual vivem parece mais complexa do que as outras, pois se supera em complicar os problemas ou, pelo menos, em apresentá-los de cem maneiras diferentes, o que lhe permite inventar aos poucos soluções provisórias, que ela naturalmente apresenta como definitivas. Esse método é o da medicina desde Molière. Mas é igualmente o dos economistas e sociólogos. Sustento que ocupam nessa sociedade uma situação vantajosa, pois, ao se proclamar materialista, ela lhes permite, a um bom preço, o imenso privilégio de criticá-la em nome do Espírito. Infelizmente para vocês, passado certo grau de ardil e impostura, as mais insolentes fraseologias não poderiam mascarar o vazio dos sistemas. Quando o doutrinário ouve crescer na sala atenta certo murmúrio, mal perceptível ainda, ele pode redobrar sua importância e gravidade, mas esse supremo esforço acaba por perdê-lo. Pôde-se ler, por exemplo, em um dos últimos números de *La Revue de Paris*, sob a assinatura de Paul Morand, as seguintes linhas: "Imagino muito bem as autarquias do futuro, prescrevendo o celibato em certas regiões abandonadas, estimulando nascimentos, pelo contrário, segundo um vasto plano embriogênico, em regiões a serem especialmente valorizadas... Após haver regulado a quantidade de nascimentos, o Estado futuro se ocupará, sem dúvida, da qualidade; não querendo permanecer abaixo do Estado atual, diretor de haras". Paul Morand pertence à melhor sociedade, pertence mesmo à Carreira. Não deveríamos, portanto, tomá-lo por humorista. O Sr. Patenôtre, que eu saiba, não é tampouco humorista, seu recente testemunho, portanto, pode ser ouvido por um auditório tão sério quanto aquele ao qual tenho a honra de me dirigir.

> Imaginemos uma coletividade rica como os Estados Unidos, ou mesmo como a Grã-Bretanha ou a França, onde se faça *tabula rasa* de todos os preconceitos e que se decida, certo dia, mediante acordo unânime, produzir o máximo sem se preocupar com as demandas da clientela. Imediatamente, as fábricas aperfeiçoam suas máquinas e funcionam, com rodízio de equipes, dia e noite; de modo similar, no campo, a produção de cereais, o cultivo de legumes, a criação de animais ampliam seu rendimento.
>
> O que ocorre? O volume dessa produção industrial e agrícola, ao final de X anos, atinge tal dimensão que se pode razoavelmente declarar que uma justa divisão permitiria conceder a cada um grande conforto e bem-estar.

SEGUNDA PARTE

Por que será preciso que a rotina de nossos métodos, a camisa de força de nossos preconceitos se oponham à marcha do progresso e detenham essa melhor condição ao grito de "Não passarás!". O que há de viciado em nosso sistema econômico que o aprisiona num círculo infernal, no qual a produção é comprimida pela insuficiência de um consumo solvente, ao passo que esse consumo se tornou, por sua vez, insuficientemente solvente, especialmente para uma produção mal desenvolvida?

Não sei se os senhores apreciam tanto quanto eu a ingenuidade dessa confissão. Tantos esforços despendidos para alcançar uma sociedade supostamente materialista que não pode mais nem produzir nem vender! Admitam que, nessas condições, os homens da ordem, de semelhante ordem, podem vestir-se de vermelho, amarelo ou verde, os ditadores rangerem os dentes e mostrarem o branco do olho, os garotos cujos pais os arrastaram ao teatro começam a se olhar entre si, eles redescobriram a marionete, e a sala virá abaixo sob gargalhadas.

* * *

Cristãos que me escutam, eis o perigo. É perigoso suceder a uma sociedade que se esboroou numa gargalhada, pois até mesmo seus fragmentos serão inúteis. Terão que reconstruir. Deverão reconstruir tudo diante das crianças. Voltem a ser crianças, portanto. Elas encontraram o ponto fraco da armadura, não desarmem sua ironia, a não ser à força de simplicidade, de franqueza, de audácia.

Vocês só as desarmarão na base do heroísmo.

* * *

Ao falar deste modo não creio trair o pensamento de santa Tereza de Lisieux. Eu o interpreto, somente. Tento utilizá-lo humanamente, para arranjo dos negócios deste mundo. Ela pregou o espírito da infância. Este pode o bem e o mal. Não é um espírito de aceitação da injustiça. Não façam dele um espírito de revolta. Ele os lançaria fora do mundo.

Semelhante hipótese não nos tranquiliza em nada, já que seríamos igualmente arremessados. Chamo a atenção de vocês para uma singularidade da História, desde a era cristã. Quando os judeus lapidavam os profetas, os *goim* só ganhavam com isso. Deus lhes entregava esse povo teimoso, e eles pilhavam seus tesouros, suas mulheres e filhas. Ao passo que, se vocês permanecem surdos às advertências dos santos, nós apanhamos com vocês, mais do que vocês – se me for permitido empregar esta expressão familiar. Desse ponto de vista, a antiga Cristandade continua de pé. Pois a história de vocês, a história da Igreja, parece apenas acrescentar um capítulo à História. Mas não é isso que ocorre. A prudência e a loucura dos homens podem ter se inscrito nela, uma de cada vez, mas não seriam capazes, por si sós, de justificar os êxitos e fracassos. Oh, isso não se descobre à primeira vista! E, por exemplo, seria indiferente que se apontasse, de página em página, todas as espécies de erros conhecidos, numa proporção evidentemente igual. Creio que eles não se engendram uns aos outros segundo a lei comum, que eles não seguem a mesma ordem de sucessão. Vocês explicam tais singularidades pela noção de uma assistência divina. Eu não disputarei esse ponto. Penso, por exemplo, que a menos que se seja louco, ninguém pode permanecer insensível à extraordinária qualidade de seus heróis, a sua incomparável humanidade. O nome de herói não lhes convém, aliás, e o de gênio tampouco, pois eles são ao mesmo tempo heróis e gênios. Mas o heroísmo e o gênio são em geral acompanhados de certa perda de substância humana, ao passo que a humanidade dos santos de vocês é transbordante. Eu diria, portanto, que eles são heróis, gênios e crianças. Prodigiosa fortuna! Certamente, preferiríamos lidar com eles a lidar com vocês! Infelizmente, a experiência nos ensina que todo contato direto é impossível. O que vocês querem que façam com uma Tereza de Lisieux nossos políticos e moralistas? Sua mensagem, na boca deles, perderia todo significado, ou pelo menos, toda chance de eficácia. Ela foi escrita na linguagem de vocês, somente esta pode exprimi-la, carecemos das palavras necessárias para traduzi-la sem traí-la, não falemos mais disso. Caros irmãos, eu confesso isso com humildade, recebam-no com o mesmo espírito. Pois só compete a vocês transmitir a mensagem dos santos, seria preciso que vocês se desincumbissem desse dever no melhor interesse de vocês mesmos. Lamento dizer que pagamos caro as negligências de vocês.

Não tentem nos fazer convencer de que esses homens divinos só acrescentam ao quadro alguns pequenos retoques! Se eu ousasse, resumiria assim a mensagem de São Francisco: "Isto vai mal, meus filhos, vai muito mal", teria dito o santo. "Isto vai piorar ainda mais. Eu gostaria de poder tranquilizá-los sobre o estado da saúde de vocês. Mas se vocês só precisassem de tisanas, então eu teria ficado tranquilo em minha casa, pois amava ternamente meus amigos, e me acompanhando no alaúde, eu lhes cantava versos provençais. A salvação está ao alcance de vocês. Não tentem tomar os quatro caminhos: há somente um, o da Pobreza. Eu não sigo vocês, meus caros, eu os precedo; eu me lanço adiante, não tenham medo. Se eu pudesse sofrer sozinho, vejam, eu não teria vindo perturbá-los em seus prazeres. Infelizmente, o bom Deus não me permitiu. Vocês irritaram a Pobreza, o que querem que eu diga? Vocês a levaram ao extremo. Porque ela é paciente, vocês acabaram por lhe depositar em seus ombros, disfarçadamente, todo o seu peso. Ela está lá, agora, estendida com o rosto voltado para a terra, sempre silenciosa e chorando sobre a poeira. Vocês dizem: nada nos incomoda mais, poderemos dançar. Vocês não dançarão, meus filhos, mas morrerão. Vocês estarão mortos se a Pobreza os amaldiçoar. Não atraiam para este mundo a maldição da Pobreza! Avante!".

Esse conselho evidentemente se dirigia a todos vocês. Poucos o seguiram. Vocês se assemelham a esses italianos lendários aguardando o momento do ataque. De repente, o coronel ergue seu sabre, pula o parapeito, corre sozinho através da fuzilaria de proteção, gritando: *Avanti! Avanti!*, enquanto seus soldados, continuando deitados sobre a linha inicial, eletrizados por tanta valentia, aplaudem, com lágrimas nos olhos: *Bravo! Bravo! Bravíssimo!*

* * *

Caros irmãos, repito a mesma coisa, porque é sempre a mesma coisa. Se vocês tivessem seguido esse santo, em vez de aplaudi-lo, a Europa não teria conhecido a Reforma ou as guerras de Religião, nem a pavorosa repressão espanhola. Foi a vocês que o santo chamou, mas a morte não escolheu: ela se abateu sobre todo mundo. Corremos hoje perigo similar. Deve ser até mesmo pior. Uma santa, cuja fulminante carreira mostra bem o caráter tragicamente urgente da mensagem que lhe foi confiada, convida-os a voltarem a ser crianças. Os desígnios de Deus, como vocês dizem, são impenetráveis. É difícil acreditar, contudo, que esta não seja a última chance oferecida a vocês. A de vocês e a nossa. Vocês são capazes de rejuvenescer o mundo, sim ou não? O Evangelho é sempre jovem, vocês é que são velhos. Os velhos de vocês são ainda mais velhos do que os outros. Eles caminham balançando a cabeça e repetindo: "Nem reação, nem revolução", com uma voz baixa, tão cavernosa que, a cada sílaba, eles cospem um dente. A reação é necessária, a revolução não é excessiva. Reação e revolução juntas não seriam demais. Deus! Abandonem seu velho escrúpulo de administrar uma ordem que se administra tão pouco que destrói a si mesma. A ordem universal, aliás, acaba de ceder lugar à mobilização universal. Chamem de volta seus casuístas, para que não sejam mobilizados também. Chamem de volta, ou melhor, tragam-nos de volta. Pois os infelizes se entregaram a exercícios de alongamento tão complicados que eles têm as pernas em torno do pescoço, os braços dobrados sobre os ombros e a cabeça na altura da última vértebra dorsal. Tragam-nos como estão em suas liteiras, pois eles não conseguirão se soltar sozinhos. Nem tudo está perdido, pois, ao longo de dois milênios de negociações inúteis, o Evangelho se transmitiu intacto até nós: não falta nem uma vírgula. A todas as questões que serão postas a vocês, é difícil responder por sim ou não? Assim falam as pessoas honradas. A honra é também uma coisa que vem da infância. É por esse princípio infantil que ela escapa à análise dos moralistas, pois o moralista só trabalha sobre o homem maduro, animal fabuloso por ele inventado, para a comodidade de suas deduções. Não existem homens maduros, não existe estado intermediário entre uma idade e outra. Quem não é capaz de dar mais do que recebe começa a apodrecer. O que dizem a moral ou a fisiologia sobre esse ponto importante não apresenta nenhum interesse para nós, pois fornecemos às palavras juventude e velhice um sentido diferente deles. A experiência dos homens, e não do homem, ensina-nos rapidamente que juventude e velhice são questão de temperamento ou, se quiserem, de alma. Reconheço aí uma espécie de predestinação. Essas concepções, confessem, não possuem absolutamente nada de original. O mais obtuso dos observadores sabe perfeitamente que um avaro é velho aos vinte anos. Existe um povo da juventude. É esse povo que os convoca, é ele que é preciso salvar. Não esperem que o povo dos velhos tenha acabado de destruir, pelos mesmos métodos que no passado, em menos de um século, acabaram com os índios americanos. Não permitam a colonização dos Jovens pelos Velhos! Não se acreditem quites com esse povo mediante discursos, mesmo que impressos. Na época em que os Fariseus da América dizimavam cientificamente uma raça mil vezes mais preciosa do que seu aversivo amálgama, os índios de Chateaubriand e de Cooper não dividiam com os escoceses de Walter Scott os saborosos prazeres das gatas dos romances, que se regalavam de sangue assim como de piedade? Cristãos, o advento de Joana d'Arc no século XX assume o caráter de uma advertência solene. A prodigiosa fortuna de uma obscura carmelita me parece um sinal mais grave ainda. Voltem rapidamente a ser crianças, para que nós tornemos a ser, por nossa vez. Não deve ser tão difícil quanto se pensa. Por não viverem sua fé, ela não é mais vibrante, ela se tornou abstrata, como que se desencarnou. Talvez encontremos nessa desencarnação do Verbo a verdadeira causa de nossas desgraças.

Muitos de vocês lançam mão das verdades do Evangelho como se fosse um tema inicial, do qual extraem uma espécie de orquestração inspirada pela sabedoria deste mundo. Ao pretender justificar essas verdades diante dos Políticos, vocês não temem torná-las inacessíveis aos Simples? E se, no entanto, vocês tentarem uma vez contrapô-las tais como são aos sistemas complicados, e depois esperar tranquilamente a resposta, em vez de falar o tempo todo? Joana d'Arc era apenas uma santa, e nem por isso deixou de prevalecer sobre os doutores da Universidade de Paris. E se vocês deixassem falar o Menino Jesus? Vocês repetirão que isso não me diz respeito. Mas, perdão! Para prevalecer sobre uma ordem quase tão enrijecida quanto a nossa, não foram precisos tantos doutores! Este é um fato histórico de grande alcance.

Julgo perfeitamente natural que vocês queiram bem a suas bibliotecas. Elas foram de grande auxílio contra os hereges. Mas o mundo não é trabalhado somente por estes, ele está obcecado pela ideia de suicídio. De um extremo a outro do planeta, ele acumula rapidamente todos os meios necessários para esse gigantesco empreendimento. Vocês não impedirão um infeliz de se suicidar provando-lhe que o suicídio é um ato antissocial, pois o pobre-diabo delibera, precisamente, desertar pela morte de uma sociedade que lhe causa aversão. Vocês ainda repetem aos homens, numa linguagem que mal se distingue daquela dos moralistas, dos animais morais, que moderem seus desejos. Mas eles não possuem mais desejos, eles não se propõem mais objetivo algum, e não discernem nenhum que valha o esforço.

Devotos e devotas, chego ao final deste longo discurso. Em minha qualidade de descrente, lamento não poder abençoá-los. Tenho a honra de saudá-los. O fato de nos sentirmos tão semelhantes a vocês, quase tão desconcertados quanto vocês diante de temíveis conjecturas, isto faz o coração se apertar um pouco. Pois, desculpem minha franqueza, vocês não pareciam menos preocupados do que nós em salvar a própria pele. O grito enraivecido do desespero – não importa qual, contanto que eu me safe! – parece a ponto de jorrar dos lábios de vocês,

SEGUNDA PARTE

enquanto vocês parecem se inclinar para o lado das ditaduras. Não importa quem, não importa o quê, diabo! Voltem rapidamente a ser crianças, é menos perigoso. É preciso admitir que não temos confiança alguma em suas capacidades políticas. Um pouco mais de tempo e seus excessos de zelo acabarão por comprometê-los, mesmo junto aos novos senhores. Tornar-se a *bête noire* dos homens livres e dos pobres, com um programa como o do Evangelho, convenham que há do que rir. Voltem a ser crianças, portanto, refugiem-se na infância. Quando os poderosos deste mundo colocam a vocês questões insidiosas sobre uma série de problemas perigosos, a guerra moderna, o respeito pelos tratados, a organização capitalista, não tenham vergonha de admitir que vocês são muito bestas para responder, que o Evangelho responderá por vocês. Então, talvez a palavra divina promova este milagre de unir os homens de boa vontade, uma vez que ela foi pronunciada para eles. A *Pax hominibus bonae voluntatis* não poderia ser traduzida por: "Guerra primeiro, depois, veremos", não? É evidentemente paradoxal, para nós, esperarmos um milagre. Mas o quê? Não é ainda mais paradoxal esperá-lo de vocês? Então, adotamos nossas precauções. Elas nos parecem legítimas, pois, observem bem, não pretendemos interpretar o Evangelho, nós instamos que vocês o cumpram, segundo sua fé, segundo a fé da Igreja de vocês. Não renegamos seus doutores. Renegamos as políticas de vocês, pois elas forneceram abundantemente a prova de que eles eram presunçosos e tolos! – O Evangelho! O Evangelho! Quando se passou a tudo esperar do milagre, é conveniente exigir que esta última experiência seja bem realizada. Suponham, caríssimos irmãos, que, sofrendo de uma tuberculose, eu peça para beber a água de Lourdes, e os médicos me propõem misturar alguma droga indicada por eles: "Caros doutores", eu lhes diria, "vocês me declararam incurável. Deixem-me, portanto, tentar tranquilamente minha chance. Se, nesse negócio, que só concerne a mim e à Santa Virgem, eu tiver necessidade de um intermediário, não me dirigirei certamente ao farmacêutico".

terceira parte

1

Comecei este livro em um suave inverno palmesano, repleto da seiva das amendoeiras em flor, suculenta como um fruto de outono. Esse detalhe, temo, não possui nenhum interesse para vocês. Deus queira que o Café Alhambra volte a ser o que era, a cada manhã, na hora em que desembarcavam do *Ciudad* os viajantes um pouco cansados de uma noite no mar, quando fumegam sobre as mesas de mármore o café de potente aroma e as *ensaimadas* douradas.[1] Mas o *Ciudad* está no fundo do mar, junto com sua tripulação, e os peixes rodeiam a cabine onde dormi. Certo, eu não quero mal algum ao simpático dono do Alhambra. Ele me permitirá dizer, no entanto, que sua casa não tem nada que possa atrair as massas. Ela é para mim, contudo, uma das grandes etapas de minha pobre vida, a última, sem dúvida. Pois eis que o dia avança, o vento refresca, o caminho ainda é longo, não me deterei ainda em cerrar sobre mim a suave noite que espero – ó reconciliadora, ó auxiliadora, ó serena!

* * *

A vida não traz qualquer desilusão, a vida só possui uma palavra, ela a mantém. Tanto pior para os que dizem o contrário. Trata-se de impostores ou covardes. Os homens, é verdade, decepcionam, só os homens. Tanto pior ainda para aqueles a quem essa decepção envenena.

---

[1] *Encemada* ou *ensaimada mallorquina*: espécie de bomba de creme ou sonho. (N. T.)

É que sua alma funciona mal, sua alma não elimina as toxinas. Para mim, os homens não me decepcionaram e não decepcionei a mim mesmo, tampouco. Eu esperava o pior, é tudo. O que vejo no homem, em primeiro lugar, é sua infelicidade. A infelicidade do homem é a maravilha do universo.

* * *

Independentemente do que ocorrer agora, a última etapa da minha vida não terá me decepcionado mais do que as outras. Não tendo jamais esperado da experiência que ela me trouxesse sabedoria, eu só lhe pedia um aprofundamento de minha piedade, para que ela mergulhe bastante dentro de mim para que não corra o risco de ver secar a fonte das lágrimas. Deus! Não sendo capaz de amar segundo a graça de vocês, não me arranquem a humilde compaixão, o pão grosseiro da compaixão que podemos partir juntos, pecadores, sentados à beira da estrada, em silêncio, cabeça abaixada, à maneira dos velhos pobres. Não há nada mais odioso no homem do que sua pretensa sabedoria, o germe estéril, o ovo de pedra que os velhos se passam de uma geração a outra, e que eles tentam requentar, cada um por sua vez, entre suas coxas. Em vão Deus se esforça por submetê-los, pede com suavidade que eles troquem esse objeto ridículo pelo ouro vivo das Beatitudes. Eles o olham batendo as mandíbulas, apavorados, soltando assustadores suspiros. Se for verdade, como exprime o Evangelho, que essa sabedoria é loucura, por que, entre tantas outras loucuras, eles escolheram esse pedregulho? Mas a sabedoria é o vício dos velhos, e estes não sobrevivem a seu vício, levam consigo seu segredo.

* * *

Não sinto ter nascido para requentar um ovo duro. Vocês poderão me dizer para tentar, que eu talvez tenha mais êxito do que outros, mas não! "Seja! Mas não recuse essa inocente distração a respeitáveis patriarcas que o Moralista o convida a honrar. – Eu a recuso friamente.

Que eles corram de preferência atrás das meninas! – Eles não se aguentam mais sobre suas pernas! – Que eles leiam então o último romance do Sr. Léon Daudet. – Eles não podem mais ler. – Então, tornem-nos senadores e coloquem-nos sentados num banco do Luxemburgo, à beira da fonte." Parece-me que um homem de minha idade pode falar assim sem temer o ridículo, no qual não deixam de incorrer os jovens desrespeitosos, pois não há nada mais cômico do que a raivosa gravidade dos gagás senão a ingênua, prepotente e discordante facúndia do jovenzinho. Não quero mal algum aos velhos. Cá entre nós, é mesmo perfeitamente possível que eles tenham merecido outrora a reverência, que entre muitos marionetes trágicos, o mundo moderno tenha conseguido criar uma nova raça de Nestores. Enquanto os homens vivem próximos à terra, como que formados e moldados por ela, sua experiência não passa dos méritos acumulados pelo humilde esforço de cada dia. Ela é uma espécie de santidade natural, que se exprime por meio da indulgência e da serenidade, uma forma de prudência inacessível aos seres ainda envolvidos na luta pelo pão e pelo vinho, pois se inspira de um desapego sem amargor, de uma simples e solene aceitação. O que podem ter em comum com um velho camponês da antiga França esses septuagenários tão ignorantes dos valores reais da vida quanto um politécnico de vinte anos, esses animais de fórmulas e sistemas que, mesmo enredados na paralisia senil, permanecem tão turbulentos com seus companheiros como na época em que presidiam conferências econômicas? Essa ordem é a sua. Nosso desejo seria que morressem juntos, os dois, bem tranquilos. Mas eis que começamos a não nos entender mais, eles e nós. Eles não querem.

Elogiar os jovens às expensas dos velhos, juro, passa longe de meu pensamento. Aliás, eu perderia meu tempo e meu esforço. Via-se, no fim do último século, judias sem idade, maceradas pelos aromáticos, amarelecidas por todos os venenos da menopausa, pintadas a ovo, como os antigos afrescos, sugar as heranças e esvaziar os rins de inúmeros membros do círculo, os mais "pschutt", os mais "vlan" do nobre Faubourg. Essa singularidade psicológica irritava Drumont. Ela era porém menos aversiva do que o gosto dos jovens intelectuais de então por esses mesmos aristocratas em início de decomposição, em cujas mãos eles deviam se contentar em cheirar o odor das alcovas apodrecidas, cujas delícias jamais conheceriam. Afirmo que a geração que veio à luz em meados de 1870 foi consagrada, desde o nascimento, aos demônios da velhice, batizada nesse sangue corrompido. Foi sem dúvida graças à sua proteção que ela pôde escapar, por pouco, a duas guerras. E as gerações que resultaram dela me parecem marcadas pelo mesmo signo maléfico. As primeiras tentaram em vão se libertar, menos de um inimigo cuja força e desígnios elas ingenuamente ignoravam, do que do pressentimento fúnebre que já se remoía em seu coração. Desse ponto de vista, a revolta de Péguy contra a Sorbonne, esse requisitório resfolegante, balbuciando uma ironia às vezes escolar, entrecortada por gritos sublimes, o apelo ansioso lançado aos ancestrais mortos contra os Velhos sempre vivos, é um dos testemunhos mais trágicos da história. Com tantos franceses, dos quais ele era o chefe nato – embora a maioria, infelizmente, ignorasse até mesmo seu nome –, Péguy teve de pagar caro seu desafio sacrílego às divindades terrenas. A guerra os queimou e devorou juntos, aos montes. Depois do que o espírito de velhice, desesperando para justificar unicamente pela fé democrática o massacre universal dos Inocentes, pôs-se a falar grego e latim, para júbilo de uma parte de seus fiéis. O busto de Brutus se ergue diante do de César, uma metade de Renan figura no Panteão revolucionário, enquanto que o Panteão reacionário recolheu piedosamente a outra metade, Jean-Jacques Rousseau chora sobre o peito de Nicolau Maquiavel, e o ódio contra a Alemanha de Weimar passa todo quente do colo dos nacionais para o dos internacionais, desgostosos com Hitler. Em suma, as duas Franças, a França de direita e a França de esquerda, adoram o mesmo Deus sem sabê-lo, embora não venerem os mesmos santos.

* * *

TERCEIRA PARTE

Os jovens que leem estas páginas provavelmente darão de ombros. "Adorar a velhice, que piada! Nós nunca cedemos nosso lugar no metrô às mulheres maduras, praticamos esportes de inverno e, para manter a linha, desejamos ir inteiramente nus." Evidentemente, vocês são tipos do ar fresco, mas é o pensamento de vocês, meus amigos, que recende a remédio e a urina, como um dormitório coletivo de asilo. Mais precisamente, vocês não possuem pensamento, vocês vivem no dos mais velhos, sem jamais abrir as janelas. Para campeões da altitude, admitam que o fato é estranho. Ergam tanto quanto queiram os ombros! Basta ler os jornais de vocês: os jornais em que vocês entram toda manhã, de pantufas, na hora do café da manhã, que não foram pintados nem reformados há trinta anos, encontra-se em toda parte pelos de barba. Eu aposto que se imprimisse amanhã, sob um falso título tomando emprestado à imprensa contemporânea qualquer número de *La Libre Parole*, vocês não perceberiam nada, meus filhos. Que os velhos polemistas vermelhos, negros ou brancos queiram se dar ao trabalho, juro que 24 horas depois eles farão vocês lutarem no *boulevard* Saint-Michel aos gritos de "Viva Dreyfus!" e "Abaixo Dreyfus!", meus pobres gentis idiotas. Eu prometi a mim mesmo falar o mínimo possível de *L'Action Française*, pois eu não quero ser injusto. A *L'Action Française*, por mais inacreditável que seja hoje, teve uma juventude, e temo que não possa dizer o mesmo de muitos de vocês... Mas enfim, assim mesmo, compreenderíamos perfeitamente que vocês assegurassem a Maurras uma aposentadoria gloriosa. O estranho é que a solicitude de vocês se estenda a toda a sua pessoa. O quê? Vocês passam todos os dias, há anos, por esses escritórios, e nenhum de vocês jamais sentiu a necessidade de mudar pelo menos de móveis? Continuam-se a admirar, sobre as chaminés, colados em bronze de Barbados, os senhores Pujo, Delebecque, Pierre Tuc e outros ainda – estes em gesso –, aos quais o mais discreto abano seria fatal. Jamais ocorreu a vocês assoprarem um pouco por cima, para ver? E quando um príncipe da idade de vocês os convida a escolher, parece inteiramente natural a vocês voltar-lhe as costas, irem gravemente se sentar nos mesmos bancos em que os seus papais usaram calças curtas, e retomar a lição de doutrina sob a vigilância do Sr. Maxime Réal del Sarte, outro príncipe, outrora considerado sagrado pelas jovens realistas, hoje avós: Príncipe da Juventude francesa?

* * *

Há uma crise da juventude, e ela não se resolverá sozinha. Os métodos de vocês correm o risco de agravá-la. Os donos do Mundo acreditam sentir que a juventude lhes escapa. Ela escapa a todos, escapa a si mesma, sua energia se dissipa pouco a pouco, assim como o vapor no cilindro. A avassaladora, tirânica, esmagadora solicitude das ditaduras a reduzirá a nada. Não se recrutam as verdadeiras crianças mais do que os poetas, e os novos sistemas educacionais só podem resultar no treinamento de horrendos homúnculos, brincando de propagandistas, soldados ou engenheiros. Pois o espírito de juventude é uma realidade tão misteriosa quanto a virgindade, por exemplo. A burrice, a ignorância ou o medo, mesmo que fosse o do inferno, não formam as virgens. Ou, pelo menos, essa espécie de virgindade me parece tão idiota quanto a espécie de castidade obtida pela castração.

* * *

Vocês me dirão, com certeza, que um castrado não passa de um rebotalho, ao passo que a política realista pode legitimamente considerar virgem e utilizar como tal qualquer jovem certificada como intacta pelos médicos. Do mesmo modo, se os ditadores de direita ou de esquerda, por meio de um gigantesco esforço orçamentário, aumentam o número de jovens machos impúberes, quero que eles pensem que dispõem de vastas reservas de infância. O espírito da infância, não é? Isto não se vê, as estatísticas não o levam em conta. Elas não levam em conta tampouco o espírito militar, o que permite a Mussolini pensar que, concentrando-se na base do planalto de Pratzen, e de acordo com

TERCEIRA PARTE

os planos de Napoleão, certo número de divisões napolitanas ou sicilianas, igual ao número de divisões imperiais, ele ganhará certamente a batalha de Austerlitz. Ouvi, muitas vezes, os fascistas espanhóis lamentarem o preconceito antissocial dos garotos franceses, que sentem prazer em ver a marionete bater no policial. Existe aí, diziam esses senhores, uma minúscula glândula de secreção anárquica, cuja ablação nossos cirurgiões efetuarão facilmente. Seja! Os mesmos doutores observam, no Evangelho, uma glândula revolucionária e uma glândula judia, cuja incisão conviria igualmente operar. Não há dúvida de que semelhante intervenção teria sido suficiente, outrora, modificando ligeiramente o metabolismo de São Francisco de Assis, a fazer desse exaltado simpático um sólido cônego, humanista e realista. Seja. Desconfio bastante dessa cirurgia glandular, no entanto. Desconfio igualmente de seus métodos de treinamento. Como a maioria das cidades da Espanha, a capital de Maiorca pertencia às crianças. Seis semanas após a chegada dos cruzados militares, ela parecia lhes pertencer mais ainda, pois, armados com fuzis de madeira, precedidos por um bando, os jogadores de bola mobilizados desfilavam gravemente sobre as calçadas desertas. Eles brincam de soldado, eu me dizia. Mas quando os irmãos mais velhos voltam toda noite de expedições misteriosas, todos encontram nos recantos dos caminhos, debaixo de moscas, um cadáver com a cabeça estourada, as costas contra a parede, e que traz gravemente sobre o ventre a metade de seu cérebro rosa, o herói não é o soldado, mas o policial. Veem-se então antigos jogadores de bola se tornarem auxiliares de policiais, trocar seus fuzis de desfile por matracas de borracha, tornadas mais pesadas com um pouco de chumbo, pois bem! Sim, riam quanto quiserem, o terror é o terror, e se vocês tivessem vivido na época de Maximiliano Robespierre, na qualidade de suspeitos, isto é, de alvo para a polícia, para a qual a mais vaga denúncia é um perigo de morte, talvez vocês tivessem estremecido à passagem dos revolucionários de 13 anos. Não quero de modo algum abalar os nervos de vocês, gostaria simplesmente de fazê-los refletir, pois tive eu mesmo de refletir. Não compreendi logo de saída. Se, ao desembarcar em Barcelona, em agosto de 1936, eu tivesse visto desfilar nas ruas dessa cidade uma tropa de marmanjos armados de cassetetes, cantando a *Internacional*, as palavras que me teriam vindo aos lábios teriam sido as que vocês pensam. Ao passo que eu teria tratado de moleques os mesmos rapazes brandindo os mesmos instrumentos, contanto que eles gritassem: "Abaixo os Vermelhos!", em vez de "Abaixo os Padres!". O que vocês querem? Não dominamos certos reflexos. É fácil para mim, hoje, pensar em ambos os grupos com igual piedade.

Sempre pensei que o mundo moderno pecava contra o espírito de juventude, e que esse crime provocaria sua morte. É claro que a palavra do Evangelho: "Não podeis servir a Deus e ao Dinheiro" possui seu equivalente naturalista: "Não podeis servir ao mesmo tempo ao espírito de juventude e ao espírito de cobiça". Estas são, evidentemente, ideias gerais. Elas não permitem calcular a duração de uma evolução que parece inicialmente só dever se realizar com extrema lentidão. Compreendi, em Palma, que o imenso esforço de propaganda educadora das ditaduras iria se precipitar.

* * *

Ó, meu Deus! Não se trata de uma revelação vinda de cima! Sinto mesmo muito embaraço e um pouco de vergonha em escolher entre tantos fatos, em aparência medíocres. Mas o quê? Será isto menos notável que um reflexo da pupila? Não permite ao médico diagnosticar, com um exame rápido, uma paralisia geral? Eu habitava em Maiorca numa pequena vila à beira do mar, e que não passa, aliás, de um bairro de Palma, distante cinco quilômetros. Em plena guerra civil, Porto--Pi carecia certamente de animação, devo dizê-lo. Os rapazes serviam em um ou outro bando, ou não serviam de modo algum, de acordo com o lugar do mundo onde os eventos os surpreenderam, pois os maiorquinos são um povo viajante. Aqueles que permaneciam só se mostravam na missa aos domingos, naturalmente seguida por todos. Eu me recordo... Eu me recordo... Havia esse velho mendigo encarregado da limpeza das ruas, com sua charrete engraçada, arrastada por um fantasma de burro recoberto por uma pele provavelmente emprestada a outro animal da mesma espécie, pois era grande demais para cobrir seus ossos. Embora o filho único desse agente municipal tenha sido morto pelos militares, um caridoso dono de cabaré permitira que ele se deitasse na estrebaria, junto de seu animal singular. Minha filhinha Dominique gostava muito de ambos. Ela encontrou, na manhã da Páscoa, seu velho camarada pendurado – entre sua lata de lixo e seu burro –, numa manhã de Páscoa, uma triunfal manhã de Páscoa, cheia de pássaros brancos... Havia essa grande moça tão alegre, tão receptiva, acolhida por todos e que comungava comigo todo domingo. Viu-se, um dia, em seu decote entreaberto, a plaqueta da polícia – uma bela plaqueta nova... E essa cozinheira, também ela amada por meus filhos, que um agente com rosto de padre mau, que me saudava até o chão, veio encontrar de manhã cedo. "Vista-se", ele disse. "Eu voltarei para te buscar, hoje às quatro da tarde". Ela pôs seu vestido de seda negra, que se tornara muito estreito e estalava nas costuras. Ela enrolou seu pequerrucho, e chorou o dia todo com grandes soluços, durante todo esse interminável dia. Eu a encontrei no caminho, trotando atrás de seu senhor, e ela me fez a saudação fascista, miséria!... Miséria!... Eu me recordo... Eu me recordo... Mas o que importa. Eu gostaria somente de fazê-los compreender que, se todas essas pessoas não eram alegres, elas dispunham de seus lazeres. Eles vinham se sentar à beira d'água, os papais fumando seus cachimbos. Esse ponto da costa não é frequentado pelos amadores, que preferem o luxuoso Terreno. Foi com surpresa, portanto, que os aldeões viram aparecer uma dúzia de milicianos, mas eles não demonstraram isso, é claro. Um desses garotos se banhou todo nu. Republicanos ou não, os palmesanos têm pudores, e uma avó julgou boa a ocasião para soltar um pouco a língua. Ela tratou o garoto de despudorado. Ao apito do chefe, os guardas acorreram, e sem muito zelo, detiveram a sacrílega. Suas companheiras protestaram, enquanto que os homens, mantendo-se à parte, continuaram a encher seus cachimbos. Foi nesse momento que os pequenos policiais decidiram esvaziar o terreno à custa de matracas. Vejam o espetáculo: os velhos, vermelhos de cólera, mancando diante dos garotos, dos quais nenhum deles ousaria puxar as orelhas, depois se esforçando, por causa das mulheres, a retomar uma compostura digna, diminuir o passo, e saltando novamente, a cada vez que o cilindro de borracha descia sobre suas nádegas. Alguns choravam de raiva. A lei levou a melhor.

* * *

Bravos meninos, dirão vocês. Meu Deus, sim, bravos meninos! Eles eram bravos meninos antes que se fizessem deles anões, homens anões, com os ódios do homem maduro em um corpo de anão. Mas estou tranquilo: o empreendimento terá continuidade, não tanto pela maldade dos seres do que pela lógica das coisas. Seria estranho que os nacionalismos autárquicos deixassem de explorar as crianças a fundo, assim como qualquer outra matéria-prima. Os peões execráveis, os bodes bebedores de tinta com entranhas de mata-borrões, assopram-lhes que um filhote de homem, entregue a si mesmo, mostra disposições de independência que uma sociedade imprevidente deveria suprimir imediatamente, em vez de perder, educando-a, um tempo precioso. Em suma, trata-se de fornecer rapidamente a noção realista das hierarquias, mesmo sob sua forma elementar, esse gosto pela ordem e pela disciplina que distingue, por exemplo, o ajudante corso. A mentalidade infantil, diriam esses doutores em sua sinistra linguagem, apresenta tendências contraditórias. É natural que uma criança tenha mais amor por um cachorro sarnento do que por um animal de raça. Também é natural, para ela, abater o cachorro sarnento com uma pedra. A primeira tendência deriva da mística céltica, que se exprime pelo absurdo axioma: "Glória aos vencidos". A segunda já é como que um esboço do gênio político latino, pois um cachorro sarnento não poderia prestar nenhum serviço, e é lícito destruí-lo, exceto por reter um momento a atenção do executor sobre o caráter inútil e, por conseguinte, pouco social de certos refinamentos de crueldade, fazendo-lhe observar que ele poderia matar propriamente dez cachorros sarnentos no mesmo tempo que ele levaria para martirizar um só – de onde prazer igual, e proveito para a comunidade.

* * *

Esses doutores não raciocinam mal. Pois repito que é perfeitamente verdadeiro que o pequeno homem nasça refratário, que ele viva o máximo de tempo possível num universo afetivo feito à sua medida, e onde facilmente tomam lugar, ao lado de um pai e uma mãe sublimados, criaturas pouco mais imaginárias, os ogros, as fadas, os cavaleiros, as rainhas pelas quais combatem gigantes, e os jovens príncipes que morrem por amor. Uma vez possuído por fantasias, um garoto qualquer, mesmo submetido a um regime conveniente ou desenvolvido pela prática de esportes, corre o risco de se tornar poeta, ou anarquista, no sentido exato da palavra, isto é, incapaz de executar em versos uma ordem dos serviços de propaganda do Estado. Conheço, conheço bem intimamente, um jovem francês que, no início da cruzada episcopal espanhola, tendo sido obrigado a participar de uma expedição punitiva, retornou fora de si, rasgou sua camisa azul de falangista, repetindo com uma voz entrecortada de soluços contidos, com sua antiga voz, sua voz redescoberta de garotinho: "Os canalhas! Eles mataram duas pobres pessoas, dois velhos camponeses, muito velhos, pessoas de pelo menos cinquenta anos!" – o que, cá entre nós, não era muito bajulador para seu papai, bem próximo de atingir essa última etapa de senilidade... Um professor de realismo ter-lhe-ia respondido: "Meu amigo, o ato que acaba de se realizar debaixo de seus olhos é antes de tudo político. Em primeiro lugar, esses dois tipos professavam uma opinião diferente daquela autorizada pelo Estado. Que eles fossem velhos ou pobres, isto deveria antes acalmar seus escrúpulos, se você soubesse reprimir os reflexos cegos de sua sensibilidade.

Pois um velho vale menos do que um jovem. E, uma vez que os pobres não usufruem as alegrias da vida, não há grande desvantagem em privá--los de um bem do qual eles tiram pouco proveito".

* * *

Esse raciocínio vale o que vale. Repito que vocês não darão razão ao realismo político, e que o dia em que o pobre, o enfermo, o idiota, não tiverem outro recurso neste mundo terreno senão a natural aversão dos delicados ao sofrimento, será tempo de aconselhar o suicídio a esses infelizes. As pessoas do povo têm uma expressão muito profunda quanto encorajam a simpatia entre si: "Coloquemo-nos no lugar deles", dizem. Só se tem facilidade para se pôr no lugar do outro quando se está diante de iguais. Em certo grau de inferioridade, real ou imaginária, essa substituição não é mais possível. Os delicados do século XVII não se punham de modo algum no lugar dos negros, cujo tráfico enriquecia suas famílias. O Sr. Vittorio Mussolini publicou um livro sobre sua campanha da Etiópia:

> Eu jamais vira um grande incêndio, embora tenha muitas vezes seguido carros de bombeiro [...]. Talvez porque alguém ouviu falar dessa lacuna em minha educação, uma máquina da 14ª. Esquadrilha recebeu a ordem de bombardear a zona de Adi-Abo exclusivamente com bombas incendiárias. Nós [...] devíamos colocar fogo nos bosques das colinas, nos campos e pequenas aldeias. Tudo isso era muito divertido [...]. As bombas mal tocavam o solo e explodiam numa fumaça branca e uma chama gigantesca se elevava, enquanto o pasto seco começava a arder. Eu pensava nos animais. Meu Deus, como eles corriam! [...] Quando os compartimentos porta-bombas estavam vazios, comecei a lançar bombas manualmente [...]. Era muito divertido. Uma grande "zariba", cercada de grandes árvores, foi difícil de atingir. Tive de mirar muito exatamente e só consegui na terceira vez. Os infelizes que se encontravam lá saltaram para fora quando viram seu teto queimar, e fugiram como loucos [...]. Cercados por um círculo de chamas, de quatro

a cinco mil abissínios morreram por asfixia. Diríamos que era o inferno: a fumaça se erguia a uma altura inacreditável, e as chamas coloriam de vermelho todo o céu negro.²

Está claro que Vittorio Mussolini jamais pensou em se colocar no lugar dos etíopes. Se seu papai o enviar um dia para o *front* francês, ele preencherá outra lacuna de sua educação. Ele verá o que são homens, e suponho que ele voltará correndo para participar essa experiência à família. Não importa! – Remetido ao Sr. Brasillach para a oração fúnebre! – Os empresários da seda de Lyon, que, sob a monarquia de Luís Filipe, deixavam seus operários morrer de fome, não se punham no lugar desses irmãos inferiores, assim como Cavaignac, do qual se conhece a frase famosa que pronunciou diante da Câmara, após a insurreição de Lyon: "É preciso que os operários saibam que não há remédio para eles a não ser a paciência e a resignação". Frase contra a qual o episcopado francês dessa época não emitiu qualquer protesto. Em suma, a piedade não age nunca com certeza. O legislador não pode absolutamente contar com ela, como, por exemplo, com o espírito de lucro e os juros. A piedade não poderia ser justificada em política, ou pelo menos, para o realista, ela só fornece uma ajuda precária, em casos excepcionais. Ele a utiliza porque ela está ali, ele preferiria prescindir dela. Aliás, vocês não podem mais julgar a piedade, já há vinte séculos que vocês não sabem mais exatamente o que ela é. Há vinte séculos, o Anjo da Caridade de Cristo a mantém apertada sobre o peito, aquecida junto a seu coração sublime. Quando o Anjo estiver farto de vocês, meus filhos, os seus doutores em política positiva poderão muito bem lhe propor, por meio de casuístas obsoletos, cobertos por naftalina, uma transação vantajosa. – "Peguem de volta sua piedade", responderá o Anjo. E vocês encontrarão caído um pobre animalzinho cego, rosa, sem pelo nem plumas e que morrerá de frio em cinco minutos.

* * *

---

² Segundo *De Groene Amsterdammer*, citado por *La Paix Civile*.

Não pretendo confundir o espírito de juventude com o de caridade, não sou teólogo. A experiência me ensinou, porém, que jamais se encontra um sem encontrar o outro, que diabo vocês querem que eu diga? Sim, as virtudes do Evangelho são um pouco loucas – talvez não haja mal em dançar diante do arco, como o rei Davi? Infelizes dos padres que, na esperança, sem dúvida, de desarmar a ironia dos filósofos, cobrem essas Virtudes com o chapéu quadrado, com um par de óculos sobre o nariz. À força de querer justificar a castidade aos olhos dos animais da moral, ou dos higienistas, dos economistas, dos médicos e dos professores de educação física, acabaram por torná-la ridícula. Creio que lhes devemos o nome de "continentes" – perdoem-me se me engano. Devemos-lhes certamente o de Pessoas do Sexo – que também não é ruim. Não há um só paroquiano francês que deseje ser chamado de continente, à imagem da África ou da Oceania. Os peões políticos tornam odiosa, pelos mesmos métodos, a palavra liberdade. Desde que se articulam essas quatro sílabas em presença de um jovem monarquista, alguma coisa se desencadeia em sua laringe, e ele responde com voz de polichinelo: "A Liberdade não existe. Só conhecemos as liberdades". Esta é a máxima que ele recolheu piedosamente nas gengivas de seus mestres centenários, e ele não se perguntará jamais para que poderão servir as liberdades quando houver desaparecido o espírito de liberdade, que era a única coisa a torná-las fecundas. Enfim, quanto à palavra justiça, ainda me ocorre de empregá-la por descuido, posso pronunciá-la *ustiça*, por medo de que me acusem de escrevê-la com maiúscula, falta inexpiável aos olhos dos Maquiavéis senis, ela faz todo mundo rir. A justiça é um truque no gênero da Sociedade das Nações, uma piada. Minhas pobres criancinhas, vocês acreditam se mostrar assim verdadeiros libertos. Mas os velhos magistrados despudorados não acreditam tampouco na justiça, e os velhos financistas muito menos. O ceticismo dos tecelões iguala ou supera o de vocês sobre esse ponto importante. Meus filhos, vocês não dão a mínima para a justiça, seja. Sacripantas! Ora, sejam regulares. As pessoas do Meio fingem ignorar a justiça, mas eles não têm nenhuma estima pelos homens da justiça, ao passo que vocês, nós os vemos sempre ao lado dos policiais, meus pequenos. É muito bonito espantar sua mãe por meio de paradoxos incendiários sobre a força que prima sobre o direito e outros disparates. A brava mulher se alegra em seu coração pela boa disposição de vocês, porque ela sabe de antemão que o gentil autocrata, após uma carreira honrada, irá pacificamente receber sua aposentadoria nos guichês do Estado. Deus queira garantir esse precioso produto contra os rigores da crise que se ameaça! Quando o navio afunda, é preciso jogar fora o peso morto, e o que pesa mais nos porões da Sociedade moderna, embora não tenha valor real? Os escrúpulos. Pois o Estado sempre será suficientemente poderoso e rico para assegurar a proteção da Ordem e da Propriedade, se as jovens classes dirigentes o ajudarem a se livrar de pesadas responsabilidades morais, herdadas do regime cristão, e que as democracias ainda fingiam assumir, por pudor. Vocês desempenham admiravelmente bem seu papel, caros farsantes. É muito fácil sustentá-lo, aliás, só se pede que vocês riam. Nada mais simples. Vocês não valem nem mais nem menos do que os seus avós, e quando se trata de assuntos sérios, de defender os seus centavos, por exemplo, vocês se inspiram, como eles, nos princípios de um farisaísmo moderado. Só falarei, portanto, de sua atitude pública, do personagem que janta na cidade, joga bridge, palestra para seu círculo, preside os conselhos de administração, em suma, do personagem que alguns senhores com gravatas negras conduzirão polidamente, um dia, ao cemitério, e que raramente é aquele com quem uma pobre mulher dorme todos os dias, ou aquele que Deus julgará. Ao preço de alguns anos de treinamento, esse personagem eminentemente social consegue adquirir uma espécie de automatismo que lhe permite participar sem fadiga das conversas, quando elas se desviam, quer dizer, caminham para ideias gerais, os lugares-comuns. Esse automatismo é o mesmo em vocês e em seus avós, e apresenta o mesmo mecanismo. Certos vocábulos comandam imediatamente o reflexo correspondente. É esse reflexo que difere, eis tudo. Os seus avós abusavam, devo admitir, da mão sobre o coração e da lágrima no olho. Bastava, por exemplo, pronunciar a expressão "papel para embrulhar pão"³ para fazer explodir em soluços uma mesa inteira de tubarões das letras, do comércio ou das finanças, ou mesmo oficiais. Hoje, essa mesma expressão provoca entre os esportivos cidadãos, saídos de seus genuflexórios, um espasmo irresistível da garganta, que termina num riso histérico. E o despacho de Ems, e os socos sobre a mesa! A essa evocação, o oficial patriota, no passado, em desespero, acaba se assoando no guardanapo. O produto desse homem da lei grita agora, a cada vez que um diplomata recebe um pé na bunda: "Que boa piada! A diplomacia não é mais necessária, são besteiras!". Havia também a guerra submarina, pescadora! A canhoneira dos boches que, a 120 quilômetros, fazia questão de matar os pequenos cantores de Saint-Gervais, e o bombardeio de Estrasburgo, o incêndio de Louvain, as execuções de civis, sujeiras dos boches que não respeitam as mulheres! Depois que esses horrores passaram a ser observados na Espanha, na Etiópia ou em Xangai, ó, meus filhos... Os infelizes que ousaram erguer o mais tímido protesto em nome da humanidade – hi, hi, hi! – seriam imediatamente tratados de crédulos e impotentes por grandes damas, terrivelmente interessantes, decididas a acabar, de uma vez por todas, com os operários que, desde o advento do Capitalismo, como mostram em todas as cores aos infelizes patrões, engordaram com seus suores, os porcos! Para começar, esses etíopes não passam de primitivos, de selvagens. E os chineses? Estes estão civilizados já há tempo demais, é preciso dar lugar aos jovens! E a França? Que França? Não ousam mais mostrá-la, ela inspira aversão aos virtuosos ditadores. Se, na época em que Jaurès se fazia tratar de defensor da Alemanha no Parlamento francês, o imperador Guilherme pretendesse decidir qual a era a verdadeira França, a França autêntica, vocês teriam ouvido daqui

---

³ Em francês, "*chiffon de papier*": literalmente, "papel amarrotado", expressão que indica tratados sem valor. (N. T.)

os oradores patriotas. Hoje o general Franco, entre dois bombardeios de Madri, fornece aos realistas degenerados que o bajulam generosamente com a língua sua consulta motivada sobre o passado, o presente e o futuro de meu país. Os realistas franceses se despedem de seus príncipes, suspeitos de terem perdido o sentido do interesse nacional, mas acreditam piamente na solicitude desinteressada de Mussolini por nossa grandeza e honra. Fica evidente que este fazia, toda noite, em nossa intenção, uma oração a são Nicolau Maquiavel, pois não duvidem que ele obtenha mais facilmente nosso império colonial de uma França unida e poderosa do que de uma França dilacerada pelas facções. Sobre esse ponto capital, nossas juventudes dirigentes não admitem a menor controvérsia. As ditaduras querem a salvação da França, a Sociedade das Nações quer sua ruína. Na época em que a imprensa bem-pensante conduzia contra esta última uma campanha de *slogans*, comparável à dos cantadores de Montmartre contra Cécile Sorel, eu podia até não nutrir qualquer amor por essa Academia, mas eu dizia: "O que há com eles todas as manhãs, que mosquito os pica? A ouvi-los, parece que a Europa não possui outro inimigo além desse Instituto. Se o Tratado de Versalhes tivesse sido concluído contra nós, e Genebra tivesse se encarregado de garantir sua execução integral, isso poderia ser compreendido, mas o *statu quo* nos é favorável, não temos absolutamente vantagem alguma em fazer cair no ridículo o respeito pelas assinaturas". O que vocês querem? Eu ignorava que o futuro Império preparava a opinião para a conquista da Abissínia, não se pode saber tudo... Quando Mussolini acumulava, no litoral do Mar Vermelho, um material enorme, inumerável – dois canhões para cada negro – os jovens realistas franceses se revezavam para manter em cena, noite e dia: "O direito internacional, hu, hu! Jèze ao tribunal!". De tempos em tempos, ouvíamos um ruído de dinheiro. Era Laval, que montava sua caixa. Diabos de nacionais! Eles sempre dizem algo engraçado. René Benjamin ultrapassa os Alpes. O que descobre esse observador? Estradas floridas, escolas, inscrições, fontes e belas mulheres – tudo no puro estilo fascista. Ele descobriu também o Encantador ao qual ele pediu perdão para a França e que prometeu ter um pouco mais de paciência, reter sua poderosa direita. Por um refinamento de delicadeza, Mussolini nada quis dizer sobre as visões imperialistas de meu país sobre Nice, a Córsega, o Marrocos e a Tunísia, que sua Invencível Armada bastaria para defendê-la contra os esbirros de Thorez. É engraçado, de qualquer modo, poder ir e vir num país mobilizado do primeiro ao último homem, sem pensar por um momento na guerra, vocês não acham? Eu acho. Ó, sim, diabos de nacionais! Com eles, não há como se aborrecer nem por um segundo. Quando o *Kronprinz* falava, em 1914, da guerra juvenil e alegre, eles o chamavam de Idiota de Príncipe.[4] No entanto, se o chefe do Novo Império Pacífico e Civilizador repete a mesma coisa numa linguagem de professor soreliano, eles pululam de contentamento. Não sei se a guerra mussoliniana será alegre, mas dado o alistamento dos garotos, ela será certamente juvenil, será feita com gado novo. Diabos, diabos de nacionais, sempre algo para fazer rir, sempre algo para morrer!

---

[4] Trocadilho entre *Kronprinz*, Príncipe da Coroa, e *Con de Prince*, idiota de príncipe. (N. T.)

2

Não sou, jamais fui, jamais serei nacionalista, mesmo que o governo da República me conceda um dia as obséquias desse nome. Não sou nacionalista porque gosto de saber exatamente o que sou, e a palavra nacional, por si só, é absolutamente incapaz de me dizê-lo. Ignoro até mesmo quem a inventou. Desde quando as pessoas de direita se chamam de nacionalistas? É assunto deles, mas eles me permitirão dizer-lhes que eles antecipam assim o julgamento da história. Não há tantas palavras assim no vocabulário às quais um homem possa confiar o que tem de precioso, para que se faça disso uma espécie de amostra ou balcão aberto para todos. – "Então, você prefere sem dúvida a palavra internacional?..." De modo algum. Nada tenho de precioso a confiar à palavra internacional, ela foi formada no último século, julgo perfeitamente legítimo que sirva aos socialistas que, tendo-a inventado, são seus primeiros ocupantes. A palavra universal basta para minhas necessidades, católico também não está mal. Vocês não têm vergonha de explorar contra outros franceses, mesmo desgarrados, um nome que pertence a cada um de nós, que eu não receberia de vocês? O que é essa mão que a estende para mim? A de Tardieu. – Não, obrigado. Oh, naturalmente uma palavra não pode se defender. Ocorre, contudo, de ela se vingar por meio de contorcionismos. Desde que vocês consideraram bom mudar a palavra patriotas – que sua propaganda de guerra, em 1914, ridicularizara até o osso – vocês não podem empregá-la sem correr o risco de ofender, com razão, o espírito da língua. Victor

Hugo, por exemplo, é um poeta nacional. Mas tomando o termo em seu novo sentido, Pestour, Pierre Tuc são escritores nacionais. Nós, nacionalistas... Isso faz as crianças rirem. Infelizmente, não há crianças! Dois ou três séculos não foram um prazo suficientemente longo para justificar, aos olhos dos franceses, a política de Luís XI, fazer todos os franceses reconhecerem seu caráter nacional. Ao passo que a política dos nacionalistas só pode ser, por definição, nacional; assim, poupa-se tempo, é bastante cômodo. E, por exemplo, Recouly. Este explicava gravemente, ontem, aos leitores de *Gringoire*, que os Estados que ameaçam a paz não são os que se privam de trigo para comprar ferro e completam o ensino do catecismo elementar mediante um curso de manejo de armas automáticas. Quem perturba a paz é a França, que se torna, aliás, "o hilota bêbado do qual falava com tanto desprezo Bismarck". Eu pergunto, para que repetir em francês o que se escreve todos os dias em alemão ou italiano? Quando as ditaduras houverem livrado a Europa de meu ignóbil país, é pouco provável que os executores tenham que se justificar em um tribunal qualquer. Porém, em semelhante hipótese, eles só precisariam citar uma dúzia de escritores nacionalistas, que provariam de bom grado que a velha garça, surda a todas as advertências, não o havia certamente roubado. "Trata-se apenas de um acidente devido à embriaguez", explicará provavelmente Recouly. "A vítima, como de hábito, havia se embriagado de maneira abominável com a vodca de Stálin. Ela caiu sobre o canivete do qual se servia Mussolini para cortar mortadela. Se a ferida se infeccionou, estabeleceremos que a infeliz tinha varíola." Oh, naturalmente, objetar-me-ão que as altas consciências só experimentam aversão, a exemplo de Franco, por uma França degenerada. Com certeza. Mas qual a França dos nacionalistas? No mesmo artigo, Recouly a define assim: "Esta terra de liberdade, o país de Voltaire, de Rousseau, da *Encyclopédie* e da Declaração dos Direitos do Homem". Diabo! Os Estados fascistas se mobilizariam então para salvar a França de Voltaire e dos direitos do homem? É verdade que, na colônia vizinha, André Tardieu exclama: "A única ideia do radicalismo é descristianizar a França". Quantos males vieram daí, conclui o antigo professor de otimismo, soluçando. Não acreditem por um segundo, porém, que esses dois escritores nacionalistas defendem aqui uma opinião. Trata-se de argumentos, não é a mesma coisa. Recouly pensa que, erguendo contra a Frente Popular a França dos direitos do homem, ele fechará a boca dos radicais. Mas estejam tranquilos! Na próxima vez, ele tomará outra França, por exemplo, aquela que acaba de servir a Tardieu. Pois, enfim, se esses senhores honram com seus favores até a França dos direitos do homem, o que da França, Senhor, o que da França! – com exceção, é claro, daquela da Frente Popular. A França de Rabelais, de Pascal, de Bossuet, de Calvino, a França clássica, neoclássica, romântica, naturalista, claudeliana e valeryana, latina, greco-latina, imperial e democrática, clemencista, gorda ou magra, mística ou tetuda – tanta França, tanta França... Todas as Franças ao salão! – Vocês terão apenas o embaraço de escolher, sob condição de ter paciência por alguns minutos, porque neste momento as pobres moças estão deitadas um pouco por toda parte, com um nacionalista em cima. Caso vocês julguem esse tempo longo, não entulhem a antessala, vão dar um passeio na cidade. Juro, o conselho parece bom para vocês, e vocês caminham para a Pont-Neuf, sob pretexto de esticar as pernas. Se vocês encontrarem lá um jovem, acordado no meio da noite, ao pé da estátua de Henrique IV, não o questionem, ou ele responderá: "Eu me chamo Henrique da França, e só eu não tenho mais França. O Sr. Charles Maurras acaba de retirá-la de mim, com o direito de me chamar de nacional".

3

Releio, não sem melancolia, a primeira página de meu prefácio. Eu dizia: "Irei [...] até o final de minha tarefa". Pois bem, é verdade, eu fui! Fui até o final de meu livro. Estou contente.

O segredo desse contentamento escapa sem dúvida a muitas pessoas. Eu preferiria não falar daqueles que só acreditaram ouvir, ao longo dessas páginas, um grito de cólera ou desafio. O julgamento de semelhantes seres não poderia me ocupar muito, porque não é no julgamento deles que penso, são eles que eu vejo. Eu os vejo, não tenho vontade de admoestá-los. Eles todos pertencem a essa parcela da humanidade que constitui os cidadãos dóceis. Num mundo realmente organizado, com exceção de sua família, seus superiores ou seus subordinados, ninguém os vê. Eles passam completamente despercebidos. Só se tornam ridículos em uma época como a nossa porque eles nasceram para conjunturas trágicas como estas. É a brusquidão do contraste que provoca o riso. Vocês veem num domingo, próximo ao quiosque de música de Brignoles ou de Romorantin, um velho senhor vestido com uma jaqueta de alpaca e uma calça xadrez, coberto por um chapéu de palha, vocês não sentem qualquer emoção. Transportem-no, depois de uma última pincelada, para o meio das ruínas de Xangai, o pobre tipo parecerá grotesco ou sinistro – segundo o humor em que vocês estiverem. As Ligas patrióticas estão repletas de funcionários militares ou civis assim, aos quais os jornalistas astuciosos propõem a cada manhã salvar a França. Outrora, esses inocentes se excitavam contra os boches. O operário sindicalizado assumiu hoje o lugar do boche. Que diabos querem vocês que pensem das reformas sociais os mais legítimos dos personagens inofensivos, que tremeram durante sua vida inteira diante dos chefes de escritório, seu coronel ou inspetor, e que exibem em sua lapela, com orgulho ingênuo, pelo preço de quarenta anos de cólicas, a mesma Legião de Honra que o maior dos homens de guerra, no campo de Boulogne, oferecia a seus velhos soldados, no capacete de Francisco I? Se eles não são sensíveis a essa palhaçada colossal, como esperar que tenham, mesmo no grau mais baixo, o senso de honrar, justiça e história? Para esses infelizes, o operário descontente está "errado", porque reclama. Qualquer um que colocar em risco o prestígio dos comerciantes e proprietários ofende mortalmente o bom Deus. O escândalo da minha vida foi certamente o de ter visto certo número de crônicas respeitosas se tornarem realistas. É que haviam ensinado a essas cabeças frívolas que a monarquia era bem-pensante. Graças ao Céu, eles tomam os príncipes, agora, por socialistas. Tudo permite esperar que eles voltarão a ser republicanos.

Mais uma vez, não desejo o desaparecimento dessa espécie de homens. Eu gostaria simplesmente de afastá-los do debate por um instante, o tempo necessário para a reconciliação dos franceses. Eles podem, de boa-fé, desejar essa reconciliação. Bem longe de serem capazes de realizá-la, eles não conseguiriam nem mesmo concebê-la. Não é a desordem que eles desaprovam, é o ruído provocado por ela, e eles gritam: Silêncio! Silêncio! Com suas pobres vozes, ora queixosas, ora ameaçadoras. Se as reivindicações operárias os põem fora de si, é porque elas os irritam. O diretor de uma indústria poderosa que, há cinco anos, pratica o ajuste de salários, me confessava hoje que, a cada aumento de 5%, os varejistas respondiam imediatamente com um aumento de 10% do preço das mercadorias. Essas horrendas ventosas esgotam assim, aos poucos, a substância de nosso povo, mas os jornais da direita concordam em se calar sobre um fato, todavia, conhecido de todos. Há para essa reserva, sem dúvida, mais de um motivo. Eu só reteria aqui o principal: as ventosas operam silenciosamente. Isto é o bastante para os homens da ordem. Ao passo que eles convocam com suas vozes a repressão que fará se calarem os barulhentos. Quem grita quando o sangram é um anarquista e não merece perdão algum.

Quando se tem os nervos tão sensíveis, é preferível permanecer em casa. É absurdo pretender desempenhar o papel de árbitro. Compreendo perfeitamente que o operário sindicalizado ponha sua paciência à prova. Que eles deixem a outros, então, o cuidado de lidar com ele! No ponto em que se encontram esses infelizes, desde as primeiras palavras trocadas, eles caem em transe. Eles se assemelham a essas mulheres incompreendidas que aceitariam tudo, mesmo os golpes de cassetete, contanto que, entre duas bordoadas, afirmem quem elas têm razão – razão – razão. Falo de um fenômeno psicológico de fácil verificação. Eu desafio vocês a arriscar a mais discreta, mais tímida aprovação de um artigo qualquer do programa operário sem ver essas mulherzinhas se encolherem diante de seus olhos, assim como a flor que se chama brinco-de-princesa. Ora! Vocês são comunistas! Gritam com a mesma voz que as heroínas de Courteline respondem: Ora, serei uma imbecil?... Como os jovens franceses ainda dão ouvidos a esses ansiosos, a esses angustiados? Não penso em negar o perigo em que o comunismo totalitário põe a França. Fosse ela ainda mais urgente do que imagino, a necessidade ainda assim se faria sentir, pelo contrário, de limpar a guarnição dos infelizes deprimidos, cujo lugar é o porão. Repito que a Casa da França não está a salvo de suas suspeitas histéricas. Serei eu obrigado a pedir uma carteira de monarquista para os senhores Pozzo, di Borgo ou Taittinger? Por que eu confiaria hoje nas campanhas da imprensa, de caráter convulsivo, que só resultam em fracassos retumbantes? Ainda não escrevi nada sobre o processo do coronel de La Rocque. Permito-me julgar simplesmente cômico que as mesmas pessoas que aprovariam de bom grado, se ousassem, o atentado provocador do *L'Étoile*, põem-se a gritar porque um Coronel Nacional (para empregar sua ridícula linguagem) teria aceito de um Ministro Nacional uma Subvenção Nacional para uma Organização Nacional. Como! Na época do Caso Dreyfus, esses patriotas não teriam suportado que pusessem em xeque um capitão de farda, e desonram publicamente um coronel, eles o denunciam no exterior, como um escroque, que roubou até suas citações de guerra! Consciências! Consciências! Há um só desses comunas[1] que, desde que o interrogam sobre o único capítulo da história contemporânea capaz de comovê--lo, a guerra da Abissínia, não esteja disposto a difamar, por amor a Mussolini, nossas campanhas coloniais? "Sim, senhor, massacramos muito mais negros do que o *Duce*! O que são os negros, para começar? Abaixo com eles!" Consciências! Consciências! Consciências! Quando os imbecis mostram um grau tão baixo de honrar a ponto de ousar comparar a obra de um Gallieni ou de um Lyautey ao esmagamento massivo da Etiópia, aos milhares, posso bem lhes dizer que desconfio de sua concepção particular da defesa social, e que em duas palavras, como em cem, prefiro morrer a viver abrigado por suas metralhadoras extorquidas aos arsenais. Tenho ou não direito de falar assim? Sim ou não, a qualidade de nacional seria negada a qualquer um que se recuse a confundir os operários franceses – nascidos de pai e mãe franceses –, muitos dos quais, por meio do jogo de parentescos ignorados, possuem nas veias um sangue bem mais precioso do que aquele de tantos aristocratas judaizados – com mujiques embrutecidos por mil anos de servidão, sob pretexto de preferirem o marxismo ao capitalismo, este último não passando, aliás, de uma forma de marxismo? Deixa-se instantaneamente de ser francês porque se recusa toda cumplicidade no empreendimento ignóbil de tornar os

---

[1] No original, *cocos*: tanto pode significar "indivíduos suspeitos", como, em linguagem coloquial e pejorativa, "comunistas"; daí a opção por "comunas". (N. T.)

operários franceses os únicos responsáveis pelo fracasso de um regime econômico e social que já estava morto bem antes de Jouhaux, que já resultava, em 1914, em uma guerra suspeita que ninguém ousa mais justificar ou defender, e da qual o mínimo que se pode dizer é que o paneslavismo e o pangermanismo são igualmente seus autores, que somente a França entrou nela com suas mãos puras, a França – digo a França –, incluindo a França operária e camponesa? Devo perder minha nacionalidade porque digo a vocês, de frente, tranquilamente, que eu provavelmente não teria jamais falado do general Franco se vocês não pretendessem fazer de um Galliffet de pesadelo uma espécie de herói cristão para uso dos jovens franceses? Numa conferência recente, o Sr. Benjamin ousou dizer que havia buscado em Burgos uma lição de grandeza. Admitam que eu tenha o direito de não buscar grandeza no mesmo lugar que o autor de *Gaspard*. O quê! Suponham que eu vá entrevistar amanhã qualquer rei exilado, o monsenhor duque de Guise, ou Alfonso XIII, o príncipe Otto de Habsburgo ou o imperador Guilherme, e eu lhe diga: "Senhor, conceberia, se possível, uma restauração da Monarquia efetuada segundo os métodos que o Sr. Benjamin, de acordo com o episcopado espanhol, julga excelentes?". Essas majestades me ririam na cara. Por que diabos exigir-se-ia de mim que eu admire uma espécie de general que faz de sua legitimidade pessoal uma ideia tanto mais feroz e limitada por ter perjurado duas vezes em relação a seus senhores? Oh, sei bem, vocês me responderão: "Jouhaux ou Gignoux, é preciso escolher!". Pois bem, nem Jouhaux nem Gignoux! A ouvi-los, o mundo operário só possui políticos exploradores, imprensa comprada. Como é engraçado! O regime capitalista vive de publicidade. Não importa! O sindicato dos interesses econômicos, ou determinada empresa da mesma espécie, coraria por exercer a mínima pressão sobre o diretor do *L'Écho des Bons Riches*. Vocês podem imaginar o diálogo: "Senhores", diria o diretor, "resolvi manter certo número de reformas sociais às quais o seu egoísmo se opõe." – "Pois bem, senhor diretor, nós nos recusamos a inquietar sua alta consciência. Mais do que isso: desejosos de encorajar a virtude, dobramos sua subvenção."

Evidentemente, a guerra de classe tem suas necessidades, como a outra. Eu não os censuro por fazê-la. Recuso simplesmente os senhores Gignoux e Jouhuax como árbitros. "Mas nós desaprovamos a violência!" A ver. A evasão dos capitais é contra meu país uma chantagem tão eficaz quanto as greves. "O quê? Não teríamos o direito de pôr em segurança o patrimônio de nossos filhos?" Abram mão de fazê-lo em nome da Pátria. Todos os seus patrimônios, juntos, não formam ainda a Pátria.

Posso falar assim porque não sou democrata. O democrata, e particularmente o intelectual democrata, parece-me a espécie de burguês mais odiosa. Mesmo entre os democratas sinceros, consideráveis, encontramos esse cabotinismo que torna insuportável a pessoa de Marc Sangnier. "Eu vou ao Povo, enfrento sua visão, seu odor, eu o escuto com paciência. Preciso ser cristão... É verdade que Nosso Senhor me forneceu o exemplo!" Mas Nosso Senhor não lhes deu esse exemplo! Se ele formou sua sociedade por um grande número de pobres – nem todos irretocáveis – é porque ele preferia, suponho, sua companhia à dos funcionários. As pessoas distintas têm a liberdade de se ater à hipótese, evidentemente mais elogiosa, de uma mortificação voluntária do Divino Mestre. Quanto a mim, eu desejaria me sentar todos os dias à mesa de velhos monges ou jovens oficiais que amam seu ofício. A conversa de um bravo castelão-camponês não me desagrada tampouco, porque amo os cães, a caça, com a algazarra das andorinhas na primavera. Quanto aos potentados do alto comércio, discutindo o último Salão do Automóvel ou a situação econômica do mundo, eles me fazem rir. Ao largo! Ao largo! O que se chama hoje de homem distinto é precisamente aquele que não se distingue em nada. Como diabos podemos distingui-los? Após quinze dias de vida comum, no *Normandie*, por exemplo, e contanto que se tenha adequadamente educado o lado animal de sua juventude, é impossível saber se seu papai vendia gravatas a granel, ou administrava Le Creusot. Em suma, qualquer bravo homem, operário ou camponês, que ousa ser o que é, fala à sua maneira, cala-se se não tem nada a dizer, parece-me bem mais merecer ser distinguido do que essas pobres sombras que conhecem perfeitamente seu papel, mas que seriam incapazes de trocar a menor palavra sem correr o risco de receber um par de tapas. Não serão velhos peões que me farão tomar estes últimos por uma humanidade preciosa, cujo refinamento faz parte da herança nacional, junto com a poesia de Jean Racine. Peões infelizes... Eles outrora consideravam Anatole France um gênio, e Gabriele D'Annunzio um senhor da Renascença, ai, ai, boa mãe! Os verdadeiros aristocratas são o que são. Seria inútil discutir a respeito, já que eles não estão mais presentes. Ninguém põe em dúvida que ambas as classes contem entre eles indivíduos notáveis. Devemos trabalhar para reuni-los. Tudo o mais é inútil.

Não poderíamos esperar da Imprensa de direita ou da Imprensa de esquerda que favoreçam semelhante empreendimento. O mais assustador dos sintomas sociais é que as clientelas dessas duas imprensas rivais acabam sendo as únicas a serem colocadas em questão. A luta se dá entre duas clientelas. Não se trata mais, portanto, meramente de preconceitos de classe, mas de uma inimizade bem mais profunda, diariamente aprofundada, e não só aprofundada, ampliada todos os dias na dimensão do universo, que se encontra, assim, associada aos mais ridículos mal-entendidos. Desse modo, a abjeta concorrência das folhas impressas regula o destino dos grandes povos. Para que falar de lutas sociais? Essa espuma de ódio é demasiado pegajosa, espessa, sente-se seu odor. Se as pessoas da França emitem essa baba, é que elas estão doentes, eis tudo. Soube esta manhã da entrada em Viena das tropas hitlerianas. "A direita ficará contente", diz-me o vendedor de *Ce Soir*. E cinco minutos depois, um bom homem me detém, na rua: "Eis onde nos leva a Frente Popular!...". Assistíamos juntos, desfilar, como um pátio dos milagres, velhos e velhas reclamando a aposentadoria tantas vezes prometida e tantas vezes adiada. "Salafrários!", grita meu companheiro, mostrando o punho a esses desamparados. – Ó, meu país!...

* * *

Não há mais classes. Uma classe viva elimina suas toxinas, seus ódios. Nossos partidos não eliminam mais nada. Pode-se tratar com uma classe viva, organizada, pois seus interesses mesmos são vivos, ela lhes sacrifica às vezes seus rancores. Que chance há de fazer ouvir, em meio a esse caos, uma palavra livre? A dar crédito aos bem-pensantes, o operário francês, pleno, morreria de bem-estar. Eu lhes aconselho a lerem o artigo recentemente publicado por Louis Gillet, em *Paris-Soir*. Louis Gillet, genro de um acadêmico, ele mesmo acadêmico, não poderia passar por bolchevique: "Vocês sabem", escreve ele, "que 18% das famílias francesas, isto é, UMA família em CINCO, vive no mesmo cômodo? São naturalmente as mais pobres, ou seja, as mais numerosas. Um só cômodo onde se amontoam oito a dez pessoas para comer, para fazer seu rango, lavar a louça e o resto, para se vestir e dormir. Um só cômodo, geralmente dando para a escada, esse cano que serve para toda a casa como aparelho de ventilação, onde se depositam os restos de todas as cozinhas e onde, na falta de lugar, cada lar, durante o dia, acumula sobre a rampa, a fim de arejá-las, os colchões e palhas usados para dormir".

Os pequenos grosseiros da nova geração realista considerarão isso bastante normal. Também julgarão perfeitamente natural que, na próxima guerra, esses hilotas paguem com suas miseráveis carcaças a solicitude materna que a nação não deixou de lhes testemunhar. Provavelmente, eles não poderão ler estas linhas sem acusar sacrilégio. No entanto, sabe Deus como os pais desses senhores falam da França desde que "as coisas vão mal"! Eles a tratam exatamente como o cafetão da

TERCEIRA PARTE

moça que não rende mais. A propaganda inimiga tira extraordinário proveito desses balbucios de imbecis aterrorizados. Há alguns meses, a imprensa argentina, instigada pelo general Franco, anunciava que os comunistas franceses acabavam de explodir a gruta de Lourdes. Algum tempo antes da vinda à França do legado Pacelli,[2] monsenhor Pizzardo, de passagem por Paris, espantou-se publicamente por ser recebido na estação por eclesiásticos de batina: "Que coragem, senhores, mas que imprudência! Vocês arriscam sua vida!". O que vocês querem? O erro dos moderados é ter esperado fazer uma política da classe média. A classe média possui virtudes, mas não poderia ter uma política. Lançada na oposição, ela perdeu essa segurança para ela inseparável da obediência ao poder estabelecido, qualquer que seja ele. Ao primeiro sinal de um senhor estrangeiro, ela deitará de costas, afastará as pernas: "Tome-me, faça-me feliz!". Ainda espero outro fim para meu país.

Enquanto escrevo estas páginas, as tropas de Hitler desfilam em Viena, e os nacionalistas repetem: "O que cedemos a Mussolini". Cedemos quem? Cedemos o quê? No Mediterrâneo, não há lugar para dois Impérios. Desde o primeiro tiro de canhão disparado na Etiópia, sabíamos que a escolha de Mussolini se fizera, a demonstração no Brenner só podia apoiar a campanha dos jornais de Laval, ela foi exigida por ele. Que ele se afogue, amanhã, no sangue francês!

É em nome da ordem europeia ameaçada pelos comunistas que os nazistas se apossaram da herança dos Habsburgos. Mas já não a havíamos sacrificado, em 1917, para a Itália? O imperador Carlos oferecia a paz. Nós prolongamos a guerra em um ano, por uma espécie de identidade geográfica, uma nação paradoxal, uma nação sem tradição nacional, a mais pura criação, no século XIX, da maçonaria universal.

---

[2] Trata-se de Eugênio Pacelli, futuro papa Pio XII, que visitou a França em 1934 e 1937. (N. T.)

A opinião que emito aqui, não a recebi somente dos meus, mas dos padres que me instruíram. Não há um só pequeno cristão de minha geração ao qual não se tenha ensinado, junto com o catecismo, que a confiscação dos Estados pontifícios era uma ameaça para a liberdade da Igreja. Hoje, a opinião católica aceita alegremente que, entre os filhos e o Pai, ergue-se uma floresta de baionetas. Observem que não questiono de modo algum o Soberano Pontífice, que só responderá a Deus pelos atos de governo. Só viso aos impostores, que choramingam e se asseguram no comando. A observação do voto de castidade só deve custar a esses homens.

* * *

"Vocês não chegarão à velhice, jovens franceses!" Eis o que eu escrevia, no final de *La Grande Peur*. Temo, agora, que eles vivam velhos. Temo que eles já tenham vivido demais. Os vastos cemitérios da última guerra viram apenas os primeiros passos, os primeiros jogos. Às vezes, os sobreviventes vinham espiá-los através da grade, balançavam a cabeça, retornavam discretamente para suas casas, levando de volta o pequeno buquê que não haviam ousado depositar nos túmulos, por temer entristecer esses alegres garotos. Eles punham o buquê para se refrescar na bacia, eles o viam morrer também... De ano em ano, as crianças cresceram. Nós envelhecemos, nós, não é a mesma coisa. As provações nos tornaram humildes. É certo que muitos heróis foram, entre 1914 e 1918, enganados. Mas, enfim, tratava-se, ainda nesse caso, de desgraças individuais. A abjeta núpcia do pós-guerra, conduzindo juntos, na rabeira do imenso cortejo, os manetas, mancos, pernetas, os feridos por gás com os pomos das faces avermelhados, que, entre duas danças, iam para os banheiros cuspir seus pulmões, marcou-nos todos com o mesmo signo sganarelliano.[3] Era a França que nos

---

[3] Referência ao personagem Sganarelle, da peça *Sganarelle ou le Cocu Imaginaire* [Sganarello ou o Cornudo Imaginário], de Molière. Trata-se de personagem que, fiando-se nas aparências, acredita ser enganado pela mulher. (N. T.)

enganava, não há desonra nisso! Mas enfim, nós nos sentíamos um pouco ridículos, não ficávamos mais próximos dos cemitérios. Escutávamos apenas chegar de longe, até nós, dessas paisagens austeras, um zunzum de colmeia em atividade. "O que eles fazem lá dentro, esses rapazes?" O que importa? Os mortos não haviam morrido por eles? "Eles devem rir", pensávamos. "É próprio de sua idade. Agora, que os camaradas estão bem secos, bem limpos debaixo da terra, o lugar está puro, e como esses rapazes sempre amaram o ar livre, é melhor que eles façam amor lá embaixo do que nos bordéis." – "Eles não fazem amor", diziam os rabugentos. "À noite, ouvimos ranger pás e picaretas. Eles devem trabalhar duro." Pois bem! Esses rabugentos tinham razão. Os rapazes trabalhavam duro, com efeito. Um belo dia, fomos vê-los – um belo dia, dia de festa. Diachos de rapazes! Danados rapazes! Eles tinham arranjado as coisas como queriam. Dos antigos túmulos que conhecíamos, não havia traço algum. Não havia mais árvores, flores, nem um tufo de grama, nada a não ser a terra fresca lembrava a ofensiva da Somme, vocês se lembram? Dois enormes túmulos, um diante do outro, como colinas de lama. Sim, todos os companheiros ajuntados em dois montes, o monte da esquerda e o da direita: Frente Popular e Frente Nacional, separados por arame farpado.

* * *

Pobres rapazes! Eles acreditavam agir bem, devem ter sofrido bastante, pois essa lúgubre triagem, e todos esses ossos a remexer, isto não era pouca coisa, com certeza! Eles terminaram a tarefa, assim mesmo. Eles não teriam terminado sozinhos, sem dúvida. Eles puseram seus braços a serviço de ódios implacáveis, inexpiáveis, impotentes, ódios de velhos. Se a França de 1918, detida em pleno desenvolvimento de produção industrial de guerra, viu-se abarrotada de um material agora inútil, ela dispunha de reservas mais extensas de ódio. De 1914 a 1918, os homens do *front* viveram de honra, os da retaguarda, de ódio. Com algumas poucas exceções, tudo o que não combatera apodrecera, de maneira irremediável, sem retorno, ao final desses quatro anos sangrentos. Todos apodrecidos, eu digo! Não se trata de palavras no ar. Os testemunhos subsistem. Eu desafio, lanço um desafio a um garoto normal de escrever, por exemplo, uma tese sobre a espécie de literatura de onde esses infelizes extraíam a substância de seu patriotismo sedentário, sem correr o risco de cair imediatamente no desespero. Mentira e ódio. Ódio e mentira. A opinião desse nobre povo que lutou ao longo de toda sua história, com resultados diversos, encontrou-se nas mãos de um punhado de tagarelas mais ou menos latinizados, filhos de escravos gregos, judeus ou genoveses, para os quais a guerra jamais passou de uma pilhagem ou de uma *vendetta*, nada mais. Tão mal nascidos que o respeito pelo inimigo lhes parecia um preconceito absurdo, capaz de desmoralizar os soldados. Seríamos nós a ficar desmoralizados, cães, se ao menos tivéssemos nos dignado a lê-los! Quisesse Deus que tivéssemos fechado suas bocas incansáveis a golpes de cassetete! Mas vocês gritavam com tanta força, vocês espumavam com tanta abundância que nós nos encontramos um pouco envergonhados com nossas muletas e nossas medalhas, tivemos medo de parecer menos patriotas do que vocês, impostores. Sua enorme impudência bastaria para explicar, não para justificar, a timidez dos antigos combatentes. O quê? Teríamos enrubescido em estender a mão a qualquer inimigo leal com o qual tivéssemos lutado, e recebíamos suas encomendas, suportávamos seus elogios? Pois o armistício não fez com que vocês se calassem, e tampouco a paz. Vocês temiam tanto por sua pele, Tartarin! Sim, juro que não teríamos pedido melhor, isto teria assegurado o preço de nossa vitória, honrar um povo esfomeado, nós nos lembraríamos que ele havia enfrentado tudo, sacrificando até sua miserável infância, desprovida de leite. Teríamos pensado em tantas mulheres alemãs, tantas mulheres de soldados, mortas um dia, o seio seco, junto ao recém-nascido espectral, alimentado por um pão preto e gosmento. Nós teríamos dito: "Cuidado, Tartarin... Nós os vencemos, não os humilhem. Basta de histórias de metralhadoras acorrentadas junto a suas

TERCEIRA PARTE

casas, de boches conduzidos ao fogo sob bastonadas. Basta de frases sobre os bárbaros. Vocês não manterão 60 milhões de homens sob ameaça perpétua de uma ocupação preventiva, por trás de fronteiras abertas". Infelizmente, eles não paravam de injuriar, a não ser para suar de espanto. Eles gritavam: Segurança... Segurança... com uma voz tão aguda que a Europa invejosa, já secretamente inimiga, fingia tampar os ouvidos, falava com tristeza de nossas obsessões mórbidas. Não estávamos de modo algum obcecados. Teríamos dado bastante – mesmo a lendária parte do combatente – para secar seu fluxo intestinal. Mas nada detém as diarreias senis. Deveríamos ter previsto que, na medida em que a Alemanha se reerguia – um joelho, depois outro – a supuração de ódio nem por isso estancaria, que iria refluir aos poucos para o centro do país. Os maníacos que foram impiedosos com a Alemanha vencida, exangue, prestam-lhe honraria agora. Sem dúvida, eles acabarão por amá-la. O temível Oriente, que ainda ontem começava em Sarrebruck, tomou posição no centro de Paris, à *rue* Lafayette. O que vocês querem? Esses velhos envelheceram ainda mais. Eles preferem ter a barbárie bem próxima, a uma etapa em cadeira de rodas. A defesa do Ocidente se vê assim grandemente facilitada. A guerra entre os partidos prossegue segundo os antigos métodos da guerra do Direito. Certamente, a chantagem do "derrotismo" não serve mais, pois no próprio dia em que Mussolini se revelou na Etiópia, chave da África, todos os guerreiros honorários se tornaram pacifistas. A chantagem do "comunismo" sucede à outra. Milhares de bravas pessoas que só pediriam ser informadas antes de rejeitar definitivamente da comunidade nacional uma parte importante do operariado francês não ousam mais abrir a boca, por medo de que as acusem de fraqueza em relação a Jouhaux, como as acusaram antes de cumplicidade com Joseph Caillaux, hoje defensor senatorial dos Bons Ricos.

É pouco provável que um jovem perca seu tempo, hoje, relendo os jornais da guerra. Aliás, ele ignora tudo sobre a guerra, não quer saber nada a respeito. Não saberá jamais, portanto, que a França se dividiu então em duas, que o heroísmo, pródigo no *front*, não conseguiu compensar, de maneira sobrenatural, a desmoralização acelerada da retaguarda, sua avidez, sua indignidade, seu cinismo, sua tolice. No dia 11 de novembro, a França guerreira como que caiu de um só golpe, o rosto voltado para a terra. A outra – mas pode-se dar a ela o nome de França? –, de bolsos cheios, coração vazio, nervos rompidos, por trás de seus políticos, seus jornalistas, seus banqueiros, seus efebos fúnebres, seus cafetões e seus negros, apoderou-se de nossa opinião pública. Ela a aprisionou.

* * *

Os ditadores fazem da força o único instrumento da grandeza. O uso sistemático da força não vem desacompanhado da crueldade. O heroísmo e o desinteresse da nova juventude em breve farão dessa crueldade uma virtude viril. A partir daí, a misericórdia lhes parecerá tão idiota quanto antes, a nossos jovens burgueses franceses, a virtude da castidade. Que os particulares continuem eternamente a honrar suas assinaturas quando os donos do mundo renegarem a sua, precisa-se da imensa frivolidade dos bem-pensantes para acreditar nisso. Será útil pretender reprimir a anarquia política ou social por meios tais que, ridicularizando todo escrúpulo, eles favoreçam uma espécie de anarquia moral da qual sairá, mais cedo ou mais tarde, uma anarquia política e social pior do que a primeira? Nós já sabemos o que é a guerra total. A paz total se assemelha a ela, ou antes, não se distingue absolutamente dela. Em ambas os governos se mostram, literalmente, capazes de tudo. Será isto o que o Sr. de Jouvenel chama de "escola da Força", para a qual "despertou a Europa"? "O estado da Europa no próximo século", conclui esse cavalheiro, seguindo Nietzsche, "necessitará da seleção das virtudes viris, pois se viverá em perigo perpétuo." Evidentemente, os tratados não tendo mais qualquer valor, será difícil cortar um pedaço de pão para seus filhos sem se perguntar ansiosamente se os serviços de preparação para a guerra bacteriológica não os infectaram com os bacilos da paralisia infantil. Quando nossos avós desejavam encontrar semelhante condição, deixavam prudentemente suas famílias, e iam passar um tempo entre os canibais. Por não gostar disso, irão me acusar sem dúvida de falta de virilidade. É possível. Tudo é possível. Tudo ocorre, até mesmo receber de certos jornalistas especialistas, cujo nome está sob minha pena, lições de virilidade.

Equívoco algum, mentira alguma pode prevalecer contra a evidência. Se as nações se armam furiosamente, é por uma razão bem simples. ELAS NÃO PODEM MAIS NEGOCIAR ENTRE SI, pois suas assinaturas não possuem absolutamente valor algum. Não creio que uma sociedade humana tenha jamais conhecido essa vergonha. É certo que há nisto do que se alegrar os anarquistas. Mas e os homens da ordem? Não os interrompam. Eles não terminaram de aplaudir a ridícula falência da Sociedade das Nações. Cada vez que na China, na Abissínia, na Espanha ou em outro lugar, ouve-se barulho de papel rasgado e o da corrente de água que conduz para a fossa séptica, os infelizes pululam de alegria, dão grandes gargalhadas. Se vocês lhes expõem que, ao realismo dos homens de Estado se acrescentará o realismo dos homens de guerra, que não há mais forma alguma de guerra, por mais atroz que a imaginem, que não seja agora possível, e só estimulará amanhã um monstruoso sentimento de emulação no horror, eles duplicarão sua alegria. Quando, em nome do primado do interesse nacional, os ditadores, por medida de economia, fizerem seus soldados comerem os prisioneiros, um bravo rapagão como o Sr. de Jouvenel dirá, sem dúvida: "O que você quer, meu caro camarada, seja macho!". E leremos no *Osservatore Romano* uma nota prudente e ponderada, convidando os eminentes chefes de Estado católicos, num pensamento de filial deferência em relação à Santa Sé, a pelo menos proibir o uso dessas conservas na sexta-feira santa. Sejam machos! Sejam machos! Mas digam, vocês são mais machos do que nós, farsantes? Afinal, vejo entre vocês certo número de personagens cuja virilidade vale seu patriotismo, e vocês não me forçarão a gritar: "Viva a França!", a cada vez que uma Tia Nacional coloca um curativo tricolor sobre o fundilho. Não é a seus princípios que viso. O partido da ordem – houve jamais um partido da ordem? – ainda precisa ser formado. O que vocês chamam por esse nome não passa de um amálgama. Vocês dizem que ele não pode ser outra coisa. Infelizmente, seria preciso que os chefes, que se convenceram mutuamente de que não passam de traidores ou imbecis, estivessem mortos! Peço desculpas por escrever sempre as mesmas palavras, mas o quê? Doriot, Taittinger, Jean Renaud, Tardieu, Laval, Flandin? Ao lado dessas pessoas, o Sr. Waldeck-Rousseau teria passado por um grande senhor. Que legitimidade vocês representam? – Não representamos legitimidade alguma. – Então, que doutrina? – Não possuímos doutrina. Vamos ao pior! Eis o lema que nos une! – Era o que eu pensava, vocês contrapõem o Medíocre ao Pior, eis sua razão de ser. Pois bem, a França não deseja medíocres! – Nossos adversários não são menos medíocres do que nós, porém mais perigosos. – Justamente, a França os prefere perigosos. Com eles, ela tem esperança de que tudo isso mude – ilusão tocante, aliás, pois os medíocres jamais mudarão nada. Homens da ordem, o povo não é tão fácil de seduzir quanto os inocentes paroquianos de suas Ligas. Quando vocês falam de ordem para as classes médias, elas a compreendem imediatamente, pois há 150 anos, sob qualquer regime burguês que seja, essa palavra sempre significou para elas prosperidade do comércio e da indústria. Mas não soa assim para as classes populares. Vocês dizem: "Cuidar da ordem é tarefa nossa". Que ordem? A ordem liberal era uma ordem. Ela reinou mais de um século sobre a França. Nessa época abençoada, os operários normandos, segundo o testemunho da Câmara de Comércio de Rouen, "não ganhavam o suficiente para alimentar suas famílias, mesmo trabalhando dezoito horas por dia". Achille Tenot, o barão de Morogue e Alban de Villeneuve Bargemont relatam que a maior parte dos operários vivia de três ou quatro centavos de pão e quatro centavos de batatas. Crianças de oito anos, mal nutridas, empregadas como desenroladores de fios ou como carregadores de bobinas para as tecelagens, ficavam dezesseis horas de pé. Os relatórios de Augustin Cochin à Academia de Ciências Morais, em 1862 e em 1864, confirmam o que tenho a honra de escrever. Em Mulhouse, como em Lyon, a média geral de vida dos filhos dos fabricantes e comerciantes era de 28 anos, a dos filhos de tecelões ou operários das tecelagens, de um ano e meio. Oh, sei bem! Vocês não desejam de modo algum restaurar semelhante ordem. As classes médias dessa época mesmo assim a chamavam de ORDEM. Os generais, os funcionários, mesmo as pessoas da Igreja, só falavam dela com a voz trêmula, lamentavam que ela estivesse ameaçada. Nessas condições, a desconfiança dos operários em relação aos homens da ordem é perfeitamente natural, tanto mais que estes últimos jamais tiveram grande entusiasmo pelas reformas sociais, admitam. É preciso vencer essa desconfiança, e para vencê-la, é preciso primeiro reformar a vocês, romper suas fileiras. Suas fileiras são políticas. Seus chefes são políticos, e da pior espécie, da política da oposição. O hábito da oposição os secou até os ossos. Eles pensam, sentem, agem sempre enquanto opositores. O vício crítico destruiu entre eles toda sinceridade profunda, toda imaginação criadora. "Melhor esses do que outros!", dirão vocês. E vocês talvez tivessem razão se, de promessa em promessa, vocês não acabassem reivindicando para si a ordem e a França, a França da ordem, e mesmo a França simplesmente. A partir daí, qualquer francês tem, por nascimento, o direito de pedir que vocês expliquem tão despropositada pretensão. Eu digo isso tranquilamente. Não estou inscrito em nenhuma liga. Não defendo secretamente nenhuma Academia, nem a Goncourt, nem qualquer outra. Se pertenço, de algum modo, às classes dirigentes, não é a título de capitalista. Senhor! A condição atual de um escritor francês se aproxima bastante da de um proletário. Evidentemente, o valor comercial de uma obra não informa seu valor real. Georges Ohnet não se vendeu em grande escala? Eis por que posso dizer sem ridículo que sou um dos escritores franceses que mais deve à benevolência do público. Mesmo assim, de 1926 a 1936, meus livros, traduzidos em todas as línguas, proporcionaram-me no máximo um rendimento médio de 35 mil francos por ano. Tendo, não obstante, conseguido criar seis filhos, julgo-me quite com minha classe, e mesmo com meu país. Não possuindo rigorosamente nada no mundo, nem mesmo um leito para morrer, espero que não me retirem o título invejado de homem da ordem. Pois bem! Homens da ordem, houve um tempo em que vocês se lamentavam de sua impotência. Vocês não possuíam imprensa, diziam vocês. "Ah, se tivéssemos a Imprensa!" Vocês a tinham! A grande Imprensa pertence quase que inteiramente a vocês. Milhões de pobres pessoas, que duvidam da França e que só conheceram sua história por intermédio dos manuais escolares, nos quais o ódio partidário jorra a cada página, que a ignorância torna perfeitamente incapazes de apreciar o valor de uma cultura com a qual eles só comungam de modo involuntário, que jamais lerão Corneille ou Rabelais, ouvem todos os dias os potentes alto-falantes de seus jornais repetir em todas as esquinas: "Aqui, a França! Quem quer ver a França, basta olhar a Frente Nacional". Digo que, consciente ou não, semelhante equívoco é um crime contra a Pátria. Nada dá a vocês o direito de impor a meu país este insolente ultimato: "O comunismo ou nós!". Cinquenta anos de experiência bastaram para demonstrar que vocês jamais se dirigirão ao povo numa linguagem digna dele, de seu passado. Do antigo Partido clerical, felizmente destruído, vocês retiveram o vocabulário, os métodos, e até seu insuportável tom condescendente, de unção rançosa, de entusiasmo oratório, que repugna ao máximo a nosso espírito. Vocês não possuem nenhum senso de ridículo. Enquanto o Sr. Briand presidia aos destinos da Sociedade das Nações, em pleno fervor do desarmamento, vocês estigmatizavam os operários que gritavam: "Abaixo a guerra!". Hoje, quando a França enxuga todos os dias as cusparadas dos ditadores, vocês apregoam um pacifismo utilitário e se julgam muito espertos. Após haver ridicularizado a Pactomania, vocês pretendem nos tranquilizar sobre o futuro da Espanha, porque vocês trazem piedosamente de Burgos, assim como um cãozinho a caixa de leite de seu dono, uma declaração do general Franco, sobre a qual homem algum de bom senso aceitaria apostar dez centavos. Não desejo em absoluto uma intervenção na Catalunha. Digo simplesmente que, mesmo cinicamente explorado pela propaganda russa, o movimento de solidariedade que impulsiona os operários franceses na direção dos companheiros da Espanha caídos em desgraça inspira-se de um sentimento nobre, que vocês fazem mal em atacar por meio de bobagens. Essas bobagens são justamente aquelas que o povo não perdoa. Na bela época da Ação Católica na Espanha, as grandes damas de Palma, aconselhadas por seus confessores, escolhiam sistematicamente seus pobres entre os infelizes suspeitos de pertencer aos partidos da vanguarda. "Nós não fazemos política", diziam essas damas. "Quem liga para a política? É em nome de Cristo que viemos a vocês. Cristo não conhece nem Vermelhos nem Brancos... (aqui, um pequeno riso)... Eis mais tabaco para seu cachimbo!" Alguns meses depois, como pedisse a uma dessas caridosas visitantes notícias de seus protegidos: "Não me fale disso", ela respondeu. "Não tenho coragem de me informar. Eles devem ter sido todos fuzilados."

4

É preciso expiar pelos mortos, é preciso fazer reparações pelos mortos, para que eles nos libertem. A reconciliação dos vivos só será possível após a reconciliação dos mortos. Não são tanto os erros ou faltas dos mortos que envenenam nossa vida nacional, como os rancores ou desgostos que lhes sobrevivem, explorados por um pequeno número de chefes de partidos que poderíamos contar com os dedos da mão. Olhamos uma vez mais em seus rostos, antes de deixá-los para um outro livro, esses inimigos da pátria. Ela não morrerá pelas mãos deles!

O Sr. Léon Daudet, sem dúvida, foi o único a dar seu verdadeiro nome à Revolução hitleriana. Ele a chama de segunda Reforma alemã. O autor do *Voyage de Shakespeare* [Viagem de Shakespeare] nasceu sob o signo do maior dos trágicos, único herdeiro legítimo de Ésquilo e Sófocles, diante da pesada, crescente, feroz e potente Latinidade. Há no destino desse homem estranho um misto de Calibã e Ariel. Digo o destino – não a pessoa ou o gênio –, o destino, *fatum*, a destinação sobrenatural. Não poderíamos contar o número de suas injustiças, pelo menos ele as traz em seu rosto, elas se inscrevem nele assim como as cicatrizes no torso de um velho gladiador. Certo, quem quer que tenha amado o rosto humano não pode olhar sem tremer essa face terrível, cuja enorme sensualidade devoraria até as lágrimas e que, não sei em que audiência do processo La Rocque, surgiu toda pintada de vermelho, como a máscara de um ator grego. O que importa? Não é o rosto do Fariseu. É tudo o que se quiser, exceto um sepulcro, e muito menos um sepulcro envelhecido. Mais do que nenhum dos nossos, pelo contrário, ele é feito pelo suor da angústia, por essa outra espécie de lágrimas purificadoras, mais íntimas e mais profundas, que escorreram, na noite das noites, nos olivais proféticos. Certos seres a quem nada sacia não poderiam se refrescar na água fresca oferecida pela Samaritana, eles precisam do fel e do vinagre da Total Agonia.

Vocês têm perfeitamente o direito de dizer que é pretensioso ou ridículo falar nesses termos do Sr. Léon Daudet. Falo do Sr. Léon Daudet como se estivesse morto há muito tempo, só isso. Talvez esteja de fato morto? Talvez nunca tenha vivido, no sentido que os imbecis que a embebem de saliva e buscam em vão degluti-la dão a essa palavra? Por mais que nos tenha falado de vinho, mulheres, flores, escrito romances impossíveis, em que chora aos poucos uma luxúria ainda impúbere sob os cabelos brancos, alguma palavra grave que de repente lhe escapa, a sua voz rinchante, o seu olhar ardente e glacial, parecem nos trazer às vezes a mensagem de um outro mundo. O que ele está fazendo na Academia Goncourt, meu Deus!

É provável que Mussolini leia todos os dias *L'Action Française*. Ele deve até mesmo se sentir em casa, como outrora um príncipe estrangeiro em um mezanino de Paris. Os móveis lhe agradam, ligeiramente fora de moda. Ele pode pendurar, no vestíbulo, sua púrpura imperial, calçar pantufas de um realismo moderado, estender suas mãos consulares para o pequeno fogareiro, cuja sabedoria na arrumação da lenha da Champagne só rivaliza com o vinho da região do Château-Thierry, na cave de La Fontaine. Em suma, ele abre as portas, mesmo à noite, sem apreensão, certo de não encontrar nenhum espectro shakespeariano. Ele deve ter ficado bem surpreso quando, ao final de uma refeição íntima, Léon Daudet, todo iluminado por sua veste branca, disse-lhe em sua voz mais cordial, abaixando sua taça: "A segunda Reforma alemã quer atingir tanto as almas quanto os corpos, e é verdade que não se faz nada de durável neste mundo quando só se atingem os corpos, mas todas as associações esportivas do mundo não contam e nada podem contra os escritos do filósofo que morreu louco, que depositava em Sils Maria as bases do Eterno Retorno – *Wiederkunft des Glücken*".

No final do mesmo artigo – "La Croix Gammé contre la Croix" [A Suástica contra a Cruz] – Léon Daudet fala da "estranha profundeza do movimento hitlerista". Alguns dias antes, um jovem monge de origem austríaca me dizia também: "Tantos séculos após a morte de Lutero, sabemos o que é o espírito luterano. Dentro de outros tantos séculos, nossos sucessores provavelmente conhecerão bem melhor do que nós a verdadeira natureza do espírito hitlerista".

Não espero de modo algum dos pequeno-burgueses franceses que eles tenham a menor ideia de ambos os espíritos. Para esses imbecis, Hitler, Stálin ou Mussolini são malandros, nada mais, "Doriot bem-sucedidos".[1] Essa grande transformação da consciência ocidental, que não poderia mais ser assimilada a um cristianismo degenerado, que o elimina aos poucos como um veneno, só desperta entre os nacionalistas imagens frívolas, de acordo com suas monótonas preocupações. Didier Poulain relatava, outro dia, em *Candide*, sua conversa com um católico austríaco: "'Vocês têm o seu *Führer*, nós temos o nosso, infelizmente! É o Sr. Blum', e vi pelo sorriso doloroso de meu interlocutor", acrescenta Poulain, "que ele pensava que um infeliz sempre encontra alguém mais infeliz do que ele". Não é possível salvar homens assim. Eles acreditam poder "utilizar" Hitler contra Stálin, sem pensar por um segundo que a rivalidade dos dois reformadores se justifica pela identidade dos métodos, o primeiro explorando a mística da raça, o segundo a da classe,

---

[1] Referência a Jacques Doriot (1898-1945), político francês que oscilou da extrema-esquerda para a extrema-direita, sendo um dos criadores do *Parti Populaire Français*. (N. T.)

para fins comuns: a exploração racional do trabalho e do gênio humanos postos a serviço de valores puramente humanos. Reforma imensa, de alcance incalculável, se considerarmos que a pesquisa, a defesa, a ilustração dos valores espirituais absorveram até aqui o melhor do esforço comum. Milhões de homens se mataram entre si por metafísicas às quais milhares de homens consagraram suas inteligências e seu coração. Uma pequena parte do heroísmo dispensado à conquista da vida eterna teria bastado para fundar cem impérios. Certo, semelhantes concepções não são ainda familiares a muitas pessoas. Um início de realização as propagará nos espíritos com a rapidez do relâmpago. Basta pensar que os êxitos – afinal modestos e, sobretudo, parciais – da ciência experimental enfraqueceram prodigiosamente o instinto religioso. O materialismo puramente utilitário do último século ainda repugnava às almas nobres. Nossos atuais reformadores integram a ele a ideia de sacrifício, grandeza, heroísmo. Assim os povos rompem com Deus sem angústia, e quase sem saber, num fervor que se assemelha ao dos santos e mártires. Nada poderia adverti-los de que o ódio universal está ao cabo de tal experiência.

Enquanto vemos se erguer do solo esses monstros ainda vacilantes sobre seus pés, ao frêmito da imensa floresta de baionetas que está prestes a cobrir a terra, os imbecis furiosos deliberaram aprisionar o elefante fascista para que, ao final do treinamento, tendo prevalecido sobre o monstro hitleriano, eles fossem juntos dominar o terceiro elefante, o solitário enraivecido que galopa e urra de Moscou a Vladivostok, espalhando a neve sob seus pés enormes. Não exagero de modo algum. Os poucos bem-pensantes que mantêm aceso um pressentimento obscuro do perigo que todos correm voltam a dormir, dizendo-se que, na pior das hipóteses, o Sr. Maurras, munido de seu *Dictionnaire*,[2] atualizará as concepções políticas do *Duce*, e se

---

[2] Trata-se do *Dictionnaire Politique et Critique*, em cinco volumes, publicado entre 1932 e 1933. (N. T.)

TERCEIRA PARTE

Maurras não bastar, recorrer-se-á ao refratário autocrata português, cujo nome mais uma vez me escapa, diacho! – o distinto professor vegetariano que redigiu, como Dollfuss, a constituição de um inofensivo Estado corporativo e que, sem dúvida, mais cedo ou mais tarde, aguarda o mesmo destino que seu pobre confrade...

Desse modo, a nova Reforma só desperta entre as elites francesas uma pequena perturbação e ridícula excitação nervosa, que causa desgosto observar. Elas sentem o solo tremer e reúnem suas últimas forças para protestar contra a semana de quarenta horas, causa de todo o mal. "Se os senhores Hitler e Mussolini não são bem-pensantes como nós, não o diga! A Frente Popular ficaria muito contente com isso!" É preciso convir, aliás, que essas marionetes cumpriram bem o papel modesto que lhes havia sido confiado, à medida de sua inteligência e energia. Ao latir contra o ditador vermelho, cobrem o ruído feito pelos dois outros. Eles denunciam a aliança franco-soviética, e fornecem à de Hitler e Mussolini razões puramente sentimentais. Esses senhores seguem seus humores, eis tudo. Se tivéssemos sido mais gentis com o general Franco, esse militar teria certamente se oposto ao *Anschluss*.[3] Longe de buscar apoio em Berlim, o *Duce* teria voluntariamente unido suas tropas valentes às nossas, tivessem elas conquistado juntas a Córsega e a Tunísia. Em suma, todos esses autocratas venderiam seus grandes sabres à França por um grande beijo.

* * *

Jovens que leem este livro, gostem dele ou não, que o olhem com curiosidade, pois ele é o testemunho de um homem livre. Talvez, antes de seus cabelos embranquecerem, o ato de elevar a voz contra os Senhores parecerá insensato. Digo insensato, não heroico, nem mesmo honroso. As liberdades que não se usam por muito tempo se tornam

---

[3] *Anschluss*: trata-se da ocupação da Áustria pelas forças de Hitler, em 1938. (N. T.)

ridículas. Um químico romeno acaba de descobrir, ao que se diz, um gás que, misturado com o ar, mesmo em proporções insignificantes, é capaz de pôr para dormir imediatamente qualquer um que o respire. Imagino muito bem os senhores do futuro dispondo, em cada cidade, de uma canalização aperfeiçoada para semelhante gás. Algumas torneiras que se giram e a população inteira é mergulhada no sono, a polícia só terá que escolher tranquilamente os descontentes, que acordarão na cadeira elétrica. Evidentemente, o louco que pretendesse, nessas condições, contrapor sua vontade à vontade totalitária só suscitaria piedade.

Os Reformadores não se preocupam em absoluto comigo, e eles têm razão. Fico mais à vontade para contemplá-los, contra a luz, do fundo de meu obscuro destino. Eu olho para eles sem ódio. Quem enxergar neles apenas os instrumentos conscientes de uma política é bem cego. Quantos mal-entendidos se esclareceriam amanhã desde que se substituísse o nome absurdo de ditadores pelo de reformadores! A primeira Reforma, a de Lênin, executada nas condições mais desfavoráveis, estragada pela neurose judia, perde aos poucos seu caráter. A de Mussolini, primeiramente unanimista e soreliana, tão diversa em aspecto quanto o poderoso operário, cuja imagem havia perseguido por muito tempo através dos manuais elementares de Sociologia, História, Arqueologia, resplandecendo uma antiguidade de butique, com seu ar de farsa heroica, sua gentileza popular, entrecortada por acessos de ferocidade, sua exploração cínica e supersticiosa de um catolicismo, de resto tão vazio e presunçoso quanto a Basílica de São Pedro, não passava, sem dúvida, da reação de um povo demasiado sensível aos primeiros sintomas da crise iminente. Alguns anos antes, por léguas e léguas, a tempestade russa não a havia lançado em convulsões? A intempérie wagneriana que se formava no centro da Europa estimularia ainda mais seriamente seus nervos. O que pode um Erasmo diante de Lutero? Que homem de bom senso teria apostado nos girondinos humanistas, ou mesmo em Danton, contra Robespierre e Saint-Just?

TERCEIRA PARTE

O comportamento da nova Itália diante do terrível Encantador é exatamente o do invertido diante do macho. Não é somente a adoção do passo de ganso, por exemplo, que evoca de modo irresistível certas formas do mimetismo freudiano. O que dizer? Lênin ou Trotski foram apenas os profetas judeus, os anunciadores da Revolução alemã, ainda às voltas com as nuvens do Devir. Mussolini lhe abre as portas douradas do Mar. Com o desfile dos caminhões e tanques, toda a infância da Europa acaba de morrer em Salzburgo, com a criança Mozart. Só há uma Reforma e um Reformador: o semideus germânico, o maior dos heróis alemães, em sua pequena casa das montanhas, entre sua virgem alemã, suas flores e cães fiéis.

Não se pode desprezar a grandeza de semelhante homem, mas essa grandeza não é bárbara, ela é somente impura, a fonte dessa grandeza é impura. Nasceu da humilhação alemã, da Alemanha aviltada, decomposta, liquidificada de 1922. Possui o rosto da miséria alemã, transfigurado pelo desespero, o rosto do deboche alemão, quando os inomináveis, intocáveis repórteres dos dois mundos compravam por um luís o horrendo prazer de ver dançar entre eles, fardados, empoados, remexendo os quadris e a barriga vazia, os filhos dos heróis mortos, enquanto o Sr. Poincaré, o pequeno advogado com tripas de estopa, coração de couro, fazia os oficiais entregarem as notificações. Ela é o pecado da Alemanha, e também o nosso. Sobre sua face de arcanjo sem perdão, ela não se dignou a enxugar as cusparadas. Nosso antigo ódio resplandece em seus olhos, nossas antigas injúrias dão a seu rosto essa sombra ardente. Ela nada esqueceu. Não esquece nada. Nem seus crimes, nem os nossos. Seu orgulho assume tudo. Quisesse Deus que se inspirasse no espírito de vingança! Não há vingança bastante profunda para enterrar o segredo de sua vergonha passada. Conheceu todas as formas do opróbrio, até mesmo a piedade. Essa força alemã, que o mundo amaldiçoou, resgatará o mundo. Ela acredita que esteja à altura dessa tarefa imensa, ela lhe parece mil vez menos pesada do que o esquecimento.

Esse sonho não tem nada de estranho. Não há outra redenção carnal a não ser a redenção por meio do sofrimento. "Eu te forço a sofrer", diz a Raça Eleita, "mas sofro contigo. Tu me pertencerás se eu souber sofrer melhor do que tu, se sofrer mais tempo do que tu. Este é o sentido da palavra conquista, da qual os povos bastardos têm horror, porque só desejam gozar. Um de nossos grandes homens, um santo da pátria alemã, Bismarck, afirmou que a Força cria o Direito. É justo que ela o crie, pois ela o pagou pela imolação do fraco e por sua própria imolação, vencedor e vencido confundidos no mesmo holocausto. É o fogo do céu que atinge a vítima ainda sangrando sobre a pedra sagrada, propiciatória. Por ousar contrapor essa concepção alemã do Direito a vossos legistas e padres, vós nos tratais de Bárbaros. Nós vos tratamos de degenerados. A mais venerável das tradições humanas testemunha a nosso favor. Dois mil anos de cristianismo vos degradaram tão completamente que tomais sempre o partido do escravo contra o Senhor, da vítima contra o Sacrificador de mãos consagradas. A grande Alemanha não discute convosco. Ela vos abre, com fraternidade viril, a represa de sangue e enxofre da qual saireis purificados."

* * *

Charmosos pequenos apêndices da nova geração realista, estas frases não se destinam a vocês. A palavra paganismo só evoca em vocês lembranças escolares. Vocês não dão a mínima para a Cristandade, ela tampouco se importa com vocês, sobre seu destino medíocre. Ela formou seu juízo. A imaginação de vocês é cristã. É por isso que vocês recriam Hitler à semelhança de vocês, fazem dele o homem de pulso sonhado pelos seus pais. Um pouco mais, e vocês o comparariam a Georges Clemenceau. Da terrível sinfonia cujo ritmo aumenta a cada dia, arrasta os povos em seu irresistível crescendo, vocês não escutam grande coisa. Se escutassem, aliás, vocês não a compreenderiam, assim como seus pais não compreenderam a de Wagner. Seus temas não perturbam de modo algum a imaginação de vocês. É porque essas imaginações são cristãs, repito. Vocês não reconhecem certas vozes, elas são, todavia, as vozes da terra, dos deuses da terra, que o Cristianismo só sufocou por um tempo – vinte séculos, no máximo, uma miséria. As vozes da terra proclamam igualmente suas Beatitudes, mas estas não são aquelas que vocês leem em seus paroquianos. As vozes dizem: "Desgraçados os fracos! Malditos sejam os enfermos! Os fortes possuirão a terra! Os que choram são covardes e não serão jamais consolados. Quem só tem fome e sede de justiça pesca a lua e apascenta o vento". É fácil dar um tom cínico a semelhantes máximas. O milagre é que, quase sem que vocês saibam, mesmo que vocês se conformem em maior ou menor medida à sua vida social, eles revoltam sua consciência. É que sua consciência é cristã. Parece natural a vocês que Deus não tenha abençoado a sabedoria do mundo, aquela que confere honrarias, fortuna, riquezas. Vocês esquecem que, ao longo dos séculos, os homens consideraram a conquista desses bens, mesmo que por meio da força, da injustiça ou do ardil, como legítima, e sua posse como um favor do Altíssimo. A maior parte dos grandes reis de Israel, a começar por Salomão, formou da força uma ideia bem próxima daquela que tem atualmente o Dr. Rosenberg. É por isso mesmo que os povos totalitários fatalmente eliminarão seus judeus, pois cada um deles se acredita eleito, e não há no mundo lugar para dois povos eleitos. Um fato, um simples fato deveria abrir seus olhos: o sacrifício do frágil, do inocente, passou por muito tempo por ser o mais agradável a Deus. Em toda parte, em todas as épocas, em milhares de séculos, a ideia de prece, de graça, de purificação, de perdão encontrou-se ligada à aversiva imagem de animais degolados por sacerdotes cobertos pelo sangue sacrificial. Os homens da Idade Média não eram nem muito piedosos nem muito castos, mas não ocorreria a nenhum deles homenagear a luxúria ou a crueldade, a exemplo dos antigos, de erguer-lhes altares. Eles satisfaziam suas paixões, não as divinizavam. Eles raramente eram capazes de imitar São Luís, ou mesmo o bom Senhor de Joinville, e, no entanto, por mais grosseiro, duro que fosse seu coração, não colocariam em dúvida que um rei justo fosse superior a um rei poderoso, que o serviço do Estado não poderia justificar qualquer descumprimento da lei de honra comum aos cavaleiros, bem como aos príncipes, e que um só miserável, para as baixas tarefas necessárias, goza de uma espécie de abjeta imunidade: o carrasco. A sério, não se vê muito bem o lugar de um São Luís ou de um Joinville na Europa totalitária. Nem o da França.

"Eu tampouco a vejo", responderá Hitler, sem dúvida. "Se nossa Lei é ainda muito dura para ela, nós a deixaremos primeiramente romanizar, por meio de um novo César. As circunstâncias não são menos favoráveis do que há dois mil anos. A Gália, dilacerada pelas facções, aguarda seu senhor. Como então, as classes dirigentes, atormentadas pelo populacho, desejavam ardentemente uma restauração da ordem, mesmo a esse preço, certas que estão, ou acreditam estar, de absorver seu vencedor. É claro, o empreendimento terá seus obstáculos. O Pacificador, vindo para subjugar a canalha em nome do interesse geral, mais cedo ou mais tarde descobrirá seus desígnios. Quem sabe nos encontraremos um dia diante de novo Vercingetórix, de um jovem príncipe francês, que lançará, chorando de raiva, sobre os exércitos motorizados do conquistador, os homens de nada, apanhados nas aldeias e bairros. Mas a paz do Pacificador já terá estendido raízes muito profundas em um solo disposto a recebê-la. Os sábios dirão, uma vez mais, que o desespero em política é uma besteira absoluta. A esse Vercingetórix, como ao outro, os ricos cortarão os víveres, e ele será, talvez como o outro, simples o bastante para se deixar apanhar vivo pelo vencedor. Algumas mulheres o prantearão, alguns patriotas, em segredo, darão a seus filhos, inscrito no estado civil sob o nome de César--Augusto, o primeiro nome do herói morto. A esses tímidos protestos de fidelidade, de honra, responderá a insurreição dos medíocres, embriagados pelo antigo, como os cavalheiros de 1793, e que, besuntados por unguentos contra o reumatismo, com escaldapés, citam Plutarco dia e noite. Queira o deus da Grande Alemanha que a Romanidade envie a vocês, desta vez, não só um punhado de funcionários, mas o excedente de seu povo barulhento, centenas de milhares de colonos! Queira esse deus que ela exporte também seus padres, seus pequenos prelados fascistas, seus pregadores de ópera cômica e seus casuístas depilados, perfumados, semelhantes a crupiês de cassino! A tradição cristã é ainda tão forte em vocês que vinte anos desse regime os tornarão maduros para uma segunda Reforma, e esta não falhará, como a primeira. Meus serviços de propaganda encontrarão algum novo Calvino, capaz de ganhar para o futuro luteranismo suas cabeças frívolas de incorrigíveis moralistas. O que restar entre vocês de homens de guerra, envergonhados de servir a generais fanfarrões de comédia, com cabelos crespos, virá se lançar nos braços dos nobres chefes germânicos. Eles nos darão suas mulheres, buscarão nos flancos das nossas, para seus filhos, o sangue dos cavaleiros saxões. E daqui a vinte séculos o nome do César alemão, da Cultura alemã, da Ordem alemã, da Paz alemã encherá seus corações com a mesma gratidão que vocês sentem ainda pela Romanidade. Nosso papel, então, estará cumprido. O gênio helênico que desesperamos de impor um dia, do qual seu povo era o depositário, embora tenha sempre parecido ignorá-lo, não colocará mais ao mundo uma questão que vocês deixaram sem resposta. A grande asa da Vitória não baterá mais, inflada pelo vento das cumeeiras, onde a liberdade grega tendeu por tanto tempo para o Deus desconhecido sua face ardente. Nós a encerraremos numa carapaça de concreto, assim como um perigoso ídolo estrangeiro conquistado pelas armas, e que nossos padres não poderiam seduzir ou mesmo apaziguar. Ergueremos sobre ela um templo colossal, e só haverá na Europa, de fato, um só povo e um só senhor."

* * *

Caro Sr. Hitler, ouvimos essas graves palavras. Acreditamos compreender seu sentido. Eis por que elas fortalecem enormemente nossos corações. A Paz com a qual o senhor sonha só poderia se realizar, como a antiga Paz Romana, na unidade, essa unidade que está no sangue dos povos livres. E inclusive, queira o senhor ou não, qualquer outro desígnio seria agora quimérico, uma vez que as consciências que o senhor forma se libertaram da noção cristã do Direito. Talvez o senhor tivesse tido menos pressa de admiti-lo, pois a raça ao qual o senhor pertence possui pudor. Porém, as ditaduras latinas, demasiado sensíveis, inflamadas de zelo, jogam com o cinismo assim como uma puta com seus quadris. Que aqueles que ainda acreditam na palavra de um ditador levantem a mão! Caro Sr. Hitler, é verdade que os gráficos e as estatísticas não se opõem a seus orgulhosos projetos. Para ter alguma chance, com nossos quarenta milhões de franceses, de manter nossa liberdade, deveríamos, primeiramente, sacrificar a algum semideus semelhante ao senhor, e nossas velhas terras humanas, nossas terras cristãs não produzem essa espécie de monstro. Nem São Luís, nem Henrique IV foram semideuses. É possível que o sangue espanhol tenha subido por um instante à cabeça de nosso Luís, o Grande, esse sangue negro, esse veneno. Mas o Rei-Sol pecou durante toda sua vida enquanto homem, homem simples, que não se superestima, conhece sua fraqueza, morreu humildemente, sem qualquer pretensão de eternidade, feito para se destruir aos poucos, assim como um simples mortal, nobremente, entre as nobres árvores e as nobres águas. Caro Sr. Hitler, jamais conhecemos semideuses, mas nós os esperávamos, assim mesmo, sabíamos que eles viriam um dia. Nenhum homem vivo experimentou a morte, e todavia a morte não o surpreende, em suma. Por mais prudentemente que tenham nos ensinado as Escrituras, por mais pobre de imaginação que seja a maior parte de nossos padres, não há um só de nós, cristãos franceses, que não tenha sabido desde criança alguma coisa do escândalo universal que deve marcar os últimos dias, e o provável advento de semideuses.

Não temos muita coisa a contrapor aos semideuses. Se excetuarmos um pequeno número de traidores ou de covardes, não esperamos

TERCEIRA PARTE

seriamente rivalizar, em termos de força e ferocidade, com povos mobilizados que acabarão por armar até seus bebês. Quis o bom Deus que fôssemos poupados até mesmo dessa tentação. Carecemos de homens, vocês sabem, carecemos de homens para as máquinas. A ameaça suspensa sobre nossas cabeças não é a derrota, mas a aniquilação. Afinal, o que escrevo aqui, um cidadão de Atenas dotado de dom profético teria podido escrever na época de Péricles. Seu testemunho, porém, não teria o mesmo sentido que o meu.

Caro Sr. Hitler, eis que se aproxima o momento em que seremos os únicos a conservar o nome cristão. Não digo a Verdade cristã, que só pertence à Igreja. Sabemos que um novo Bórgia, pior que o primeiro, poderia retornar amanhã ao trono de São Pedro – o colégio dos cardeais seria composto inteiramente por Bórgias –, que a palavra de Cristo estaria em segurança em semelhantes mãos. Digo o nome cristão, digo a honra de Cristo, pois existe uma honra cristã. Vocês estariam errados em pedir a definição dessa honra, por exemplo, ao episcopado da Áustria. Aliás, não há definição... É humano e divino ao mesmo tempo, e para agradá-lo, iremos defini-lo assim mesmo. É a fusão misteriosa entre a honra humana e a caridade de Cristo. Certo, a Igreja não necessita dele para durar. Não obstante, é-lhe indispensável. A experiência deve ter ensinado ao senhor, há muito tempo, caro Sr. Hitler, que, diante de qualquer usurpador, as conclusões do teólogo não são, aparentemente, muito diferentes daquelas do realista. Para ambos, o verdadeiro Senhor é o vencedor. Entre os negros da Etiópia? Sim. Em Viena, também. As pessoas da Igreja praticamente suprimiram o princípio de legitimidade, pensando, provavelmente, que o confiscariam em seu proveito. Infelizmente, essa esperança parece ter sido frustrada. Sua legitimidade temporal sofre a sorte comum. São suas pessoas que se encontram hoje em perigo, e para defender seus bens essenciais, procuram a velha espada da honra, a espada encantada que não se ajusta a todas as mãos. É triste, quando se pregou a vaidade das grandezas humanas, submeteu a soberba dos Reis consagrados, puxar humildemente pela manga o primeiro general a chegar, mesmo que fosse o general Franco...

Não importa! Estamos mais livres do que nunca para defender uma honra cuja herança não é disputada por ninguém. Essa honra é mais preciosa ao gênero humano do que a tradição helênica. Há, portanto, muito mais chances de sobreviver a seu vencedor. Essa tradição não perecerá debaixo de seus golpes. Tememos mais por ela as iniciativas ardilosas de uma nova renascença italiana que, a exemplo da primeira, fará minar por meio de seus juristas, em nome da ordem, os fundamentos mesmos do Direito. A força de suas máquinas pode dispor de nossas vidas, mas são nossas almas que ameaçam os humanistas trânsfugas, eternos proxenetas, fornecedores da futura Barbárie. Caro Sr. Hitler, o senhor sem dúvida espera, por intermédio deles, apossar-se mais cedo ou mais tarde da Roma cristã, separar-nos, nós franceses, da catolicidade, ter êxito onde fracassaram os homens do Sacro Império. Possa o senhor envolver todas as suas forças em semelhante iniciativa! Do Hainaut à antiga Provença, a de São Francisco, a velha cavalaria franca começa a se mexer debaixo da terra. A palavra liberdade, que nossos pais deixaram se apagar com frequência ao longo de suas frívolas querelas, recuperará o sentido religioso que lhe conferiram nossos ancestrais celtas. A liberdade francesa tornar-se-á, ao mesmo tempo, a liberdade do gênero humano. Caro Sr. Hitler, a espécie de heroísmo que o senhor forja é feito em bom aço, não o negamos. Mas é um heroísmo sem honra, porque sem justiça. O senhor não vê isso ainda, pois o senhor está em vias de dissipar as reservas de honra alemã, de honra dos homens livres alemães. A ideia totalitária ainda recebe os serviços livres de homens livres. Seus netos só conhecerão a disciplina totalitária. Então, os melhores dos seus voltarão seus olhos para nós, eles nos invejarão, mesmo que tenhamos sido vencidos ou desarmados. Isto não é simplesmente um ponto de vista espiritual, caro Sr. Hitler.

O senhor tem razão de se orgulhar de seus soldados. Aproxima-se o momento em que só terá mercenários, trabalhando por tarefa. A guerra abjeta, a guerra ímpia por meio da qual o senhor pretende dominar o mundo, não é mais uma guerra de guerreiros. Ela aviltará de tal modo as consciências que, em lugar de ser escola de heroísmo, será escola de covardia. Ó, esteja certo, o senhor se gaba de obter da Igreja todas as dispensas que quiser. Perca as ilusões. Mais dia, menos dia, a Igreja dirá não a seus engenheiros e químicos. E o senhor verá, ao chamado da Igreja, surgir de seu solo – sim, de seu solo alemão –, de seu solo e do nosso, de nossas velhas terras livres, da renascente Cristandade, uma nova cavalaria, aquela que aguardamos, aquela que subjugará a barbárie politécnica, como subjugou a outra, e que nascerá, como a outra, do sangue vertido em borbotões dos mártires.

Não, não é o senhor a quem tememos mais, caro Sr. Hitler. Nós prevaleceremos sobre o senhor e os seus, se soubermos conservar nossa alma! E sabemos bem que teremos, proximamente, sem dúvida, que conservá-la contra os astuciosos doutores a seu soldo. Aguardamos a ofensiva desses sucessores dos grandes universitários do século XV, verdadeiros pais do mundo moderno, que pretenderão exigir de nós a submissão ao vencedor, essa retratação, penitência e satisfação que obtiveram por um momento de Joana d'Arc. Depois, eles a queimaram. E eles já acreditavam queimar junto com ela, destruir para sempre a flor maravilhosa cuja semente parece ter sido lançada pelos Anjos, esse gênio da honra, a que nossa raça conferiu um caráter de tal modo sobrenatural que ela quase chegou a ser considerada uma quarta virtude teologal – ó, nossos pais! Ó, nossos mortos! Ó, cadáveres queridos, do Sena às margens do Nilo, ao Eufrates e ao Indo, sobre todas as estradas do mundo, ó, corações simples, ó, mãos cruzadas, ó, pó, nomes que só Deus conhece, nossos pais, nossos pais, nossos pais!... Pois mesmo a um São Luís, esse rei cavaleiro, esse rei franciscano, a mediocridade ainda pode tentar abordá-la de modo enviesado – o viés do interesse profissional, do dever de Estado, o que mais? Eles fungam, cheiram, distinguem, argumentam, e finalmente o justificam. Certo, o santo está há muito tempo fora de suas mãos, no coração triunfante da Igreja, mas esse grande e belo jovem francês de cabelos loiros, olhos claros, coragem infantil, é também um príncipe, um príncipe que cunha moeda, faz justiça, um administrador do temporal, enfim! A esse título, pelo menos, ele lhes pertence, talvez. Em vez da sábia lorena, foi a lorena irrefutável que caiu um dia em meio a eles, sem nome, sem herança ou título, toda heroísmo, toda pureza, a própria cavalaria caiu do céu, assim como uma pequena espada brilhante. Filha indócil, que fugiu da casa paterna, correndo em vestes de homem por grandes estradas abertas debaixo da tempestade, das estradas fugidias repletas de disputas e de aventuras, capitã desconfiada, resistente – e o que mais? Um pajem, um verdadeiro pajem, e que amava tanto os cavalos, as armas, as bandeiras, um pajem generoso, pródigo, magnífico (quando meu cofre está vazio, o rei o completa, dizia), um verdadeiro pajem, com seus bonitos chapéus redondos e sua túnica com tecido de ouro, e depois, enfim, por algumas semanas, entre essas velhas raposas, esses *professores de moral*, esses casuístas, no ar denso da sala de audiência, o pequeno teólogo paradoxal que invoca Deus, seus santos, a Igreja Invisível, enquanto cada pergunta ardilosa a atinge em pleno peito, a lança por terra vertendo sangue sagrado, nosso sangue, nossas lágrimas, ó patrona, ó bem-amada!

Por que ousei falar de retratação? Retratar-se de quê? Ela somente obedeceu a uma lei simples, tão simples que só se encontraria para ela um nome na linguagem dos Anjos: seguir adiante. Não, a vitória não era em sua vida um acontecimento maravilhoso, um milagre, era a própria vida, o ritmo inocente de sua vida – como ela a teria renegado?... a chama sibilante foi sua mortalha.

DO MESMO AUTOR LEIA TAMBÉM:

Em forma de confissão, Georges Bernanos narra a vida de um jovem padre católico na região francesa de Ambricourt. Ao denunciar que o cristianismo está sendo transformado em rotina no mundo moderno, o autor retrata a morte simbólica desse mundo no confronto entre conformidade e inconformidade, entre espiritualidade e praticidade. O livro foi adaptado para o cinema em 1951 pelo cineasta francês Robert Bresson.

Um esquerdista mundano que se suicida num quarto de hotel. Um grande escritor acabado, escravo de sua própria fama. Uma mulher perdida e seu jovem amante, unidos pela droga e por um crime tenebroso. "Seres que perderam a razão de viver e que se agitam desesperadamente no vazio de suas pobres almas antes de morrer." Esses são os personagens deste livro que pintava, em 1934, com uma cólera santa e profética, um mundo desonrado com o qual o nosso se parece um pouco mais a cada dia.